中央高校基本科研业务费专项资金资助项目
项目名称:海洋生物多样性保护中的划区管理工具法律问题研究
项目类型:精品文科支持计划
项目编号:F3072019CF1301

海上货物运输法

主　编　赵　融
副主编　袁　雪　罗　猛
　　　　邓志宏　关　健

内容简介

海上货物运输是海商法规则制定的核心内容，各国关于海上货物运输的国内法多以国际公约为蓝本，而相关国际公约及国际惯例又存在多种不同版本，导致国际海上货物运输法律的复杂化和多样化。本书从海上货物运输的重要性入手，详细介绍了海上货物运输惯例和一些主要的国际海上货物运输公约，并对海上货物运输合同的发展、种类和主要内容进行了详细地分析和研究。

本书可为海上货物运输合同的签订及法律适用提供参考，可以做为相关专业的教材使用，也可供从事海上货物运输活动的相关人员参考。

图书在版编目(CIP)数据

海上货物运输法 / 赵融主编. — 哈尔滨 : 哈尔滨工程大学出版社, 2019.12(2022.9 重印)
ISBN 978-7-5661-2220-9

Ⅰ.①海… Ⅱ.①赵… Ⅲ.①海商法-研究 Ⅳ.①D996.19

中国版本图书馆 CIP 数据核字(2019)第 213959 号

选题策划 夏飞洋
责任编辑 马佳佳
封面设计 李海波

出版发行 哈尔滨工程大学出版社
社　　址 哈尔滨市南岗区南通大街 145 号
邮政编码 150001
发行电话 0451-82519328
传　　真 0451-82519699
经　　销 新华书店
印　　刷 哈尔滨午阳印刷有限公司
开　　本 787 mm×1 092 mm　1/16
印　　张 18
字　　数 300 千字
版　　次 2019 年 12 月第 1 版
印　　次 2022 年 9 月第 2 次印刷
定　　价 48.00 元
http://www.hrbeupress.com
E-mail:heupress@hrbeu.edu.cn

前　　言

本书秉承哈尔滨工程大学“三海一核”特色办学理念，为推动学科专业形成“三海一核”特色体系，针对目前学校本科生特色选修课教材缺乏的现状专门编写而成，目的在于为本科生进一步学习海事海商法律提供学习与参考资料。

海商活动具有典型的技术性特征，而传统海商法对于海上货物运输活动并未加以详细阐述。本书从分析国际货物贸易与海上货物运输的关系入手，强调海上货物运输活动尤其是远洋运输的重要性，将海上货物运输实践与海上货物运输法律有机结合，并对其进行了详细介绍。鉴于传统海商法对国际海上货物运输公约历史发展的介绍过于概括、简略，本书特对国际海上货物运输公约的发展历程进行了详细介绍，并疏理了国际海上货物运输公约的历史脉络。此外，本书对国际海上货物运输中的单证等进行了详细介绍，并且分章节介绍了海上货物运输合同中的一些主要形式和内容。

本书在编写、校对过程中得到了哈尔滨工程大学法学院各级领导的大力支持，由于我国海商法正在修订过程中，书中许多不成熟的想法、观点和内容难以找到明确、权威的法律依据，无法进行详细地分析论述，不得不说是一种遗憾。仓促成书，难免有所遗漏，望读者谅解。

编　者

2019 年 6 月

目　　录

第一章 海上货物运输法律制度概述

第一节 国际货物贸易与海上货物运输

一、国际货物贸易与海上货物运输的关系

在国际货物贸易中，海上货物运输是国际物流中最主要的运输方式，船舶通过海上航道在不同国家和地区的港口之间运送货物。当前国际贸易总运量的2/3以上由海运完成，中国进出口货运总量的绝大部分也由海上运输完成。

（一）中国国际货物贸易与海上货物运输的关系

中国自改革开放以来，对外贸易进出口总额从1999年的3 600亿美元增加到2016年的3 700亿美元，约占全球贸易总额的14%。1999—2014年，中国出口额年均增长率达到18.93%，中国进口额年均增长率达到19.25%。即便是在经济危机影响下的2016年，中国进口总额和出口总额也分别是1999年的9.6倍和10倍。而在中国对外贸易的运输方式中，海运居于非常重要的地位。从中国对外贸易的海运情况来看，1999年中国对外贸易海运总额为2 142.25亿美元，占中国对外贸易总额的59.35%。之后，中国对外贸易海运总额及其所占比例总体呈明显上升趋势。2011年，海运贸易总额占中国对外贸易总额的比例达到最大值，为66.55%。此后，由于海运贸易总额的增长幅度低于中国对外贸易总额的增长幅度，故在对外贸易中海运贸易的比例有所下降。至2013年，中国对外贸易海运总额达到25 720.23亿美元，海运贸易占中国对外贸易总额的比例下降至61.83%。

从中国对外贸易海运出口情况来看，中国对外贸易海运出口额及其所占比例总体呈现出逐年增长的趋势。1999年，中国对外贸易海运出口总额为

1 158.52 亿美元，占中国对外贸易出口总额的 59.36%。之后，海运出口额及其所占比例总体呈上升态势。2011 年，中国海运出口额所占比例达到最大值，为 69.53%。2013 年，中国海运出口总额进一步增加到 14 420.89 亿美元，但是其所占出口比例略有下降，为 65.23%。从中国对外贸易海运进口情况来看，中国对外贸易海运进口额及其所占比例总体也呈现出逐年增长的趋势，但其所占比例的增长幅度要小于同期海运出口所占比例的增长幅度。1999 年，中国对外贸易海运进口总额为 983.73 亿美元，占中国对外贸易进口总额的 59.34%。之后，中国对外贸易海运进口额总体也呈现明显的上升趋势，所占比例呈现出先降后升的趋势。到 2011 年，中国对外贸易海运进口总额所占比例达到最高值，为 63.29%。2013 年，中国对外贸易海运进口总额进一步增至 11 299.34 亿美元，但其所占比例有所下降，为 57.97%。

无论是从中国对外贸易进出口总额来看，还是单独考察中国的海运出口和进口量在中国国际贸易进口总量和出口总量的比例，中国海运贸易的实际总量始终呈上升趋势，其对推动我国经济发展具有至关重要的作用。

（二）中国国际货物贸易产品与海上货物运输的关系

从中国进出口产品 HS（即《商品名称及编码协调制度》。HS 将全部国际贸易商品分为 22 类，98 章）二位码（商品编码的前两位数代表“章”）来看，几乎所有 HS 二位码产品均通过海运进出口。

在出口方面，除杂项制品（HS96）、艺术品、收藏品及古物（HS97）和编码为 HS98 的其他产品不通过海运出口之外，其他类产品均通过海运出口。其中，90% 以上通过海运出口的有 38 章；80% ~90% 通过海运出口的有 32 章；50% ~80% 通过海运出口的有 17 章；小于 50% 通过海运出口的仅有 9 章。其中，中国的航空器、航天器及其零件（HS88），木浆及其他纤维状纤维素浆，纸及纸板的废碎品（HS47），稻草、秸秆、针茅或其他编结材料制品，篮筐及柳条编结品（HS46）几乎全部通过海运出口。在海运出口总量方面，排在前三位的依次是贱金属杂项制品（HS83），核反应堆、锅炉、机器、机械器具及其零件（HS84），武器、弹药及其零件、附件（HS94）。

在进口方面，除杂项制品（HS96）、艺术品、收藏品及古物（HS97）和编码为 HS98 的其他产品没有通过海运进口之外，其他类产品均通过海运进口。其中，

90%以上通过海运进口的有29章,80%～90%通过海运进口的有17章,50%～80%通过海运进口的有32章,小于50%通过海运进口的有18章。其中,动、植物油、脂及其分解产品,精制的食用油脂,动、植物蜡(HS15),肉及食用杂碎(HS02),食品工业的残渣及废料,配制的动物饲料(HS23)和含油子仁及果实,杂项子仁及果实,工业用或药用植物,稻草、秸秆及饲料(HS12)等产品几乎全部通过海运进口。在海运进口总量方面,排在前三位的依次是矿物燃料、矿物油及其蒸馏产品,沥青物质,矿物蜡(HS27),矿砂、矿渣及矿灰(HS26)和贱金属杂项制品(HS83),这三类产品占中国海运进口总额的47.41%。在进口产品中,进口量排在第一位的是电机、电气设备及其零件,录音机及放声机、电视图像、声音的录制和重放设备及其零件、附件(HS85),2013年该产品的进口额为4 390.8亿美元,占中国进口总额的22.53%;排在第二位的是矿物燃料、矿物油及其蒸馏产品,沥青物质,矿物蜡(HS27),2013年该类产品的进口额为3 144.9亿美元,占中国进口总额的16.13%。2013年,中国石油进口总额为2 195.49亿美元,占中国进口总额的12.13%,其中通过海运进口的石油为1 973.04亿美元,占中国石油进口总量的89.87%。除与中国陆路接壤的俄罗斯和哈萨克斯坦外,中国从其他国家的原油进口全部通过海洋运输。中国目前已经成为世界第一大石油进口国。

从海运贸易中的产品种类来看,海上货物运输基本涵盖了中国国际货物贸易进出口中的所有产品种类,同时,海上石油运输已经成为中国能源进口的生命线。

二、海上货物运输的特点

海上货物运输由于需要借助一定的船舶运输工具,并经由一定的海上交通线路与港口来完成,因此其受船舶、航线、港口和天气影响较大,同时海上货物运输的基本设施与技术装备特点,以及国家经济发展中主要的经济技术指标也对其具有较大的影响。在选择运输方式时,货主通常需要考虑货物品种、运输期限、运输成本、运输距离、运输批量等因素。因此,对于运输距离超过500公里、商品运输批量超过数百吨、包装条件允许长途运输、货物保质期长的商品,在条件允许的情况下一般都会采取海上货物运输。因此,海上货物运输适合于长距离、运量大、时间性不太强的各种大宗货物的运输,尤其是集装箱运输。但是其缺点也同样较为突出，相较于其他现代运输工具，海上货物运输工具的速度最慢、受港口冰冻期影响、海上货物运输的连续性差、通航航道和海域的限制使船舶在海上受自然条件限制较大。在某种程度上，海上货物运输的自然风险甚至影响到其最大优势——低运营成本。除了上述技术性特征之外，相比其他货物运输方式，海上货物运输还具有比较鲜明的运营特征。

（一）海上货物运输经营方式较为特殊

海上货物运输主要为远洋运输，远洋运输的营运方式必须与贸易对运输的要求相适应。为了适应不同货物和不同贸易合同对运输的不同需要，以及合理运用远洋船舶运输能力，当前国际上普遍采用的远洋运输营运方式为定期船运输和不定期船运输。

1. 定期船运输

定期船运输又称为班轮运输（liner shipping），指船舶按规定时间，在固定航线上，挂靠既定的港口，经常从事某航线港口间货物运输的方式。定期船运输的经营方式主要为班轮公司在报纸和航运交易公报等媒体上刊登所经营的班轮航线和船期表，作为要约邀请以揽货。货物托运人或其代理人——通常为货运代理人（freight forwarder）向班轮公司（承运人）或者其代理人办理货物托运手续，也就是订舱。托运人或者其代理人通常填写订舱单或托运单（booking note）或者发送相应的传真、电子邮件等数据电文，载明货物的品名和数量、装船期限、装卸港等内容。承运人或者其代理人根据订舱的内容，并结合船舶的航线、停靠港、船期和舱位等情况，决定是否接受托运。如接受托运，就在订舱单上或发送相应的数据电文确认接受订舱。班轮运输下，承运人与托运人之间一般不需签订书面的海上货物运输合同。当货物装船后，应货主的要求由船长或承运人的代理人签发提单。提单上详载的内容和条款，是划分承运人和供货双方权利、义务的依据，提单可以背书转让，并对第三人发生法律效力。同时，承运人和托运人可以就提单以外的事项达成协议，但是该协议内容不随提单转让而对第三人发生法律效力。定期船运输主要包括两种具体形式：一种是定线定期班轮，即船舶严格按照预先公布的船期表运行，船舶到、离港的时间及计划靠的港口固定不变；另一种是定线不定期班轮，即船舶根据预先公布的船期运行，但是船舶到、离港的时间有一定的伸缩性，有固定的始发港和目的港，中途挂靠港则视货源情况可能有所增减。20 世纪 60 年代后半期，随着集装箱运输的发展，班轮运输又进一步分化为传统的杂货船班轮运输和集装箱班轮运输。由于集装箱运输具有快速、装卸方便、装卸效率高、货运质量好、便于开展多式联运等特点，越来越多的集装箱班轮运输已逐渐取代传统的杂货船班轮运输。

2. 不定期船运输

不定期船运输又称租船运输(charter transportation)，其不同于定期船运输，没有预先制订的船期表、航线，也没有固定港口。船舶就航的航线，运输货物的种类，以及装、卸港口，都须根据货主的要求而定。船、货双方需签订租船合同(charter party，C/P)来明确彼此的权利、义务(在中国台湾地区，租船合同被称为“佣船契约”)。根据承租人的不同营运需要，租船方式不同，不定期船运输可以分为以下几种形式。

(1)航次租船(voyage charter)

航次租船又称航程租船或程租，我国台湾地区称之为“论时佣船”，是指出租人提供一艘特定的船舶在特定的港口之间进行一个航次或数个航次运输指定货物的租船，又可以进一步具体分为单航次租船(船舶在约定的装货港口之间完成一个航次运输的方式)、往返航次租船(船舶在完成一个单航次运输任务的基础上，在原定卸货港或其临近的约定港口装货，再返回原定装卸港或其临近港口，从而完成全部运输任务的方式)和连续单航次租船或往返航次租船(船舶在约定的装卸港口之间，连续完成两个或两个以上往返航次运输的租船方式)。

(2)定期租船(time charter)

定期租船又称期租船或期租，台湾地区称之为“论程佣船”，是指出租人提供一艘特定的配备船员的船舶，承租人根据约定的用途使用一段时期，并由承租人支付租金的租船方式。

(3)光船租赁(barc boat charter)

光船租赁又称光船租船或光租，指出租人提供一艘不配备船员的船舶，由承租人占有、使用一定时期并负责安排船舶营运，并由承租人支付租金的租船方式。其法律性质属于财产租赁而非承揽运输方式。

(4)航次期租(time charter on trip basis,TCT)

航次期租是以航次租船为形式的一种定期租船方式,即船舶按照航次整船租赁,但租金按实际使用的天数计算,因此航次期租合同的内容也兼具航次租船合同和定期租船合同的内容。其适用于出资人对航线不熟悉、装卸两港的装卸状况不好、难以预计完成该航次所需时间的情形。

(5)包运租船(contract of affreightment,COA)

包运租船是20世纪70年代发展起来的一种新租船方式,指出租人提供给承租人一定的运力,在确定的港口之间,以事先约定的时间及约定的航次周期和每航次较为均等的货运量完成合同规定的总运量的租船方式。当货运任务全部完成时,承租人应支付包运运费(lump sum freight)。包运租船情况下所使用的运输工具——船舶,未必要求是约定的唯一船舶,只要出租人在规定时间内,在指定的装卸港口之间能够完成合同规定数量的货物运输,即使采用多艘不同类型的船舶完成运输任务,也是可以的。而航次租船下使用的船舶应当是合同中规定的特定船舶。除非合同中存在"替代船"条款(substitute vessel),否则不能随意变更船舶进行货物运输。由于包运租船形式上与连续单航次租船非常相似,因此,有些人认为包运租船是航次租船派生出来的一种租船方式。

(6)光船租购(bareboat charter by purchase)

光船租购是20世纪80年代起,为了船舶融资的需要以及解决船舶所有人资金周转困难的需要而产生的,一种结合光船租船和船舶买卖的新运营形式,指通过光船租赁的形式达到船舶买卖的目的,即船舶出租人和承租人约定,将船舶全部购买价款划分为若干份,承租人在支付每一期租金的同时支付一份购船款。这样,当租期届满,光船租赁合同结束时,整艘船的购买价款也全部支付完毕,船舶买卖合同开始生效。这种做法对于承租人而言减轻了其一次性支付船舶款项的压力,而且不会影响其对光船租赁船舶的使用;对于出租人而言,在全部购船款项支付完毕之前,其对船舶依然具有完全的所有权,一旦承租人违约,出租人可以通过行使撤船权保护自己的权益,从而使自己获得一定的保障。

租船运输的基本特点是:

①租船运输是根据租船合同的内容组织运输的,出租人与承租人双方首先要签订租船合同,确定合同的具体内容,然后才能安排营运,租船合同中的条款是承租人和出租人双方确定权利、义务及法律责任的依据,也是日后解决合同

纠纷的依据；

②租船运输的运价或租金率的高低，直接受订约时国际航运市场的行情影响；

③船舶营运中有关费用的支出应在租船合同中写明，因租船方式不同，出租人和承租人负担的费用范围各不相同；

④租船运输主要用于大宗货物的运输，如谷物、木材、钢材、矿砂、水泥等散杂货，以及原油、燃料油等液态货物，一般都是整船装运或者装满船舶某个或某几个货舱。

（二）海上货物运输操作流程较为特殊

1. 海上货物运输的一般操作流程

（1）托运。由托运人提供箱型、箱量、目的港、出运时间或货物品名（美国海运要求必须具有货物品名）。

（2）装箱。客户接收海运价后，若要委托装箱，货运公司向货主问明装箱方式，可以分为厂地装箱（托运人提供工厂地址）和仓库装箱（货运公司向托运人提供仓库地址）两种，并向托运人索要报关资料。

（3）订舱。货运公司把货物情况提供给船公司，与船公司确定价格后，向船公司订舱。船公司接受订舱后，告知船名、船期、提单号。

（4）做箱。做箱分两种，即厂地做箱（货运公司提箱后，根据托运人提供的工厂地址做箱）和仓库做箱（货运公司把船名、提单号通知仓库，凭介绍信去船公司集装箱堆场提箱，待货主送货后做箱）。

（5）报关装载（集装箱集港后报关；船公司将集装箱装到船上）。

（6）卸载（船公司将集装箱卸到码头上）。

（7）通知提货（船公司通知提货人提货）。

（8）清关（提货人向海关清关）。

（9）换单（提货人把提单换成提货单）。

（10）提货（提货人拿提货单提货）。

2. 海运出口货物运输工作一般环节

以 CIF 或 CFR 条件成交并由卖方安排运输时，其具体工作程序如下。

(1)审核信用证中的装运条款

为使出运工作顺利进行,在收到信用证后,必须审核信用证中有关的装运条款,如装运期、结汇期、装运港、目的港、是否能转运或分批装运以及是否指定船公司、船名、船籍与船级等,有的还需要提供各种证明,如航线证明书、船籍证等,对这些条款与规定,应根据国家政策,国际惯例,要求是否合理等来考虑接受或提出修改要求。

(2)备货报验

根据出口成交合同及信用证中有关货物的品种、规格、数量、包装等的规定,按时、按质、按量地准备好应交的出口货物,并做好申请报验与领证工作。冷藏货要做好降温工作,以保证装船时符合规定温度要求。在中国,凡列入商检机构规定的“种类表”中的商品以及根据信用证、贸易合同规定由商检机构出具证书的商品,均须在出口报关前,填写“出口检验申请书”申请商检。有的出口商品需鉴定质量,有的需进行动植物检疫或卫生、安全检验,这些鉴定或检验需事先办妥,取得合格的检验证书。做好出运前的准备工作,货证齐全,即可办理托运工作。

(3)托运订舱

编制出口托运单,向货运代理办理委托订舱手续。货物运输代理根据货主的具体要求按航线分类整理后,及时向船公司或其代理订舱。货主也可直接向船公司或其代理订舱。船公司或其代理签署出装货单,订舱工作即告完成,托运人与承运人之间签订海上货物运输合同。

(4)货物运输险

货物订妥舱位后,属卖方保险的,即可办理货物运输险的投保手续。保险金额通常是以发票的 CIF 价加成投保(加成数根据买卖双方约定,如未约定,则一般加 10% 投保)。

(5)货物集中港区

当船舶到港装货计划确定后,按照港区进货通知并在规定的期限内,由托运人办妥集运手续,将出口货物及时运至港区集中,等待装船,做到批次清、件数清、标志清。要与港区、船公司及有关的运输公司或铁路等单位保持密切联系,按时完成进货,防止工作脱节而影响装船进度。

(6)报关工作

货物集中港区后,把编制好的出口货物报关单连同装货单、发票、装箱单、商检证、外销合同、外汇核销单等有关单证向海关申报出口,经海关关员查验合格放行后方可装船。

(7)装船工作

在装船前,理货员代表船方收集经海关放行货物的装货单与收货单,经过整理后,按照积载图与舱单分批接货装船。装船过程中,托运人委托的货运代理应有人在现场监装,随时掌握装船进度并处理临时发生的问题。装货完毕,理货组长要与船方大副共同签署收货单,交与托运人。理货员如发现某批货物有缺陷或包装不良,应在收货单上批注,并由大副签署,以确定船货双方的责任。但作为托运人,应尽量争取不在收货单上批注以取得清洁提单。

(8)装船完毕

托运人除向收货人发出装船通知外,即可凭收货单向船公司或其代理换取已装船提单,这时运输工作即告一段落。

(9)制单结汇

将合同或信用证规定的结汇单证备齐后,在合同或信用证规定的议付有效期限内,向银行交单,办理结汇手续。

3. 集装箱运输出口程序

(1)订舱

发货人根据贸易合同或信用证条款的规定,在货物托运前填好集装箱货物托运单(container booking note)委托其代理或直接向船公司申请订舱。

(2)接受托运申请

船公司或其代理公司根据自己的运力、航线等具体情况考虑发货人的要求,决定接受与否,若接受申请就着手编制订舱清单,然后分送集装箱堆场(CY)、集装箱货运站(CFS),据以安排空箱及办理货运交接。

(3)发放空箱

通常整箱运输的空箱由发货人到集装箱码头堆场领取,有的货主有自备箱,拼箱货货运的空箱由集装箱货运站负责领取。

(4)拼箱货装箱

发货人将不足一整箱的货物交至货运站,由货运站根据订舱清单与场站收据负责装箱,然后由装箱人编制集装箱装箱单(container load plan)。

(5)整箱货交接

由发货人自行负责装箱,并将已加海关封箱标志的整箱货运到集装箱堆场。集装箱堆场根据订舱清单,核对场站收据及装箱单验收货物。

(6)集装箱的交接签证

集装箱堆场或集装箱货运站在场站收据上签字,并将签署后的核对场站收据交还给发货人。

(7)换取提单

发货人凭核对场站收据向集装箱运输经营人或其代理换取提单(combined transport bill of lading),然后去银行办理结汇。

(8)装船

集装箱装卸区根据装货情况制订装船计划,并将出运的箱子调整到集装箱码头前方堆场,待船靠岸后,即可装船出运。

(三)海上货物运输单据较为特殊

海上货物运输中主要货运单证有如下几种。

1. 托运单

托运单也称为“下货纸”,是托运人根据贸易合同与信用证条款内容填制的,向承运人或其代理办理货物托运的单据。承运人根据托运单内容,结合船舶的航线、挂靠港、船期与舱位等条件考虑,认为合适后,即接受托运。托运单制作应注意以下几点。

(1)目的港

目的港名称须明确具体,并与信用证描述一致,如有同名港时,须在港口名称后注明国家、地区或州、城市。如信用证规定目的港为选择港(optional ports),则应是同一航线上、同一航次挂靠的基本港。

(2)运输编号,即委托书的编号

每个具有进出口权的托运人都有一个托运代号(通常也是商业发票号),以便查核和财务结算。

(3)货物名称

应根据货物的实际名称,用中英文两种文字填写,且必须与信用证所列货名相符。

(4)标志及号码

标志又称唛头(shipping mark),是为了便于识别货物,防止错发货。唛头通常由型号、货物图形、收货单位简称、目的港、件数或批号等组成。

(5)质量、尺码

质量的单位为千克,尺码单位为立方米。

(6)注明质量、尺码

托盘货要分别注明盘的质量、尺码和货物本身的质量、尺码,对超长、超重、超高货物,应提供每一件货物的详细体积(长、宽、高)以及每一件货物的质量,以便货运公司计算货物积载因数,安排特殊的装货设备。

(7)运费付款方式

一般有运费预付(freight prepaid)和运费到付(freight collect)两种运费付款方式。有的转运货物一程运费预付,二程运费到付,要分别注明。

(8)注明要求

可否转船、分批,以及装期、效期等均应按信用证或合同要求一一注明。

(9)填写信息

通知人、收货人,按需要决定是否填写。

(10)列明特殊要求

有关的运输条款、订舱、配载信用证货客户有特殊要求的也要一一注明。

2. 装货单

装货单是接受了托运人提出装运申请的船公司,签发给托运人,用以命令船长将承运的货物装船的单据。装货单既可作为装船依据,又是货主用以向海关办理出口申报手续的主要单据之一。

3. 收货单

收货单又称大副收据,是船舶收到货物的收据及货物已经装船的凭证。

由于上述三份单据的主要项目基本一致,故在我国一些主要港口的做法是将它们制成联单,一次制单,既可减少工作量,又可减少差错。

4. 装货清单

装货清单是承运人根据装货单留底,将全船待装货物按目的港和货物性质归类,依航次靠港顺序排列编制的装货单汇总清单。它是船上大副编制配载计划的主要依据,又是供现场理货人员进行理货、港方安排驳运、进出库场,以及承运人掌握情况的业务单据。

5. 提货单

提货单又称小提单。收货人凭正本提单或副本提单随同有效的担保向承运人或其代理人换取的可向港口装卸部门提取货物的凭证。发放小提单时应做到:

①正本提单为合法持有人所持有;

②提单上的非清洁批注应转上小提单;

③当发生溢、短、残情况时,收货人有权向承运人或其代理获得相应的签证;

④运费未付的,应在收货人付清运费及有关费用后,方可放小提单。

6. 海运提单

海运提单是承运人或其代理人应托运人的要求所签发的货物收据(receipt of goods),在将货物收归其照管后签发,证明已收到提单上所列明的货物,是一种货物所有权凭证(document of title)。提单持有人可据以提取货物,也可凭此向银行押汇,还可在载货船舶到达目的港交货之前进行转让,是承运人与托运人之间运输合同的证明。

第二节　远洋运输业的种类

狭义上讲,凡从事国际航线的船舶营运便属于远洋运输业;广义上讲,船舶租赁业、货运代理业、船舶代理业、装卸/理货业及海运经纪业等都属于远洋运输业。

根据2016年修订的《中华人民共和国国际海运条例》(以下简称《海运条例》),远洋运输在我国法律中被称为国际海上运输,进出中华人民共和国港口的国际海上运输经营活动,以及与国际海上运输相关的辅助性经营活动受我国法律管辖。其中,国际海上运输相关的辅助性经营活动包括国际船舶代理、国际船舶管理、国际海运货物装卸、国际海运货物仓储、国际海运集装箱站和堆场等业务。实际上,与国际海上运输有关的辅助性经营活动并不限于《海运条例》所规定的内容,还包括与此相关的船舶营运业、船舶租赁业、货运代理业、海运经纪业、船舶代理业和装卸、理货业等。

一、船舶营运业

船舶营运业是指作为船舶经营人以自有的船舶或者租用的船舶、舱位，提供海上客、货运输服务的行业，其所经营的可以是班轮运输，也可以是租船运输。根据《海运条例》，如果经营人以承运人身份接受托运人的货载，签发自己的提单或者其他运输单证，向托运人收取运费，通过国际船舶运输经营者完成国际海上货物运输，其属于法律上规定的无船承运业务经营者，也称无船承运人，被视为从事国际海上运输经营活动，承担承运人责任。

无船承运人由国际货运代理发展而来。随着集装箱班轮运输的广泛应用，集装箱班轮公司出于经营上的考虑和操作便捷等原因，对于不满一个集装箱的少量货物往往不太可能承运。于是，国际货运代理便扩大自己的服务范围，以自己的名义，而不是以代理人的身份，作为承运人与这些小批量货物的进出口商签订货物运输合同，再将这些小批量货物拼装到一个集装箱内，并作为托运人以整箱货的形式交给集装箱班轮公司运输至目的港。在目的港，货运代理或其在当地委托的代理人再以整箱货的形式提取货物，拆箱后分别将货物交给各个收货人，从而解决进出口商在完成安排小批量成交货物运输方面存在的困难。无船承运业务被多数国家所认可，但是在法律上没有严格的界定，通常被认为是货运代理业务中的一部分。美国是最早制定无船承运人法律的国家，称其为“无船公共承运人”（non-vessel operating common carrier，NVOCC），并在1998年修订的《航运改革法》中将其与远洋货运代理人统称为“远洋运输中介人”。我国因不存在“公共承运人”的概念，某些书籍在翻译时将其翻译为“无船承运人”。从无船承运人的法律规定中可以看出其具有如下特征：第一，提供海上班轮运输服务；第二，不经营船舶；第三，签发自己的提单；第四，对外按海上货物运输承运人的身份承担承运人责任和义务；第五，与实际从事海上班轮运输的承运人之间的关系是托运人。

《中华人民共和国海商法》（以下简称《海商法》）仅规定了“承运人”和“实际承运人”，并无“无船承运业务经营者”的规定。承运人指本人或者委托他人以本人的名义与托运人订立国际海上货物运输合同的人，并没有限定承运人一定要拥有船舶或者经营船舶，所以无船承运业务经营者只要以承运人身份接受托运人货载,签发自己的提单或者其他运输单证,其与托运人之间就存在海上货物运输合同关系,因此,同样应承担承运人责任和义务。至于无船承运业务经营者与国际船舶运输经营者之间的关系,则依据其具体订立的协议加以确认,依据《海商法》或《中华人民共和国合同法》(以下简称《合同法》)的相关法律规定确定其权利和义务。至于《海运条例》中对"无船承运业务经营者"的规定,主要是基于从行政法角度明确其经营资格及市场准入条件,并对其业务范围等予以监管的考虑。

无船承运业务经营者也不同于多式联运经营人,二者的区别主要表现在:第一,无船承运业务经营者不拥有船舶这种运输工具,而多式联运经营人可以拥有船舶也可以不拥有船舶,对于不拥有船舶的多式联运经营人而言,二者的含义是基本相同的;第二,无船承运业务经营者一般不从事多式联运经营,仅从事海上货物运输,而多式联运经营人一般采用两种以上运输方式将货物从起运地运至目的地。我国《海商法》中的多式联运要求其中一种运输方式必须为海上运输。

二、船舶租赁业

船舶租赁业指船舶所有人本身不经营船舶的营运业务或者不完全经营船舶的营运业务,而是将自有的船舶以光船租船或者定期租船的形式出租给承租人,由承租人作为船舶经营者全部经营或者部分经营船舶营运业务的行业。

船舶租赁是通过租船市场(chartering market)进行的。在租船市场上,船舶所有人是船舶的供给方,而承租人则是船舶的需求方。现代双方当事人从事的租船业务,大多数是通过电话、电传、电报或传真等现代通信手段洽谈的。在国际租船市场上,租船交易通常都不是由船舶所有人和承租人亲自到场直接洽谈,而是通过租船经纪人代为办理并签约的。租船经纪人都非常熟悉租船市场行情,精通租船业务,并且有丰富的租船知识和经验,在整个租期交易过程中起着桥梁和中间人的作用,其对顺利成交起着十分重要的作用。

船舶租赁程序分为租船询价、租船报价、租船还价、租船报实盘、接受订租、签署订租确认书和签订租船合同几个阶段。

1. 租船询价

租船询价又称询盘,通常是指承租人根据自己对货物运输的需要或对船舶的特殊要求通过租船经纪人在租船市场上租用船舶。询价主要以电报或电传等书面形式提出。承租人所期望条件的内容一般应包括需要承运的货物种类、数量、装货港和卸货港、装运期限、租船方式或期限、期望的运价（租金）水平，以及所需用船舶的详细说明等内容。询价也可以由船舶所有人为承揽货载而首先通过租船经纪人向租船市场发出。由船舶所有人发出的询价内容应包括出租船舶的船名、国籍、船型、船舶的散装和包装容积、可供租用的时间、希望承揽的货物种类等。

2. 租船报价

租船报价又称发盘，当船舶所有人从船舶经纪人那里得到承租人的询价申请后，经过成本估算或者比较其他的询价条件，通过租船经纪人向承租人提出的报价。“硬性报价”是报价条件不可改变的报价，询价人必须在有限期内对报价人的报价做出是否接受订租的答复，超过有效期，这一报价即告失效；与此相反，“条件报价”是可以改变报价条件的报价。

3. 租船还价

租船还价又称还盘，在“条件报价”的情况下，承租人与船舶所有人之间对报价条件中不能接受的条件提出修改或增删的内容，或提出自己的条件称为还价。还价意味着询价人对报价人报价的拒绝和新的报价开始。因此，船舶所有人对租船人的还价可能全部接受，也可能接受部分，对不同意部分提出再还价或新报价。这种对还价条件做出答复或再次做出新的报价称为反还价（recounter offer）或称反还盘。

4. 租船报实盘

租船报实盘指在一笔租船交易中，经过多次还价与反还价，如果双方对租船合同条款的意见一致，一方可以以报实盘的方式要求对方做出是否成交的决定。报实盘时，要列举租船合同中的必要条款，将双方已经同意的条款和尚未最后确定的条件在实盘中加以确定。同时，还要在实盘中规定有效期限，要求对方答复是否接受实盘，并在规定的有效期限内做出答复。若在有效期限内未做出答复，所报实盘即告失效。同样，在有效期内，报实盘的一方对报出的实盘是不能撤销或修改的，也不能同时向其他第三方报实盘（firm offer）。

5. 接受订租

接受订租又称受盘，指一方当事人对实盘所列条件在有效期内明确表示承诺。至此，租船合同即告成立。原则上，接受订租是租船程序的最后阶段。

6. 签署订租确认书

接受订租后，一项租船洽商即告结束。但通常当事人之间还要签署一份“订租确认书”(fixture note)。订租确认书无统一格式，但其内容应详细列出船舶所有人和承租人在洽租过程中双方承诺的主要条款。订租确认书经当事人双方签署后，各保存一份备查。

7. 正式签署租船合同

正式的租船合同实际是合同已经成立后才开始编制的，双方签认的订租确认书实际上就是一份供双方履行的简式租船合同。签认订租确认书后，船舶所有人按照已达成协议的内容编制正式的租船合同，通过租船经纪人送交承租人审核。如果租船人对编制的合同没有什么异议，就可以签字。

为了简化签订租船合同的手续，加快签约的进程和节省为签订租船合同而发生的费用，也为了能通过在合同中列入一些对自己有利的条款，以维护自己一方的利益，在国际航运市场上，一些航运垄断集团、大的船公司或货主垄断组织先后编制了供租船双方选用，作为洽商合同条款基础的租船合同范本。标准航次租船合同代表范本有“金康”(GENCON)，定期租船合同代表范本有“纽约土产”(NYPE)，光船租船合同代表范本有“光租”(BARECON)。

三、货运代理业

货运代理业即通常所说的报关行(customs broker)或运输行(forwarding agent or forwarder)，是指收取佣金，代货主办理货物出口、进口报关手续，或以自己的名义接受海上货物运输的托运，并将自己承运的货物交由船舶经营人运输的行业。随着国际贸易和远洋运输的不断发展，货运代理业务范围有不断扩大的趋势，如代货主安排仓储、转运、签单、订舱、选择航线、投保、准备有关单证及货主委托的其他特殊事项。货运代理在不同的国家和地区有着不同的称呼，如海关代理、清关代理、海关佣金商、运输和货运代理等，我国台湾地区称为货运承揽人、承揽运送人。

海上货运代理是随着国际贸易所涉及的国家和地区的不断扩大，以及海上货物运输量的日益增加而产生和发展的。海上货物运输环节多、业务范围广，任何一个货主(托运人)或船公司(承运人)都很难亲自处理好每一环节的具体业务，而且限于人力、物力，也不可能在世界范围广设分支机构，承办揽货订舱、货物交接、中转换装和进出口货物报关等业务。在这种情况下，如果将有关业务委托代理人办理，对货主来说，有利于贸易合同的履行；对于承运人来说，则无疑扩大了揽货网络，增加了货源。为此，货主或承运人虽然要支付一定数额的酬金或佣金，但他们都可以从货运代理提供的代理服务中获益。

国际货运代理协会联合会（FIATA）1926 年在奥地利维也纳成立，总部现设在瑞士苏黎世，并分别在欧洲、美洲、亚太、非洲和中东四个区域设立了区域委员会，任命有地区主席。该联合会是一个非营利性国际货运代理的行业组织，对世界货运代理业务发挥至关重要的作用。FIATA 设立的目的是代表、保障和提高国际货运代理在全球的利益。该联合会是目前在世界范围内运输领域最大的非政府和非营利性组织，具有广泛的国际影响。该联合会在全球贸易和运输中所起的顾问作用，已被联合国有关组织及包括国际商会在内的其他贸易和运输组织认可。中国国际货运代理协会英文名称为“China International Freight Forwarders Association”，简称 CIFA，2000 年在北京正式成立，是经国务院批准，在民政部登记的全国性行业协会，属于非营利性的社团法人。

国际货运代理所从事的主要业务如下。

（一）代理发货人

货运代理代替发货人承担在不同货物运输中的任何一项手续：

①以最快最省的运输方式，安排合适的货物包装，选择货物的运输路线；

②向客户建议仓储与分拨；

③选择可靠、效率高的承运人，并负责缔结运输合同；

④安排货物的计重和计量；

⑤办理货物保险；

⑥货物的拼装；

⑦装运前或在目的地分拨货物之前把货物存仓；

⑧安排货物到港口的运输，办理海关和有关单证的手续，并把货物交给承运人；

⑨代表托运人/进口商承付运费、关税税收；

⑩办理有关货物运输的任何外汇交易；

⑪从承运那里取得各种签署的提单，并交给发货人；

⑫与货运代理联系，监督货物运输进程，并使托运人知道货物去向。

（二）代理海关

当国际货运代理作为海关代理办理有关进出口商品的海关手续时，其不仅代表他的客户，而且代表海关当局。事实上，在许多国家，国际货运代理得到了当局的许可，办理海关手续，并对海关负责，在单证中申报货物确切的金额、数量、品名，以使政府在这些方面不受损失。

（三）代理承运人

货运代理向承运人及时订舱，议定对发货人、承运人都公平合理的费用，安排适当时间交货，以及以发货人的名义解决和承运人的运费账目等问题。

（四）代理航空公司

货运代理在空运业上充当航空公司的代理，在国际航空运输协会以空运货物为目的而制定的规则上，其被指定为国际航空协会的代理。在这种关系上，国际货运代理利用航空公司的货运手段为货主服务，并由航空公司付给佣金。同时，作为货运代理通过提供适于空运程度的服务方式，继续为发货人或收货人服务。

（五）代理班轮公司

货运代理与班轮公司的关系随业务的不同而不同，近几年来由货运代理（以下简称“货代”）提供的拼箱服务，即拼箱货的集运服务已建立了他们与班轮公司及其他承运人（如铁路）之间的较为密切的联系，然而一些国家却拒绝给货运代理支付佣金，所以他们在世界范围内争取对佣金请求的确认。

（六）代理提供拼箱

随着国际贸易中集装运输的增长，集运和拼箱的服务被引进，货代担负委托人的作用。集运和拼箱的基本含义是：把一个出运地若干发货人发往另一个目的地的若干收货人的小件货物集中起来，作为一个整件运输的货物发往目的地的货代,将单票货物交给各个收货人。货代签发提单,即分提单,或其他类似收据交给每票货的发货人,货代目的港的代理凭初始的提单交给收货人。拼箱的收、发货人不直接与承运人联系,对承运人来说,货代是发货人,而货代在目的港的代理是收货人。因此,承运人给货代签发的是全程提单或货运单。如果发货人或收货人有特殊要求的话,货代也可以在出运地和目的地从事提货和交付的服务,提供门到门的服务。

(七)代理提供多式联运

在货代作用上,集装箱化的一个更深远的影响是介入了多式联运,这使其充当了主要承运人并在承担了组织“一单一合同”下,通过多种运输方式进行门到门的货物运输。货代可以以当事人的身份与其他承运人或其他服务提供者分别谈判并签约。但是,这些分拨合同不会影响多式联运合同的执行,也就是说,不会影响发货人的义务和在多式联运过程中,其对货损及遗失所承担的责任。在货代作为多式联运经营人时,通常需要提供包括所有运输和分拨过程的一个全面的“一揽子”服务,并对客户承担更高水平的责任。

四、海运经纪业

海运经纪业是海运经纪人(broker)以货物托运人和收货人为一方与以船舶所有人或海上承运人为另一方之间的中间人通过代办洽谈业务,促使交易成交的一种行业,尤其是在租船业务和船舶买卖业务的洽谈中必不可少,并且发展成为一种传统习惯。其主要任务是:照料在港船舶装货、卸货、加添燃料等工作,接收与交付货物,收取客货运费,兜揽货载,处理索赔案件,代办船用物料和给养等;作为转运代理人或报关人办理货物报关,船舶结关、交纳关税等一切海关手续;洽办船舶停靠、装货或卸货事宜;作为租船代理人代表货主租船;作为租船经纪人代表船方出租船只。

五、船舶代理业

船舶代理业是根据船舶经营人的委托办理船舶有关营运业务和进出港口手续的工作。船舶代理分国内水运船舶代理和国际海运船舶代理。国内水运船舶代理通常由各港务管理单位办理。国际海运船舶代理有船舶揽货总代理和不负责揽货的船舶代理两种形式。船舶代理单位办理的业务包括:组织货物运输,如组织货载等;组织旅客运输;安排货物装卸;为船舶和船员服务,代办各种手续;代办财务有关业务和船舶租赁、买卖等;商办海事处理和海上救助等业务。

六、装卸业、理货业

装卸业是办理将货物装船或从船上将货物卸下的行业。装卸经营人(stevedore)通常对港口经常装卸的货物包装、性质和装卸方式富有经验,对各种类型的船舶也较了解,能够参与制订装卸计划。但是因为货物的装卸和积载情况往往关系到船舶及货物安全,所以原则上这些作业都是在船长、船员的监督和指挥之下进行。如果由于装卸工人的故意、疏忽、操作不当或违反船长指挥而造成船舶或货物损害,赔偿责任及赔偿数额的确定是争议的焦点,因此,有的运输合同就对上述情况进行明确约定,以避免发生不必要的争议。

理货是在货物装卸中,按货运票据对货物进行点数、计量、清理残缺、分票、分标志和现场签证、办理交接手续等工作的总称,分为公证性理货和交接性理货。前者是理货部门应车(船)方申请,代车(船)方办理理货工作,理货部门只提供签证,证明货物交接实际情况,并不负担货物溢缺、残缺责任;后者是由交接双方各自派出理货人员代表本单位进行。办理货物交接手续,应做到收付明确、单货相符、单货同行、交接清楚、责任分明,并指导装卸人员合理堆垛、分票清楚、分清残损原因。

外轮理货在海上货物运输中具有以下重要意义。

(1)外轮理货是对外贸易和国际海上货物运输中不可缺少的一项工作。它履行判断货物交接数字和状态的职能,对承、托双方履行运输契约和船方保质保量地完成运输任务都具有重要意义。

(2)外轮理货在一定程度上能够影响到船舶和货物的安全。在装船过程中,理货人员对货物积载负有监督指导的责任,而且要准确反映在货物积载图上,因此,理货工作的好坏对保障航行安全和货物在运输途中的安全,具有十分重要的意义。

(3)外轮理货是国家对外的一个窗口。理货人员在外轮上,工作时间长、接触船员广,他们的言行和工作代表了一个国家理货人员的素质,反映了一个国家和民族的精神面貌。

(4)外轮理货在一定程度上能够影响到国家对外贸易的顺利进行和发展。出口货物,理货把最后一道关;进口货物,理货把第一道关。因此,它对于买卖双方履行贸易合同、按质按量地交易货物、促进贸易双方的相互信任,以及船公司经营航线的积极性都具有重要意义。

理货单证是指理货机构在理货业务中使用和出具的单证。它反映船舶载运货物在港口交接当时的数量和状态的实际情况的原始记录,因此具有凭证和证据的性质。理货机构一般是公证性或证明型的机构,理货人员编制的理货单证,其凭据或证据就具有法律效力。理货单证包括:理货委托书(application fortally)和计数单(tally sheet),是理货员理货计数的原始记录;现场记录(on the spotrecord)是理货员记载货物异常状态和现场情况的原始凭证;日报单(daily report)是理货长向船方报告各舱货物装卸进度的单证;待时记录(stand bytime record)是记载由于船方原因造成理货人员停工待时的证明;货物溢短单(over landed/short landed cargo list)是记载进口货物件数一致或短少的证明;货物残损单(damaged cargo list)是记载进口货物原残损情况的证明;货物积载图(stowage plan)是出口货物实际装舱部位的示意图。还有分港卸货单、货物分舱单、复查单、更正单、分标志单、查询单、货物丈量单合理和理货证明书等单证。

各国理货机构对船舶的理货,有的是委托性的,有的是强制性的,这取决于国家的规定。委托性理货(entrusted tally)是指要根据船方的申请,理货机构与船方才能建立理货关系。强制性理货(compulsory tally)是指不需要根据船方的申请,理货机构就与船方自动建立理货关系。按照国际航运惯例,船舶在港口装卸货物时,要申请理货机构代办理货业务。根据我国法律规定,外贸船舶在我国港口装卸计件货物时,实行强制性理货。

七、船舶管理业

船舶管理业即接收船舶所有人或者承租人、船舶经营人的委托,代为从事船舶买卖、租赁及其他船舶资产管理,机务管理、海务管理和安排船舶维修,负责船员招聘、训练及对保证船舶技术状况和正常航行的其他服务的行业。我国2009年修订的《国内船舶管理业规定》主要对我国船舶管理经营人为船舶所有人或者船舶承租人、船舶经营人提供船舶机务管理,船舶海务管理,船舶检修、保养，船舶买卖、租赁、营运及资产管理，以及其他船舶管理服务进行了规定。

八、海运货物仓储业

海运货物仓储业是指通过自己拥有或者租赁的仓储处所，提供海运货物仓库保管、存货管理，以及货物整理、分装、包装、分拨等服务的行业。

九、国际海运集装箱场站及堆场业

国际海运集装箱场站及堆场业是指在港口内或者毗邻港口的区域，提供海运货物集装箱堆存、保管、清洗和修理，以及集装箱货物的存储、集装、分拨等服务行业。

集装箱场站也叫集装箱堆场。对于海运集装箱出口来说，堆场的作用就是把所有出口客户的集装箱在某处先集合起来（不论通关与否），到了截港时间之后，再统一上船（此时必定已经通关）。其类型包括前方堆场、后方堆场和空箱堆场。有些国家对集装箱堆场并不分前方堆场或后方堆场，统一称之为堆场。

前方堆场（marshalling yard），又称编排场、调度场，是指在集装箱码头前方，为加速船舶装卸作业，暂时堆放集装箱的场地。其作用是当集装箱船到港前时，有计划有次序地按积载要求将出口集装箱整齐地集中堆放，卸船时将进口集装箱暂时堆放在码头前方，以加速船舶装卸作业。

后方堆场（container yard）是集装箱重箱或空箱进行交接、保管和堆存的场所。集装箱后方堆场是集装箱装卸区的组成部分，是集装箱运输“场到场”交接方式的整箱货办理交接的场所（实际上是在集装箱装卸区“大门口”进行交接的）。

空箱堆场是指专门办理空箱收集、保管、堆存或交接的场地。它是专为集装箱装卸区或转运站堆场不足时设立的。这种堆场不办理重箱或货物交接，可以单独经营，也可以由集装箱装卸区在区外另设。在一些国家，经营这种空箱堆场，须向航运公会声明。

第二章 国际海上货物运输公约

由于海上货物运输需要跨越多个国家和地区,因此,在古代即已经出现了当代国际海上货物运输公约中某些法律理念及概念的雏形。对两河流域文明、古埃及、腓尼基人和古希腊人、古罗马人的历史考察都已经证明在其所处时代均有关于海上货物运输的活动记载,然而直到古罗马时期,海上货物运输中才出现了关于共同海损、海难救助、船货冒险抵押借贷(bottomry bond or bottomry bill or tespondentia bond)、租船和海上保险等海上货物运输独有方式的法律概念。这些源自鼓励海上商业而发展起来的古老原则,在罗马法系和普通法系内催生了大量相同的原则。中世纪欧洲海上货物运输的繁荣与发展又催生了国际商法,其中也包括国际海商法[①]。在过去的八百余年里,尽管普通法系和罗马法系彼此之间对司法管辖权、海商法的含义和实体部分争论不休,但还是完成了海商法历史与现代的融合,共同促进了海商法的发展。古罗马、中世纪时期的许多海上货物运输惯例发展成为欧洲民族国家海商法中的主要内容,随后一系列国际公约的出现及更迭均属于两大法系共同努力顺应海上货物运输实践而在法律文件上妥协和发展的成果。

---

① 实际上海商法并非单纯的欧洲和基督教文明的产物,古代东方也主张过航行自由和商业自由的概念。例如,古代印度和锡兰曾派商船至东印度和中国;中国在公元前7世纪已发展起一种相当复杂的港口体系,甚至港口海关服务,允许外国商人在广东和其他中国港口设立本国机构;古代印度尼西亚的SriVijaya王朝期间在大约公元700年曾制止海盗并鼓励通过马六甲海峡进行海上交易。正如一位权威学者所指出:“无论是亚洲人或是罗马人对海洋均未主张过管辖权或主张。其实,航行自由和没有任何限制的海上贸易及商业被接受为调整国家间行为的全球法律的一部分。除了镇压海盗之外,没有人曾对海洋的任何部分主张过管辖权或主权。各国确实曾试图通过法律管理和控制其公民所有的船舶航行及其海上贸易,但无人曾禁止海上航行或与其他人进行贸易。”亚洲的这种海洋自由及无限制的和平的海上贸易的传统与中世纪及随后的欧洲君主主张对其海岸毗邻海域排他的管辖权有天壤之别。此种主张源于波罗的海和地中海国家坚持其警察权,这种警察权在西罗马帝国灭亡后为镇压在这些水域猖獗的海盗成为必要。格劳修斯于1604—1605年撰写《海洋自由论》时知晓了亚洲的不同经验,他的这种认知很可能影响了其理论的发展,并进而影响了西方国家海洋法的形式。本章关于古代海上货物运输惯例的主要内容参见[加]威廉·泰特雷《国际冲突法》第一章“国际海事海商法”,刘兴莉翻译,法律出版社2003年出版。

第一节 古代国际海上货物运输惯例

一、古罗马法中的海上货物运输惯例概念

公元534年,在编纂《查士丁尼法典》的过程中,罗马法将某些海上货物运输法律特征作为惯例记载下来,同时对其进行某种法律理论上的解释,进而形成某种原则。在此基础上形成的法典较散落于各地的航海惯例更为全面,并发展成为过去从未存在过的海商法的法律渊源。各航海国的法官们为了满足审判海上货物运输案件的需要,通过查阅这些法典及法律渊源来证实并增补当地的海上货物运输惯例。法官们的判决又被之后的法典收录呈现出来,而这些法典又因某个城市或地区协调和解决海上货物运输纠纷的需要而被采纳。因此,在某种意义上,古代罗马法不仅促进了海商法向全世界的传播,并且激励了其发展和改进。

《查士丁尼法典》被认为并入了公元前约800年(一说公元前约300年)古希腊的《罗得海法》(*Rhodian Law*)中的许多概念,尤其是关于共同海损(general average)的规定。而《拜占庭—罗得海法》(*Rhodian Sea Law*)起源于习惯,于公元7或8世纪在拜占庭(君士坦丁堡)起草,该海法包含了船舶优先权和船舶抵押权方面的条款,它对9世纪《巴西尔法典》(*The Basilica*)的编撰产生了影响。《拜占庭—罗得海法》在世界各地陆续发现了数十个文本,分属于公元10—17世纪,目前分散保存在希腊、意大利、英国、法国、西班牙、俄罗斯、美国等国家的博物馆或图书馆中。这些文本长短不同,文字有别,保存形式和保存状态不一,如较早的文本写在羊皮卷上,较晚的文本则写在纸上;有的字迹已经模糊不清,有的页码已经破损或被蛀虫吃掉。其所涉及的海事问题明确且具体,易于操作。诸文本中,法条的数量并不一致,该法有时不以法典整体面貌出现,而是被拆散使用,如某些法学家根据自己编纂法律的需要,使用其中的一部分条款,而另外一些立法者则根据实际需要进行增删。

罗马法保存的众多海上货物运输的法律概念影响了海商法的发展。例如,冒险借贷(pecuria trajectitia)(在罗马法中,债权人将款项借给债务人用于特定的航程,如果债务人的船舶在该航次中灭失,则无须偿付本金和利息。其利息称作“海上利息”,因为由债权人承担意外灭失的风险,因此债权人有权享有高

于通常借贷的利率。其高出部分的利息,实质上属于保险费的性质,因此也被视为海上保险的萌芽。)与船货抵押贷款(bottomry)的发展有关,并间接与船舶抵押(ship mortgage)的最终盛行有关。根据属员致害行为(Receptum nautarum cauponum stabulariarum),海上货物运输中的承运人对于安全交付其照管的货物负有默认义务,除非货物的灭失是某些超出其控制范围的事件所致。承运人对于其照料下货物的责任,在《海牙规则》第二条至第四条所规定的承运人船舶适航义务(due diligence①)的规定中体现。如果货物被船舶所有人(nautae caupones stabularii)的雇员灭失、偷窃或损坏,船长应负双重责任。当代海上货物运输中承运人应对其雇员和代理人的过失行为负责,但不必承担额外的责任。同时,在罗马法中亦可以找到有关扣船、利息、碰撞责任及海难抢劫等非法行为的相关规定。罗马人对这些概念的编纂为日后海商法的发展奠定了基础。虽然罗马法对海商法的原始贡献并不为人们所知晓,但是通过罗马法保存下来的许多概念的确影响了海商法的发展。

二、中世纪海上货物运输惯例

中世纪的海上货物运输规则多由个人编制,其中最著名的是《奥列隆惯例集》,它是欧洲西北部第一个正式表述海商法或海事法的文本,先后以各种不同的形式出现,该法对西欧和北欧国家的海商法皆有影响。现存的最早版本是1494 年在巴塞罗那印刷的,是由一个“删改了其中大量错误内容的人”编撰的。

大约 1160 年,阿基坦的埃莉诺在陪同其丈夫路易七世第二次十字军东征回国后颁布了《奥列隆惯例集》,它们以古代自公元前 1 世纪即规范地中海海上贸易的《罗得海法》为基础编制而成。她很可能是在耶路撒冷国王鲍德温三世的宫廷里初步接触到这些古代海上贸易惯例的,因为鲍德温二世继续沿用这些惯例并将其作为耶路撒冷王国的海上法令。之所以以奥列隆岛命名是因为该岛是大西洋上最强大的海员同业公会以及海事法庭所在地。12 世纪末,英国颁布了这些惯例,随后被用英文和法文出版。亨利八世称其为“海事、船主、水手以及商人之间一切关系的判决”。《奥列隆惯例集》极大地影响了维斯比的波罗的海法,并被收入英国海事黑皮书(英国劳氏船级社沉船登记簿),它们也可能

① due diligence 在罗马法和普通法中均分为三个层次,即 ordinary,extraordinary,slight diligence。

影响到了后来的海上法典,其中包括某些鼎盛时期海盗所实施的各种“条款”,例如,乔治·库萨克[①]称之为“义务”的《普莱隆法》(*Lawes of Pleron*)。此外佛兰德斯(古代尼德兰)达默小镇的《海事判决》,荷兰泽兰地区的《西卡佩尔法》也都受其影响。该惯例集共有二十五项条文(第二十六条、第二十七条为后人所加),主要涉及船长与船员、船长与货商、船长与船东、船舶与船舶之间的关系。

在西地中海各港口审理案件的官员被称作执政官(consuls),他们判案的依据是当地的惯例规则,《康索拉度海法》就是从这些判例中抽象出其规则制定而成的。许多意大利城邦国家均有海商法典。例如,十字军东征时期亚德里亚海主要港口特拉尼(Trani)于1063年编撰完成的被称为海上法令与习惯的《康索拉度海法》,海事共和国比萨1160年颁布的《康斯坦因惯例》,法国鲁昂在14世纪颁布的深受罗得海法影响的《水上惯例》。同时,根据德国吕贝克海上惯例编撰的法典出现于1299年,并在波罗的海地区使用。此外还有不少其他法典在中世纪期间问世,为当地法官们提供海商法渊源的协助。

三、文艺复兴时期以后的海上货物运输法典

《奥列隆惯例集》的英文版本发表于1536年,法国的《海上手册》(*The Guidon de la Mer*)出现于1556年至1584年期间,1681年路易十四颁布了对后世有重大影响的《海事条例》(*Ordonnance de la Marine*)。后者作为雄心勃勃的法典,编撰了法国各港口当地的法律,以及与法国船队有贸易关系的各港口当地的法律。《海事条例》与其他海事惯例的区别在于它是由国家赞助编撰的整个国家的法律与习惯,反之,先前的法典是由城市、法人团体或对海上问题感兴趣的个人编撰的,因而其涉及的范围小得多。《海事条例》确认海商法是法国法律整体中的一部分。随后,其他国家以法国的《海事条例》为样本,普鲁士于1727年颁布了其《海商法典》,1781年两个西西里王国联合颁布了《费尔迪南多法典》(*Codice Ferdinado*)。所有这些发展,使得大陆法系法典化的趋势成为可能,尤其是使得立法者能从先前的编撰者们几乎包罗万象的著作中汲取有益的启迪。1807年拿破仑颁布的《法国商法典》中的海商法条款改进和发展了首次

① 17世纪晚期活跃于北欧和西印度群岛的爱尔兰海盗,他所制定的海盗法规是现存完整的17世纪仅有的两套海盗法规之一。

编撰于《海事条例》中的许多原则,实质上这些规则持续至20世纪60年代都未改变,1967年法国才对其海商法进行了全面的修订。其他大陆法系国家,在欧洲、拉丁美洲和北美(魁北克和路易斯安娜)直至1900年以前,唯法国马首是瞻,纷纷颁布各自的民(商)法典,其中包括海商法各条款。

四、古代海上货物运输惯例的影响

(一)对英国的影响

早期的英国商人和法官与北欧和西欧各国一样将《奥列隆惯例集》作为海商法问题的参考指南。例如,在14世纪英国的主要海港城市布里斯托尔和伦敦的市政规章(borough charters)都含有该惯例集。商人们同样知晓该法,1350年的"Pitk v. Venere"一案、原被告双方均援引该法进行抗辩,该案的判决中明确表示"根据《奥列隆惯例集》强制执行"。在15世纪,一艘船的船长因虐待一个海员而根据该法受审。1538年一份有关乔治轮(The George)的租船合同也是"根据《奥列隆惯例集》"订立。

英国海事法院为处理海盗问题成立于爱德华三世期间(1327—1377年),并迅速将其管辖权扩展至包括其他海上问题。海事律师和海事法官均为民法学者,接受大陆法传统的训练,在他们的论辩中使用《海上惯例》《商事惯例》和《大陆法》。这些法院亦遵循《大陆法》诉讼程序。在英国海事法院发展的早期阶段,英国海商法深受大陆法影响,那些按照大陆法原则草拟合同的外国商人们,欢迎这种法律上的统一。正如一位商人在1473年所言,他们希望在将《商人法》(*law Merchant*)视为全世界统一适用的自然法的法院出庭。这意味着将由大陆法编纂和补充习惯法。正如Leoline Jenkins子爵于1660年在上议院所言,当普通法没有创造其法律渊源却具有管辖权时,对具有海商或商业性质的合同适用普通法并不合适。所有的外国商人均根据海商法或民法订立合同,因此,这些合同无论是临时性的还是决定性的,不应根据与之无关的法律裁判。

普通法院的海事管辖权受到了限制,主要包括:在公海上的侵权行为;在公海上订立的海商合同;为在外国管辖领域创设的船货抵押贷款提起的对物诉讼;强制执行其他海事法院做出的判决;为海员工资的诉讼。随着时间的流逝,普通法法官们对于那些仍由海事法院管辖的问题开始更多地求助于他们先前的判例，而不再请教于大陆法的原则或惯例。具有英国特色的法理得以发展，从而减轻了大陆法对英国海商法的影响。但是若有需要，海事法院的法官们可以用民法的原则和已确立的商业惯例增补该法典及普通法。正如曼斯菲尔德勋爵在其著名的“Luke V. Lyde”一案的判决中指出的那样：“海商法并非某个特定国家的法律，而是各国之间共同的法律。”加拿大最高法院也确认了其海商法间接起源于民法，毫无疑问英国海商法的发展，归源于罗马法传统甚巨，而加拿大海商法在很大程度上源于英国海商法。普通法在其早期阶段处理商事和海商问题时几乎无法可依，因此，海事法院在裁判海事争议时使用大陆发展起来的各项原则。

（二）对美国的影响

美国海商法对罗马法中的海上货物运输惯例保存得最完整。有三个解释：第一，在英国普通法法院及其禁令严格限制海事法院审判权以及美国独立之前，美国海事法院继承了英国海事法院的罗马法司法管辖权（jurisdiction），结果是保全扣押（saisie conservatoire）。这一在英国于1800年便不复存在的救济措施在美国仍然存在，而加拿大、澳大利亚、新西兰、新加坡和其他英联邦管辖领域，仿效英国做法均没有该种扣押存在。第二，美国在1789年第一届国会上批准通过了《美国法院程序管理法》（*An Act to regulate Processes in the Courts of the United States*），该法确认了美国海事法院不同于英国海事法院的制定法性质，许多美国海事法院被称为“海事和海商法庭”（Admiralty and Maritime Courts），最后，美国拒绝批准许多国际公约。因此，在船东责任限制方面，在其1851年船东责任限制法中，仍含有古老的民法委付原则。由于美国未批准1910年《碰撞公约》，在船舶碰撞损害赔偿责任分配方面，美国直至1975年一直是按各自承担50%分配责任，是年美国最高法院判定应按过失比例分配责任；美国对于货损并不存在按过失比例向碰撞船舶索赔的规定。根据美国法律，船东对于强制引航员的过错不负责任，基于相同的理由，美国也未废除过失推定规则（The Pennsylvania）。在某种意义上，美国比法国、德国和其他大陆国家更具罗马法海商法特征。直到1991年美国的一个海商案件判决中还援引了《奥列隆惯例集》。

(三)大陆法系和普通法系海事海商法律发展的差异

大陆法系早期海商案件司法管辖权中就有允许他方接受喜马拉雅条款的规定,而在普通法中,“第三方利益”未能得到充分发展,并与喜马拉雅条款产生了冲突,最终其与Reid勋爵在“Midland Silicones v. Scruttons Ltd”案中提出的代理理论(agency theory)一同被英国和英联邦国家所采纳。而且,大陆法系的法典一般总是认可侵权损害赔偿(damages in delict),包括利润损失,而普通法系除非伴随人身伤亡或人身伤害(physical damage),否则对于侵权不支持经济损失赔偿(economic loss)。普通法系创设了船舶抵押制度(ship mortgage),即对于可移动的(船舶)设定抵押(hypothec),而大陆法系则直到最近才接受作为动产的(船舶)可以设定完整的抵押。同样地,大陆法系中的法国在1949年海上留置与抵押权公约生效之前,对于碰撞损害赔偿一直拒绝海上留置权(maritime lien)。大陆法系学者认为特权(privilege)只能由合同赋予,而不能由侵权行为产生,因此大陆法系学者建议由国家立法将船舶抵押和碰撞留置权纳入法律。普通法系有对物诉讼(the writ in rum)或将船舶作为被告的诉讼,但不得不对1975年的《马瑞瓦禁令》(*Mareva*)于1998年重新命名为《冻结令》(*Freezing Injunction*),以便最少部分能适应时代发展,起到大陆法系国家适用的保全扣押(the Saisie Conservatoire)所起的作用。正是由于两大法系在海事海商法律发展中的不同路径才导致1893年的《哈特法》、1910年加拿大的《水上货物运输法》、1924年的布鲁塞尔海上货物运输公约(《海牙规则》)、1968/1979年的《威斯比规则》乃至1978年的《汉堡规则》的出现。这些国际公约改变了海上货物运输法的传统概念,它们为现代贸易实务中托运人和承运人双方提供了必要的统一和公平。其在局部地区甚至走得更远,丹麦、芬兰、挪威和瑞典四个北欧国家,共同通过了一部《海商法典》,并已于1994年10月1日生效。它取代了19世纪90年代早期的北欧海商法典,采纳了该两个法系的各项条款,构成一种试图在大陆法系和普通法系之间的妥协。

第二节 《海牙规则》

一、《海牙规则》的制定背景

(一)英国海商法中契约自由的滥用

在国际航运初期,货物所有人都随船到国外进行贸易。有的船东就是货主,船货双方遇到问题,可随时协商处理,无须另订契约。提单格式也很简单,一式两联,从骑缝处截开,船货双方各执一联,到目的港拼起来,对缝即可提货,提单仅仅起到货运文件的作用。除了共同海损或严重不正当行为之外,货物的风险几乎全部由货主承担。但当海上货物运输发展到托运形式以后,情况发生了很大变化。首先,货主不再随船航行,对货物的装卸、运输、保管、照料的责任,以及海上风险几乎全部移交给船主。船长也不再由船东直接兼任,而成了船舶所有人的雇佣人员。由于当时通信设备不完善,船在海上航行,船东必须给予船长广泛的代理权。其次,提单的内容和作用发生了变化,承托双方的权利和义务明确地写进了提单。提单成了物权证书、有价证券和契约成立的证明。承运人不仅要对承运的货物负责,也要对其签发的提单负责。由于上述原因,一旦发生海损事故,船东的赔偿责任是很重的,甚至招致破产。

为了鼓励航海事业的发展,保护船东的利益,海上航运最为发达的英国立法提倡"契约自由",于是从 18 世纪开始,在承运人签发的提单中,出现了免责条款。英国普通法通常把从事海上杂货运输的船舶所有人视为"公共承运人"(common carrier),而把从事租船运输的船舶所有人视为"私人承运人"(private carrier)。根据英国普通法规定,"公共承运人"负有在目的港将货物以装货港收到时的相同状态交给收货人的义务;承运人对所承运的货物负严格责任(strict liability),即除因天灾(act of god)、公敌行为(queen's enemies)、货物的潜在缺陷、托运人的过错行为所造成,或属于共同海损损失之外,不论承运人本人、船长、船员或其他受雇人、代理人有无过错,承运人均应负损害赔偿责任;"私人承运人"对所运货物仅负有合理谨慎的义务。与此同时,遵循合同自由原则,允许承运人在海上运输合同和提单上列入对货物灭失或者损坏免责的条款,于是承运人强加给货主各种不公平的条件和不应承担的风险。到 19 世纪中期,有的提单上的免责事项甚至多达六七十项,以至有人说,承运人只有收取运费的权利,无责任可言。此外,提单上还规定了较短的诉讼时效以及规定适用英国法和英国法院有管辖权。承运人滥用契约自由,无限扩大免责范围的做法使当时的国际贸易和运输秩序陷入极度的混乱,货方正当权益失去了基本的保障、保险公司不敢承保、银行不肯汇兑、提单在市场上难以转让流通。这不仅损坏了货主、保险商和银行的利益,而且也严重阻碍了航运业自身的发展。

(二)世界各国纷纷制定海商法

英国用立法形式将提单的法律地位固定下来的做法使贸易商与航海商之间的矛盾日趋尖锐。当时的美国船舶较少,在国际贸易中处于货主的地位,它认为英国船方所使用的提单内容和条款,违背了美国的公共秩序,于是在1893年制定了著名的《哈特法》(*Harter Act*),即"关于船舶航行、提单,以及财产运输有关的某些义务、职责和权利的法案"。该法规定,在美国国内港口之间以及美国港口与外国港口之间进行货物运输的承运人,不得在提单上加入由于自己的过失而造成货物灭失或损害而不负责任的条款,同时还规定承运人应谨慎处理货物使船舶适航,船长船员对货物应谨慎装载、管理和交付。该法规定,凡违反这些规定的提单条款,将以违反美国"公共秩序"为由宣告无效。

《哈特法》的产生,对之后的国际航运立法产生了巨大的影响。澳大利亚1904年制定了《海上货物运输法》;新西兰于1908年制定了《航运及海员法》;加拿大于1910年制定了《水上货物运输法》。这些立法都采纳了《哈特法》确定的基本原则,根据《哈特法》的有关规定对提单的内容进行了调整。但是,少数国家的努力是难以解决承运人无边际免责的实质问题的。而且各国立法不一,各轮船公司制定的提单条款也不相同,极大地妨碍了海上货物运输合同的签订,不利于国际贸易的发展。国际海上货物运输不可能按某一国的法律处理,因此,制定统一的国际海上货物运输公约来制约提单势在必行。为统一海上法规,促进航海贸易,制定统一形式的提单条款,不仅是货主的要求,也是与货物保险和资金有关的保险家和银行家们的愿望。当时"国际法改革与编纂协会"曾拟定了一个统一规格的提单,但未获得各国的承认。后来,由于第一次世界大战的爆发,这项工作被搁置了下来。

(三)航运大国英国的妥协

第一次世界大战的爆发虽然延缓了制定国际统一规则的进程,但同时又给制定国际统一规则带来了生机。战后由于全球性的经济危机,货主、银行、保险界与船东的矛盾更加激化。在这种情况下,以往对限制合同自由、修正不合理免责条款问题一直不感兴趣的英国,为了让其殖民地在经济上、政治上采取妥协态度,也主动与其他航运国家和组织一起寻求对上述问题的有效解决方法,也主张制定国际公约,以维护英国航运业的竞争能力,保持英国世界航运大国的地位。国际法协会所属海洋法委员会于 1921 年 5 月在荷兰首都海牙召开会议,制定了一个提单规则,定名为《海牙规则》,供合同当事人自愿采纳。1922 年 10 月在英国伦敦召开会议对海牙规则进行若干修改,同年 10 月于比利时布鲁塞尔举行的讨论海事法律的外交会议上,与会代表做出决议,建议各国政府采纳这个规则,在稍做修改后使之国内法化。1923 年 10 月,在布鲁塞尔召开海商法国际会议,由海商法国际会议指派委员会对这个规则继续做了一些修改,完成《海牙规则》的制定工作。随后,1923 年 11 月英国帝国经济会议通过决议,一方面建议各成员国政府和议会采纳这个修订后的规则使之国内法化;另一方面率先通过国内立法,使之国内法化,由此而产生了《1924 年英国海上货物运输法》(*Carriage of Goods by Sea Act* 1924)。1924 年 8 月 25 日,各国政府的代表在布鲁塞尔通过了简称《海牙规则》的《1924 年统一提单若干法律规定的国际公约》。

《海牙规则》于 1931 年 6 月 2 日正式生效,截至 2012 年 6 月批准或加入该规则的地区和国家共有 74 个。欧美许多国家都加入了这个公约。有的国家仿效英国的做法,通过国内立法使之国内法化;有的国家根据这一公约的基本精神,另行制定相应的国内法;还有些国家虽然没有加入这一公约,但他们的一些船公司的提单条款也采用了这一公约的精神。所以,这一公约是海上货物运输中有关提单的最重要的和目前仍普遍被采用的国际公约。我国虽然没有加入该公约,但却把它作为制定我国《海商法》(第四章)的重要参考依据;我国不少船公司的提单条款也采纳了这一公约的精神。此外,我国香港地区和澳门地区主权回归后,该公约继续适用于香港地区和澳门地区,适用该公约所产生的国际权利和义务由中国政府享有和承担。

二、《海牙规则》的基本规定

《海牙规则》正式名称是 *International Convention for the Unification of Certain Rules of Law Relating to Bill of Lading*。因为该公约是在海牙(Hague)起草的，故而将该公约简称为《海牙规则》(*Hague Rules*)，公约共16条，其中第一至第十条是实质性条款，第十一至第十六条是程序性条款，主要是有关公约的批准、加入和修改的程序性条款。

(一)定义

《海牙规则》第一条规定：

(1)承运人：包括与托运人订有运输合同的船舶所有人或租船人。

(2)运输合同：仅适用于以提单或任何类似的物权证件进行有关海上货物运输的合同；在租船合同下或根据租船合同所签发的提单或任何物权证件，在它们成为制约承运人与凭证持有人之间的关系准则时，也包括在内。

(3)货物：包括货物、制品、商品和任何种类的物品，但活牲畜以及在运输合同上载明装载于舱面上并且已经实际装运的货物除外。

(4)船舶：是指用于海上货物运输的任何船舶。

(5)货物运输：是指自货物装上船时起，至卸下船时止的一段期间。

(二)提单的签发、内容和证据效力

《海牙规则》第三条第3款规定，承运人或船长或承运人的代理人在收到货物归其照管后，经托运人的请求，应向托运人签发提单，其上载明下列各项：

1. 与开始装货前由托运人书面提供相同的、为辨认货物所需的主要唛头，如果这项唛头是以印戳或其他方式标示在不带包装的货物上，或在其中装有货物的箱子或包装物上，该项唛头通常应在航程终了时仍能保持清晰可认。

2. 托运人用书面提供的数量或质量。

3. 货物的表面状况。

如承运人、船长或承运人的代理人有合理根据怀疑提单不能正确代表实际收到的货物，或无适当方法进行核对时，则无须将任何货物的唛头、号码、数量或质量表明或标示在提单上。

第 4 款规定，此种提单，应作为承运人收到该提单中所载货物的初步证据。

（三）承运人的义务

1. 谨慎处理，以使船舶适航

《海牙规则》第三条第 1 款规定：承运人须在开航前和开航时谨慎处理，以使船舶适于航行；妥善地配备船员、装备船舶和供应船舶；使货舱、冷藏舱和该船其他载货处所能适宜和安全地收受、运送和保管货物。

2. 妥善和谨慎地管理货物

除遵照第四条规定外，《海牙规则》第三条第 2 款规定：承运人应妥善地、谨慎地装载、搬移、积载、运输、保管、照料和卸载所运货物。在这一规定中，“除第四条另有规定外”，是指《海牙规则》第四条第 2 款承运人免责事项的规定的效力高于本规定。具体而言，如承运人与托运人约定货物的装载、搬移、积载或者卸载由托运人负责，则根据《海牙规则》第四条第 2 款承运人免责事项，即货物托运人或者货主、其代理人或者代表的行为或者不行为，承运人便不负责货物的装载、搬移、积载或者卸载，以及不承担因此造成的货物灭失或者损害的赔偿责任。

（四）承运人的责任期间

《海牙规则》并未直接规定承运人的责任期间。但是，《海牙规则》第七条规定：本条约中的任何规定，都不妨碍承运人或托运人就承运人或船舶对海运船舶所载货物于装船以前或卸船以后所受灭失或损害，或与货物的保管、照料和搬运有关的灭失或损害所应承担的责任与义务，订立任何协议、规定、条件、保留或免责条款。即《海牙规则》允许承运人与托运人就承运人对货物装船前和卸船后的责任问题自由达成协议。结合《海牙规则》第一条中关于“货物运输”的定义——“是指自货物装上船时起，至卸下船时止的一段期间”，《海牙规则》强制适用的期间为自货物在装货港装上船开始至在卸货港卸离船舶之时止，承运人的责任期间应根据承运人接收货物和交付货物的地点、承运人和托运人就承运人对货物在装船前和卸船后的责任有无协议和如何协议，以及装货港和卸货港所适用的法律予以确定。

具体而言，如果承运人在装货港船边接收货物及在卸货港船边交付货物，则承运人的责任期间自货物装上船开始至卸离船为止。如果承运人收货和交货的地点在码头仓库或者其他地点,当承运人与托运人就承运人对货物装船前和卸船后的货物灭失或者损坏的责任达成协议,如提单上订有“装前卸后条款”(before and after clause)并规定承运人对货物在装船前和卸船后的灭失或者损坏不负责时,则承运人的责任期间为自货物装上船开始至卸离船为止;如协议规定承运人对货物在装船前和卸船后所受的灭失或者损坏负责,则承运人的责任期间为自收货到交货,并且双方既可以协议适用《海牙规则》,也可以协议适用国内法律;如果承运人与托运人没有达成上述协议,则承运人对装船前和卸船后货物灭失或者损坏的责任按装货港或者卸货港所适用的法律确定。美国《哈特法》英国普通法均如此规定。在实践中,货物装上船和卸离船的时间并非“钩到钩”或“舷到舷”的绝对界限,其时间应理解为自货物被妥善而谨慎地装上船之时起至妥善而谨慎地卸离船之时止。已经卸到驳船上的货物被后卸下的货物砸坏,在英国法院的一个判决中被认为“该货物这时并未处于安全的状态,承运人妥善而谨慎地卸货的义务尚未履行完毕,因而须对货物的损坏负责”。

(五)承运人的免责

根据《海牙规则》第四条第2款规定:对由于下列原因引起或造成的灭失或损坏,不论承运人或船舶都不负责。“船舶”一词表明,当货物灭失或者损坏的诉讼或者索赔向非承运人的船舶所有人提出,或者在英、美国家对船舶提起对物诉讼(action in rem)时,船舶所有人亦可援引上述条款免责。

(1)航海过失。

船长、船员、引航员或承运人的雇佣人员,在航行或管理船舶中的行为、疏忽或不履行义务,即航海过失。

(2)火灾。

但由于承运人的实际过失或私谋所引起的除外。其“实际”(actual)指真实、现实存在,而不仅仅是理论上的、可能的或者假想的。“私谋”(privity)指亲自参与某种行为,知情而不采取适当措施予以防范。因此,承运人“实际过失或私谋”是指承运人本人有过错,并且这种过错有证据证明而不适用过错推定。

(3)海上或其他可航水域的风险、危险和意外事故。

(4)天灾。

(5)战争行为。

(6)公敌行为。

公敌行为指与船旗国为敌的国家的敌对行为。

(7)君主、统治者或人民的扣留、拘禁,或依法扣押。

(8)检疫限制。

(9)托运人或货主、其代理人或代表的行为或不行为。

(10)不论由于任何原因所引起的局部或全面罢工、关闭、停工或者劳动受到限制。

(11)暴乱和民变。

暴乱指公众骚乱,使用暴力造成他人人身伤害或者财产损失或者造成这种危险或者存在使用暴力的威胁;民变指聚众非法制造混乱的行为,系严重的、长时间的扰乱和破坏社会秩序的行为。

(12)救助或企图救助海上人命或财产。

《海牙规则》第四条第 4 款进一步规定,为救助或企图救助海上人命或财产而发生的绕航,或任何合理绕航,都不能作为破坏或违反本公约或运输合同的行为;承运人对由此而引起的任何灭失或损害,都不负责。

(13)由于货物的固有瑕疵、性质或缺陷引起的体积或质量亏损,或任何其他灭失或损坏。

(14)包装不当。

(15)标志(唛头)不清或不当。

(16)谨慎处理所不能发现的潜在缺陷。

(17)非由于承运人的实际过失或私谋,或者承运人的代理人,或雇佣人员的过失或疏忽所引起的任何其他原因。

但是要求享用这条免责利益的人应负责举证,证明有关的灭失或损坏既非由于承运人的实际过失或私谋,亦非由承运人的代理人或雇佣人员的过失或疏忽所造成。

此 17 项免责规定分为两类:一类是过失免责;另一类是无过失免责。与我国《海商法》第五十一条规定的 12 项免责虽然项目数量和表述有所不同,但包含的内容并无实质意义上的不同。

(六)承运人赔偿责任限制

承运人的赔偿责任限制是指对承运人不能免责的原因造成的货物灭失或损坏,通过规定单位最高赔偿额的方式,将其赔偿责任限制在一定的范围内。这一制度实际上是对承运人造成货物灭失或损害的赔偿责任的部分免除,充分体现了对承运人利益的维护。《海牙规则》第四条第5款规定:在任何情况下,不论承运人或船舶对货物或与货物有关的灭失或损坏,每件或每单位超过100英镑或与其等值的其他货币时,概不负责;但托运人于装货前已就该项货物的性质和价值加以申报并在提单中注明的,不在此限。

承运人单位最高赔偿额为100英镑,按照该规则第九条的规定应为100金英镑。起初英国航运业习惯按100英镑纸币支付,后来英国各方虽通过协议把它提高到200英镑,但还是不能适应实际情况。几十年来,由于英镑不断贬值,据估计1924年的100英镑的价值,到1968年已相当于当时的800英镑的价值。在这样英镑严重贬值的情况下,如果再以100英镑为赔偿责任限额,显然是不合理的,也违反了《海牙规则》第九条的规定。此外,《海牙规则》制定后,不少非英镑国家纷纷把100英镑折算为本国货币,而且不受黄金计算价值的限制和约束,由于金融市场的变幻莫测,以致和现今各国规定的不同赔偿限额的实际价格相距甚远。

(七)运输合同无效条款

根据《海牙规则》第三条第8款规定:运输合同中的任何条款、约定或协议,凡是解除承运人或者船舶对由于疏忽、过失或者未履行本条规定的责任与义务而引起货物的或者与货物有关的灭失或者损坏的赔偿责任或者以本规则规定以外的方式减轻这种责任的,均应作废注明无效。该款还规定,有利于承运人保险利益的条款或者类似条款亦无效。上述规定表明,承运人根据《海牙规则》承担的责任和义务是最低限度的责任与义务,享有的免责和权利是最大限度地免责和权利。这一原则为各国海商法所采纳,是当今国际海上货物运输法律所遵循的一项基本原则。承运人最低限度的责任和义务、最大限度地免责和权利是国际海上货物运输法律中的核心规定,使收货人在此范围内的利益得到保护。

运输合同或者提单上的内容有的明显属于无效条款,如将索赔的诉讼时效期间规定为短于《海牙规则》规定的诉讼时效期间;有的不明显的属于无效条款,如“如果收货人不在卸货后提交损失通知,则船舶所有人对任何损失均不负责”的提单规定,违背《海牙规则》第三条第 6 款关于收货人在规定期限内不提交损失通知只能作为承运人已按照提单规定交付货物的初步证据的规定,因而属于无效条款;冷藏条款“承运人在装货前取得的由船级社签发的冷藏设备处于良好工作状态的证书,应视为承运人已谨慎处理的绝对证据”的规定,由于承运人需对验船师的过失负责,这种证书只能作为承运人已谨慎处理的初步证据;关于钢铁的“除非每一件货物做明显的永久性标志,每一捆货物捆扎牢固,并附以金属标签,否则,承运人对货物标志不充分引起的错交货物和各种费用均不负责”,如果货物的标志虽未到达上述规定要求,但事实上标志是充分和适当的,则该条款因扩大承运人免责范围而成为无效条款;同样,提单中的“自由绕航条款”(liberty to deviate clause),规定争议只能在船旗国依船旗国法律解决的管辖权条款,均有可能被法院认定为无效条款。“有利于承运人保险利益条款”,又称为“将货物保险利益转让给承运人的条款”,是指运输合同或者提单上规定,如货主已经投保货物在运输过程中的灭失或者损坏的风险,则承运人对因此造成的货物灭失或者损坏不负责任。有的还进一步规定保险费由承运人承担。这种条款看似合理,但它试图消灭货物保险人的代位求偿权而减轻其承运人的责任,因而属于无效条款。

(八)托运人的义务与责任

1. 保证其提供的货物情况的准确性

根据《海牙规则》第三条第 5 款规定:托运人应向承运人保证其在货物装船时书面提供的货物标志、件数、数量和质量的准确性,并对由于这种资料不准确所引起或造成的一切灭失、损害和费用,给予承运人赔偿。

2. 不得擅自装运危险品的义务

《海牙规则》第四条第 6 款规定:如托运人未经承运人同意而托运属于易燃、易爆或其他危险性货物,应对因此直接或间接地引起的一切损害和费用负责。

3. 损害赔偿责任

根据《海牙规则》第四条第3款规定：托运人对他本人或其代理人或受雇人因过错给承运人或船舶造成的损害，承担赔偿责任。可见，托运人承担赔偿责任是完全过错责任原则，只有当对承运人的损失或者船舶的灭失或者损坏系托运人、其代理人或者受雇人的过错行为或者不行为所引起时，托运人才承担损害赔偿责任。

（九）货物灭失或者损坏的通知、诉讼时效

《海牙规则》第三条第6款规定：如货物在卸货港移交时，存在明显灭失或损坏，收货人应在此之前或当时将货物灭失或损坏的一般情况用书面通知承运人或其代理人；如损坏不明显，这种通知应于交付货物之日起的3天内提交，否则，视为承运人已按提单记载情况交付货物的初步证据。但是，如果货物状况在收受时已经进行联合检验或检查，就无须再提交书面通知。

《海牙规则》有关诉讼时效的规定是，除非从货物交付之日或应交付之日起一年内向承运人或船舶提起诉讼，在任何情况下，承运人和船舶都应免除对灭失或损坏所负的一切责任。

三、《海牙规则》的法律效力

《海牙规则》第十条规定：本公约和各项规定，适用于在任何缔约国所签发的一切提单。第五条又规定：本公约的规定，不适用于租船合同，但如果提单是根据租船合同签发的，则上述提单应符合本公约的规定。本公约中的任何规定，都不得妨碍在提单中加注有关共同海损的任何合法条款。即根据租船合同或者在船舶出租情况下签发的提单，当提单用于调整承运人与非承租人的第三者发货人或者收货人之间的关系时，《海牙规则》仍然适用；反之，在出租人与承租人之间，《海牙规则》对这种提单不适用，除非租船合同明确规定，当租船合同与提单的规定不一致时以提单为准。

《海牙规则》中很多条款是对海上货物运输合同中承运人与托运人的权利和义务的规定，但该规则第一条将运输合同定义为提单或者任何与海上货物运输有关的类似物权凭证所包含的运输合同。因此，《海牙规则》适用于提单或与提单相类似的物权凭证所证明的海上货物运输合同。但其第六条又规定：对于

非普通贸易的一般商业货物运输，如由于货物性质、状况或者运输环境所需，承运人和托运人之间只要不违反公共秩序，可就承运人的权利、义务，包括对船舶适航和管理货物的责任等，自由达成协议，但以不签发提单并将这种协议的条款载入不得流通的单证之中为条件。

《海牙规则》制定时，由于船方占优势，避免不了要维护船主的利益。然而，由于货方的斗争，船方不得不做出较大的让步，提单的主要条款获得了统一，船货双方的矛盾缓和了。其重要标志就是对船舶所有人在提单任意订立免责条款给予了法定的限制，规则的主要条款基本上吸收了《哈特法》的内容，明确了承托双方的责任与义务，权利与豁免，确定了承运人对货物安全保障的范围，使货方、保险、银行等有关方的利益有了起码的保障，消灭了在此之前因为滥用“合同自由”原则造成的承运人无限免责的状况，可以说船货双方利益在此基础上达到了基本的平衡。

第三节 《海牙－维斯比规则》

一、海牙－维斯比规则的制定背景

20 世纪 50 年代末，随着国际政治、经济形势的变化，以及航海、造船技术的进步，《海牙规则》所缓和的船货双方利益矛盾的平衡被再次打破，代表货方利益的一些发达国家和很多发展中国家认为《海牙规则》的内容已不适应新形势发展的需要，要求修改《海牙规则》的呼声日渐强烈。主要表现在：

第一，受通货膨胀影响，该规则规定的承运人赔偿限额过低，《海牙规则》产生时的 100 英镑折合 500 美元，到 1972 年折合为 260 美元，而且在此期间美元也同样贬值，英镑折合成各国货币的差距更大；

第二，该规则承运人的大量免责条款明显偏袒船方利益；

第三，该规则在承运人的代理人和受雇人的权利、义务上规定得不够明确；

第四，海上运输方式，特别是集装箱运输方式的出现和迅猛发展，使该规则关于承运人责任限制的规定不能适应这一新运输方式；

第五，该规则对货物的适用范围过于狭窄，不适用于活体动物和在运输合同中载明装于舱面且已实际装于舱面的货物的运输。

基于上述这种形势，国际海事委员会于 1959 年在南斯拉夫的里吉卡港举行第24届国际海事大会,会上决定成立小组委员会负责修改《海牙规则》。根据各国代表对修改《海牙规则》的建议,1963年国际海事委员会在瑞典斯德哥尔摩草拟了修改《海牙规则》的议定书草案,会议成员到瑞典果特兰岛(Gotland)首府维斯比城签署该议定书草案,因而该议定书也被简称为《维斯比规则》(*Visby Rules*)。经1967年、1968年召开的海事法会议审议通过,1968年2月23日在比利时的布鲁塞尔召开的53个国家或地区代表参加的第12届海洋法外交会议将其定名为《修改统一提单若干法律规定的国际公约议定书》(*Protocol to Amend the International Convention for the Unification of Certain Rules of Law Relating to Bills of Lading*),并简称为《1968年布鲁塞尔议定书》(*The* 1968 *Brussels Protocol*)。《维斯比规则》是对《海牙规则》的局部修正,它不是一个单独的文件,必须和《海牙规则》一起使用,修改之后的《海牙规则》就被称为《海牙－维斯比规则》。《维斯比规则》最终在1977年6月23日生效,截至2012年6月,根据国际海事委员会的统计,批准或加入该议定书的国家有29个,其中包括世界上的一些航运发达国家。一些国家虽然没有参加或已经退出该议定书,但已将其转化为国内法或者在国内法中吸收了该议定书的内容。我国没有参加该议定书,但在《海商法》第四章中有关提单证据效力、非合同之诉、承运人的受雇人或代理人的权利、义务等规定是以该议定书的内容为基础而做出的。此外,我国香港地区主权回归后,该议定书继续适用于香港地区,适用该议定书所产生的国际权利和义务由中国政府享有和承担。

《维斯比规则》规定的承运人责任限制金额计算单位为法郎,并以黄金作为定值标准。由于黄金本身的价格是根据市场供求关系自由涨落的,所以以金法郎责任限制计算单位的实际价值也不能保持稳定。针对这一情况,1979年12月在布鲁塞尔召开的,有37国代表出席的外交会议上,通过了修订《海牙－维斯比规则》的议定书,全称为《修订(经1968年议定书修订的)统一提单若干法律规定的国际公约的议定书》,该议定书于1984年2月开始生效。根据国际海事委员会的统计,至2012年6月批准或加入该议定书的国家和地区有23个,其中包括世界上一些航运发达的国家。一些国家虽然没有参加该议定书,但已将其转化为国内法或者在国内法中吸收了该议定书的内容。我国没有参加该议定书,但《海商法》第五十六条的规定与其相一致。此外,我国香港地区主权回归后,该议定书继续适用于香港地区,适用该议定书所产生的国际权利和义务由中国政府享有和承担。该议定书将承运人责任限制的计算单位,由金法郎改为特别提款权(special drawing right,SDR)①,按 15 金法郎折合 1 SDR。议定书规定承运人的责任限制金额为每件或每单位 666.67 SDR,或按货物毛重计算每公斤2 SDR,两者中以较高者为准。但国内法规定不能使用特别提款权的缔约国,仍可以金法郎作为计算单位。

二、《海牙-维斯比规则》的主要内容

(一)承运人赔偿责任限制

《维斯比规则》第二条规定:承运人对货物灭失或者损坏每件或每单位的赔偿限额提高到10 000 法郎,同时还增加一项以受损货物毛重为标准的计算方法,即每公斤为30 法郎,以两者中较高者为准,从而对承运人赔偿限额的确定实行双规制。采用的法郎仍以金本位为基础,目的在于防止日后法郎纸币的贬值,因此也被称为"金法郎"(gold franc)。一个金法郎是含金纯度为 900‰的黄金 65.5 毫克的单位。一旦法郎贬值,仍以上述的黄金含量为计算基础,在《维斯比规则》通过时,10 000 金法郎大约等于 431 英镑,比《海牙规则》规定的高 4 倍多,从而基本上解决了通货膨胀的影响。

该条进一步规定了承运人或船舶丧失责任限制权利的条件,即如经证明,货物的损失是由于承运人的故意或者明知可能造成损失而轻率地作为或不作为造成时,则无论是承运人或者船舶,均不享有责任限制的权利。

(二)增加了"集装箱条款"

《海牙规则》没有关于集装箱运输的规定。《维斯比规则》增加了"集装箱

---

① 特别提款权(special drawing right,SDR),亦称"纸黄金"(paper gold),最早发行于 1969 年,是国际货币基金组织根据会员国认缴的份额分配的,可用于偿还国际货币基金组织债务、弥补会员国政府之间国际收支逆差的一种账面资产。其价值目前由美元、欧元、人民币、日元和英镑组成的一篮子储备货币决定。会员国在发生国际收支逆差时,可用它向基金组织指定的其他会员国换取外汇,以偿付国际收支逆差或偿还基金组织的贷款,还可与黄金、自由兑换货币一样充当国际储备。因为它是国际货币基金组织原有的普通提款权以外的一种补充,所以称为特别提款权。最初发行时每一单位等于 0.888 克黄金,与当时的美元等值。发行特别提款权旨在补充黄金及可自由兑换货币以保持外汇市场的稳定。2016 年 10 月 1 日,特别提款权的价值是由美元、欧元、人民币、日元、英镑这五种货币所构成的一篮子货币的当期汇率确定,所占权重分别为 41.73%、30.93%、10.92%、8.33% 和 8.09%。

条款”以适应国际集装箱运输发展的需要。该规则第二条第3款规定:“如果货物是用集装箱、托盘或类似的装运器具集装时,则提单中所载明的装在这种装运器具中的包数或件数,应视为本款中所述的包或件数;如果不在提单上注明件数,则以整个集装箱或托盘为一件计算。”即当货物以集装箱、货盘或者类似工具集装时,如果提单上具体载明装在这种运输工具中货物件数或者单位数时,则承运人赔偿限额按提单上所列的件数或者单位数予以确定。否则,这种运输工具视为一件或者一个单位,而不论其内实际装有货物的件数或者单位数。

(三)明确了提单的证据效力

《海牙规则》第三条第4款规定:符合规定的提单可作为初步证据。没有规定提单转让至第三人的证据效力。《维斯比规则》第一条第1款明确规定:“……但是,当提单转让至善意的第三人时,与此相反的证据将不能接受。”这表明对于善意行事的提单受让人来说,提单载明的内容具有最终证据效力。所谓“善意行事”是指提单受让人在接受提单时并不知道装运的货物与提单的内容有何不符之处,而是出于善意完全相信提单记载的内容。即《维斯比规则》确立了一项法律禁反言原则,当提单背书转让给第三者后,该提单就是货物已按上面记载的状况装船的最终证据。承运人不得借口在签发清洁提单前货物就已存在缺陷或包装不当来对抗提单持有人,提单成为承运人收到其上所载货物的绝对证据(conclusive evidence)。这一补充规定有利于进一步保护提单的流通与转让,也有利于维持提单受让人或收货人的合法权益。一旦收货人发现货物与提单记载不符,承运人必须负责赔偿,不得提出任何抗辩的理由。

(四)非合同之诉讼

《维斯比规则》第三条规定:《海牙规则》规定的抗辩和责任限制应适用于就运输合同所载货物的灭失或者损坏而对承运人提起的任何诉讼,而不论该诉讼是以合同为依据或以侵权行为为依据。

(五)承运人的受雇人或者代理人的权利义务

承运人的受雇人或者代理人不是运输合同的当事人,当由于其过错造成货物的灭失或者损坏而需承担损害赔偿责任时,不能援引运输合同或适用于该合同的法律关于承运人免责或者责任限制的规定,如果不能对此加以限制,运输法规中的责任限制规定就形同虚设。英国 1953 年“喜马拉雅”“Alder v. Dickson”一案中,法院在审理时,曾对承运人的受雇人员或代理人能否享受承运人所享受的权利做出否定的判决,认为承运人的受雇人员或代理人无权援引承运人与他人签订的合同中的条款。所以在此案后,承运人纷纷在提单上规定承运人的受雇人员或代理人可以援引承运人的免责或责任限制。人们称这一条款为“喜马拉雅条款”。《维斯比规则》第三条规定:本公约规定的抗辩和责任限制,应适用于就运输合同涉及的有关货物的灭失或损坏对承运人提出的任何诉讼,不论该诉讼是以合同为根据还是以侵权行为为根据。如果诉讼是对承运人的受雇人员或代理人(该受雇人员或代理人不是独立订约人)提起的,该受雇人员或代理人也有权援引《海牙规则》规定的承运人的各项抗辩和责任限制。向承运人及其受雇人员或代理人索赔的数额,在任何情况下都不得超过本公约规定的赔偿限额。《维斯比规则》将“喜马拉雅条款”的内容法律化,当今的“喜马拉雅条款”又称为“新喜马拉雅条款”,旨在同时辅以港口经营人等承运人的独立合同人具有承运人的抗辩理由和责任限制的权利。这些条款的效力在英、美法系国家的法院得到普遍承认,但有些大陆法系国家的法院不予承认。

(六)诉讼时效延长

《海牙规则》规定:货物灭失或损害的诉讼时效为 1 年,从交付货物或应当交付货物之日起算。《维斯比规则》第一条第 2 款、第 3 款补充规定:诉讼事由发生后,只要双方当事人同意,这一期限可以延长。明确了诉讼时效可经双方当事人协议延长的规定。对于追偿时效规定:即使在规定的 1 年期间届满之后,只要是在受诉法院所在地法律准许期间之内,便可向第三方提起追诉,但是允许的时间自提起这种诉讼的人已经解决索赔案件,或向其本人送达起诉状之日起算,不得少于 3 个月。

(七)规则适用范围扩大

《海牙规则》的各条规定仅适用于缔约国所签发的提单。《维斯比规则》扩大了其适用范围,其第五条第 3 款规定:在缔约国签发的提单、货物在一个缔约国的港口起运，提单载明或为提单所证明的合同规定，该合同受公约的各项规则或者使其生效的任何一个国家的立法所约束，不论承运人、托运人、收货人或任何其他有关人员的国籍如何。该规定的意思是，只要提单或为提单所证明的运输合同上有适用《维斯比规则》的规定，该提单或运输合同就要受《维斯比规则》的约束。即《维斯比规则》将适用范围扩大到有关国际海上货物运输中货物从缔约国起运的提单以及规定受《海牙规则》或者赋予该规则以法律效力的国内法约束的提单。

三、《海牙－维斯比规则》的意义

虽然《维斯比规则》只是一个修改《海牙规则》的议定书，但它的出台可以说对于完成提单下的货物运输双方的责任体系建立具有战略意义，在最大程度上完善甚至是完美了《海牙规则》，使得这一体系成功运行起来。《维斯比规则》内容并不多，除了一些关于公约本身的规定之外，其核心内容就是第二条规定承运人丧失责任限制的第 5 款和第三条（除第 3 款），共 4 款，但正是这部分有别于民法（普通法）的内容使得提单法律关系最终从民法普通法中完全独立出来而成为特别法，同时这部分内容又不能完全背离民法（普通法），它的发展解释离不开民法（普通法）理论发展的依托，它的内容中处处体现着民法普通法的基本理论问题。

《海牙－维斯比规则》的缺陷在于只规定了提单下的承运人的责任，而提单是在货物装船之后才签发的，从而造成运输合同和提单相互脱节，并由此产生了一系列诸如租约和提单关系的法律难题。但是其对各国海商法的发展均产生了深远的影响。例如，提单条款中的“首要条款”，即双方约定《海牙规则》或《维斯比规则》管辖双方的提单运输合同关系，提单中的其他规定不得与之相违背；一些提单条款被发展出来以配合该规则，如限制承运人受雇人或代理人责任的“喜马拉雅条款”；驾船过失免责的“双方碰撞条款”；国际海事委员会制定的一系列《责任限制公约》均以其为蓝本；英国《1971 年海上货物运输法》完全照搬了该规则。

第四节 《汉堡规则》

一、《汉堡规则》制定背景

《维斯比规则》通过提高《海牙规则》规定的承运人赔偿限额和其他方面的一些修改，对维护建立在《海牙规则》基础上船货双方利益平衡起了一定的作用，但没有触及《海牙规则》的核心——承运人责任的归责原则。对此，很多第三世界国家和代表货主利益的发达国家如美、加、法、澳等都提出质疑，认为《海牙－维斯比规则》在海上货物运输的责任和风险分摊上严重偏护承运人，要求从根本上修改《海牙规则》的目的没有达到；并认为《海牙－维斯比规则》存在内容不够完善，不少规定含义不够明确、清楚等不足，这种不足增加了运输成本和托运人承担的风险。同时，《海牙－维斯比规则》中的一些规定已经不能适应海上货物运输条件、技术和实践做法的现代化发展需要。如货物交接地点已经从原来的船边交接变为码头、仓库、货堆场交接，公约的强制适用期间也应当从货物装船至卸船变更为从承运人接收货物至交付货物。根据发展中国家提议，1969 年联合国贸易和发展会议设立国际航运立法工作组，研究有关提单和海上货物运输法律。工作组在 1971 年 2 月第二次会议上做出两项决议：第一，对《海牙规则》和《维斯比规则》进行修改，必要时制定新的国际公约；第二，在审议修订上述规则时，应清除规则含义不明确之处，建立船货双方平等分担海运货物风险的制度。该工作组于 1971 年 2 月研究决定重点修改《海牙规则》并进行新公约的准备工作。之后，为了避免工作的重复，该工作组把这项工作移交给联合国国际贸易法委员会。国际贸易法委员会在 1971 年 4 月建立了另一个在其领导下的国际航运立法工作组，该工作组于 1976 年 5 月完成起草工作。1978 年 3 月 6 日至 31 日在德国汉堡召开的有 78 个国家代表参加的联合国海上货物运输公约外交会议，审议并通过了《1978 年联合国海上货物运输公约》。由于这次会议是在汉堡召开的，所以该公约又称为《汉堡规则》。根据联合国国际贸易法委员会的统计，截止到 2012 年 6 月，批准或加入该议定书的国家有 34 个，但基本上为航运不发达的发展中国家，不少为内陆国。我国没有参加该规则，但其中一些比较成熟和合理的内容如实际承运人的有关规定、托运人责任规定以及运输单证的规定为《海商法》所采纳。其他一些航运国家的法律也采用了类似我国《海商法》的做法。

二、《汉堡规则》的基本规定

《汉堡规则》全文共分七章三十四条条文。在《汉堡规则》的制定中,除保留了《海牙—维斯比规则》对《海牙规则》修改的内容外,对《海牙规则》进行了根本性的修改,是一个较为完备的国际海上货物运输公约。

(一)承运人责任的归责原则

该规则第五条"责任基础"第1款规定:如引起货物灭失、损坏或迟延交付的事故发生在第四条所述的承运人掌管货物期间,则除非承运人证明其本人及其受雇人和代理人已为避免事故的发生及其后果而采取了一切所能合理要求的措施,否则应对由于货物灭失、损坏以及迟延交付所造成的损失承担损害赔偿责任。因此,该规则删除了《海牙-维斯比规则》中承运人对船长、船员等驾驶船舶或者管理船舶过失(航海过失及在火灾中的)免责,从而对承运人实行完全的过错责任原则,改变了承运人责任的归责原则,从根本上对《海牙-维斯比规则》做了修改。该规则虽然从文字上删除了《海牙-维斯比规则》第四条第2款中其他免责事项,但这些免责事项均指承运人、受雇人或者代理人无过错的情形,因而实质上并未删除。

此外,根据该规则附件二的规定:承运人根据该规则承担的责任以推定过失原则为基础,即当货物在承运人掌管期间发生灭失、损坏或者承运人迟延交付时,即推定承运人有过失。承运人欲免责,就必须提供证据证明其本人、受雇人和代理人为避免造成灭失或者损坏或者迟延交付的事故而采取了一切合理措施,从而解决了货物灭失、损坏或者迟延交付索赔的举证责任问题。

作为船货双方利益的妥协,该规则对火灾的举证责任做了倒置规定。该规则第五条第4款规定:承运人应对由于其本人、受雇人或者代理人的过失引起的火灾所造成的货物灭失、损坏或者迟延交付承担损害赔偿责任;承运人、其受雇人或者代理人在灭火以及为避免或者减轻其后果而采取的措施中的过失造成的货物灭失、损坏或者迟延交付,承运人也应承担损害赔偿责任。但是,承运人、其受雇人或者代理人有过失的举证责任应由请求人承担。由于货物在承运人的掌管期间,特别是船舶在航行期间发生火灾,请求人事后很难举证证明在火灾发生原因或者灭火措施上，承运人、其受雇人或者代理人有过失，因而，承运人对因此造成的货物灭失、损坏或者迟延交付仍可能因请求人不能举证而免责。

该规则明确了承运人对货物迟延交付的责任。该规则第五条第2款规定：如未能在明确约定的时间内或者在没有约定时，未在根据具体情况对承运人合理要求的时间内，在海上运输合同规定的卸货港交付货物，即为迟延交付。第五条第三款进一步规定：如在上述时间届满后连续60天之内，未能按规则第四条要求交付货物，可以视为货物已经灭失。

（二）承运人的责任期间

该规则规定的承运人的责任期间从承运人接管货物时起到交付货物时止。与《海牙规则》的“钩至钩”或“舷至舷”相比，其责任期间扩展到“港到港”，解决了货物从交货到装船和从卸船到收货人提货这两段没有人负责的空间，明显地延长了承运人的责任期间。《汉堡规则》第四条明确规定：承运人对货物的责任期间包括在装货港、在运输途中以及在卸货港，货物在承运人掌管的全部期间。即承运人责任期间是指承运人、其受雇人或者代理人从托运人或代其行事的人或者根据装货港适用的法律或规章，从货物发运当局或者其他第三方接管货物时起，至货物交付收货人、其受雇人或者代理人或者当收货人不向承运人提货时，依照合同或卸货港适用的法律或特定的贸易惯例，将货物置于收货人、其受雇人或者代理人支配之下或根据在卸货港适用的法律或规章将货物交给必须交付的当局或其他第三方时为止。承运人在卸货港需根据当地法律将货物交给当局的情形主要出现在南美洲的一些国家，承运人将货物交给当局，视为已经履行了交付货物的义务。

（三）承运人赔偿责任限额

《汉堡规则》第六条规定：承运人对货物灭失或损坏的赔偿，以每件或其他装运单位的灭失或损坏相当于835特别提款权或毛重每千克2.5特别提款权的金额为限，两者之中以较高者为准。非国际货币基金组织成员国而且其法律又不允许应用特别提款权的国家，承运人的赔偿限额为货物每件或其他货运单位12 500法郎，或货物毛重每千克37.5法郎，两者之中以较高者为准。其比

《维斯比规则》规定的赔偿限额提高了25%。

对于集装箱运输,该规则规定:当使用集装箱、货盘或类似运输器具拼装货物时,如果签发了提单,在提单中列明的,或在证明海上运输合同的任何其他单证中列明的,装在这种运输器具内的件数或其他货运单位数,即视为件数或货运单位数。除上述情况外,这种运输器具内的货物视为一个货运单位。当运输器具本身遭到灭失或损坏时,且该运输器具不属于承运人所有或由其提供,则应视为一个独立的货运单位。

(四)承运人迟延交付货物的责任

《汉堡规则》第五条第2款规定:如果货物未能在明确议定的时间内,或虽无此项议定,但未能在考虑到实际情况对一个勤勉的承运人所能合理要求的时间内,在海上运输合同所规定的卸货港交货,即为迟延交付。第3款还进一步规定:如果货物在第2款规定的交货时间满后连续60天内仍未能交付,有权对货物灭失提出索赔的人可以认为货物已经灭失。承运人对迟延交付的赔偿责任,以相当于该迟延交付货物应支付运费的2.5倍的数额时为限,但不得超过海上货物运输合同规定的应付运费总额。同时,承运人的总赔偿责任,在任何情况下都不得超过承运人对货物全部灭失引起的赔偿责任所规定的限额。即若延迟交货的货物存在损坏,承运人的赔偿责任以所迟延交付的货物全部灭失时应承担的赔偿责任为限。

(五)非合同之诉、承运人的受雇人或者代理人的法律地位

《汉堡规则》第七条规定:该规则规定的各项抗辩理由和赔偿责任限制适用于海上货物运输合同所涉及的货物的灭失或损坏,以及迟延交付对承运人提起的任何诉讼,不论这种诉讼是根据合同、侵权行为或其他原因,也不论请求人是否是合同的一方;如果这种诉讼是对承运人的受雇人或代理人提起的,而该受雇人或代理人能证明他是在受雇职务范围内行事的,则有权援引承运人的抗辩理由和责任赔偿限制;请求人从承运人或代理人取得的赔偿金额的总数,不得超过本规则所规定的承运人的赔偿责任限额,除非承运人或代理人丧失赔偿责任限制的权利。我国《海商法》第五十八条采纳了这一规定。

（六）活体动物与舱面货

《汉堡规则》将活体动物与舱面货纳入适用范围。

《汉堡规则》第五条第 5 款规定：关于活体动物，承运人对此类运输固有的任何特殊风险所造成的灭失、损伤或迟延交付不负赔偿责任。如果承运人证明他是按照托运人给他的关于动物的任何特别指示行事的，并证明根据实际情况，灭失、损害或迟延交付可以归之于这种风险时，则应推定灭失、损害或迟延交付系这种风险所造成，除非有证据证明灭失、损害或迟延交付的全部或部分是由承运人、其受雇人或代理人的过失或疏忽所造成的。我国《海商法》第五十二条采纳了这一规定。

根据该规则第九条，承运人只有按照同托运人的协议或符合特定的贸易惯例，或依据法规的规章的要求，才有权在舱面上载运货物；如果承运人和托运人议定，货物应该或可以在舱面上载运，承运人必须在提单或证明海上运输合同的其他单证上载列相应说明，如无此项说明，承运人有责任证明曾经达成在舱面上载运货物的协议，但承运人无权援引这种协议对抗，相信并持有提单的包括收货人在内的第三方；如承运人擅自将货物载运在舱面上，即使承运人证明，其本人及其受雇人和代理人已为避免事故的发生及其后果而采取了一切所能合理要求的措施，承运人仍然应对完全是由于舱面载运货物而造成的货物灭失或损坏以及迟延交付负损害赔偿责任，其程度应分别按第六条赔偿限额或第八条责任限制权利丧失的规定加以确定；承运人违反将货物装载在舱内的明文协议而将货物装载在舱面，应视为第八条规定的承运人责任限制权利丧失的一种行为或不行为。

（七）实际承运人及其受雇人、代理人的法律地位

《汉堡规则》第十条规定：将海上货物运输全部或部分委托给实际承运人执行时，不管根据海上运输合同承运人是否有权这样做，承运人仍须对全部海上货物运输负责。对于实际承运人所履行的运输，承运人应对实际承运人及其受雇人和代理人在他们的受雇范围内行事的行为或不行为负责；对承运人责任的所有规定也适用于实际承运人对其所履行的运输的责任，如果对实际承运人的受雇人或代理人提起诉讼，应适用第七条抗辩理由和第八条赔偿责任限制的规

定;任何承运人承担《汉堡规则》未规定的义务或放弃《汉堡规则》所赋予的权利的特别协议，只有在实际承运人书面明确表示同意时，才能对其发生法律效力,不论实际承运人是否已经同意,承运人必须受这种特别协议所规定的义务或弃权的约束;如果承运人和实际承运人都有责任,则在此责任范围内,他们应负连带责任;从承运人、实际承运人和他们的受雇人和代理人取得的赔偿金额总数,不得超过规则所规定的赔偿责任限额;规则的有关规定不妨碍承运人和实际承运人之间的任何追索权。

(八)提单

《汉堡规则》第一条第7款规定:"提单"是指一种用以证明海上货物运输合同和货物由承运人接管或装船,以及承运人据以保证交付货物的单证。单证中关于货物应交付指定收货人或按指示交付,或交付提单持有人的规定,即构成了这一保证。

第十五条第1款规定,提单必须包括下列项目:

(1)货物的品名,辨认货物必需的主要标志,如属危险品,对货物的危险特性所做的明确说明,包数或件数及货物的质量或以其他方式表示的数量等,并明确所有这些项目均由托运人提供;

(2)货物的外表状况;

(3)承运人的名称和主要营业所所在地;

(4)托运人的名称;

(5)如托运人指定收货人时,注明收货人的名称;

(6)海上运输合同规定的装货港及承运人在装货港接管货物的日期;

(7)海上运输合同规定的卸货港;

(8)如提单正本超过一份,列明提单正本的份数;

(9)提单的签发地点;

(10)承运人或其代表的签字;

(11)收货人应付运费金额或由收货人支付运费的其他说明;

(12)关于海上货物运输应遵守该规则各项规定,凡是与此相背离的、有损于托运人或者收货人的条款均属无效的声明;

(13)如属舱面货,货物应该或可以装在舱面上运输的声明;

(14)经承运人与托运人双方明确协议的货物在卸货港交付的日期或期限;

(15)承运人与托运人根据该规则第六条第4款规定,约定的高于该规则的承运人赔偿责任限额。

但是对于上述提单应列明的事项,该条第3项明确规定,提单缺少本条所规定的一项或多项,不影响该单证作为提单的法律性质,但该单证必须符合第一条第7款规定的要求。

(九)保函的法律地位

《海牙规则》和《维斯比规则》没有关于保函的规定,而《汉堡规则》第十七条对保函的法律效力做出了明确的规定,托运人为了换取清洁提单,可以向承运人出具承担赔偿责任的保函(托运人保证赔偿承运人由于承运人或其代表未就托运人提供列入提单的项目或货物的外表状况批注保留而签发提单所引起的损失的保函或协议),该保函在承运人与托运人之间有效,但是对包括收货人在内的受让提单的任何第三方,均属无效。如承运人或代其行事的人不批注有关保留对相信提单上对货物的描述而行事的包括收货人在内的第三方构成诈骗,则承运人无权要求托运人根据保函给予赔偿,同时承运人对由于相信提单上所载货物的描述而行事的包括收货人在内的第三方所遭受的损失负损害赔偿责任,且不得援引该规则规定的赔偿责任限制。

(十)托运人的责任

《汉堡规则》十二条规定:托运人对承运人或实际承运人所遭受的损失或船舶所遭受的损坏不负赔偿责任 ,除非这种损失或损坏是由托运人、其受雇人或代理人的过失或疏忽造成。托运人的任何受雇人或代理人对这种损失或损坏也不负责任,除非这种损失或损坏是由他自己的过失或疏忽造成。第十三条规定:在托运危险货物时,托运人必须以适当的方式在危险货物上加注危险警示标志或标签;当托运人将危险货物交给承运人或实际承运人时,托运人必须告知货物的危险性,并在必要时告知应采取的预防措施,如果托运人没有这样做,而且该承运人或实际承运人又未从其他方面得知货物的危险特性,那么托运人对承运人和任何实际承运人因载运这种货物而造成的损失负损害赔偿责任,并且承运人或实际承运人根据情况需要,可以随时将货物卸下、销毁或使之无害,而不予赔偿。第十七条第1款规定:托运人应视为已向承运人保证,由他提供列入提单的有关货物的品名、标志、件数、质量和数量等项目正确无误。托运人必须赔偿承运人因为这些项目的不正确而导致的损失。托运人即使已将提单转让,仍须负赔偿责任。承运人取得的这种赔偿权利,绝不减轻他按照海上货物运输合同对托运人以外的任何人所负的赔偿责任。其与我国《海商法》第四章第三节的规定相一致。

(十一)货物灭失、损坏或迟延交付的通知及诉讼时效

《汉堡规则》第十九条规定:除非在不迟于货物移交收货人给他之日后第1个工作日内将灭失或损坏的书面通知送交承运人,叙明灭失或损坏的一般性质,否则此种移交应作为承运人交付运输单证上所述货物的初步证据;如未签发这种单证,则应作为完好无损地交付货物的初步证据;遇有不明显的灭失或损坏,应在货物交付收货人之日后15天内送交书面通知;如货物的状况在交付收货人时,已经由当事各方联合检查或检验,则无须就检查或检验中所查明的灭失或损坏送交书面通知;遇有任何实际的或意料到的灭失或损失时,承运人和收货人必须为检验和清点货物相互提供一切合理的便利;除非在货物交给收货人之日后60天内书面通知承运人,否则对迟延交付造成的损失不予赔偿;如果货物由实际承运人交付,其交付的任何通知具有如同送交承运人的同等效力,同样,送交承运人的任何通知具有如同送交实际承运人的同等效力;除非承运人或实际承运人不迟于灭失或损坏事故发生后或货物交付后90天内以较后发生日期为准,将灭失或损坏的书面通知送交托运人,说明此种灭失或损坏的一般性质,否则未提交这种通知即为承运人或实际承运人没有因为托运人或其受雇人或代理人的过失或疏忽而遭受灭失或损坏的初步证据;通知送交给代表承运人或实际承运人行事的人,包括船长或主管船舶的高级船员,或送交代表托运人行事的人,即应分别视为已经送交承运人、实际承运人或托运人。

《汉堡规则》第二十条规定:根据该规则有关海上货物运输的任何诉讼,如果在2年内没有提出司法或仲裁程序,即失去时效;时效期限自承运人交付货物或部分货物之日开始,如未交付货物,则自货物应该交付的最后一日开始;时效期限开始之日不计算在期限内;被要求赔偿的人,可以在时效期限内的任何时间,向索赔人提出书面说明,延长时效期限。该期限还可以用再次或多次声

明再度延长;如果诉讼是在起诉地所在国国家法律许可的时间内提起,负有赔偿责任的人即使在规则规定的时效期限届满后,仍可以提起追偿的诉讼。但是,所许可的时间不得小于从提起索赔诉讼的人已解决了对他的赔偿或从他本人提起的传票送达之日起90天。

(十二)管辖权和仲裁

《海牙规则》《维斯比规则》均无管辖权的规定,只是在提单背面条款上印有由船公司所在地法院管辖的规定,这一规定显然对托运人、收货人极为不利。《汉堡规则》第二十一条规定,原告可在下列法院选择其一提起诉讼:被告的主要营业所所在地,无主要营业所时,被告经常居住地;合同订立地,而合同是通过被告在该地的营业所、分支或代理机构订立;装货港或卸货港;海上运输合同规定的其他地点。此外,如果载货船舶或属于同一船舶所有人的任何其他船舶,在一个缔约国的任何一个港口或地点,按照该国适用的法律规则和国际法规则被扣押,就可在该港口或该地点的法院提起诉讼。但是,在这种情况下,被告有权请求原告将诉讼移送到由其选定的上述有管辖权的法院,在诉讼移送之前,被告必须提供足够的保证金,以确保支付在诉讼中可能最后判给原告的赔偿金额。除此之外,海上货物运输合同当事人一方向另一方提出索赔之后,双方就诉讼地点达成的管辖协议仍有效,协议中约定的法院对争议具有管辖权。

《汉堡规则》第二十二条规定,争议双方可达成书面仲裁协议,由索赔人决定在下列地点之一提起仲裁:被申请人的主要营业所所在地,如无主要营业所,则为其经常居住地;合同订立地,而合同是通过被告在该地的营业所、分支或代理机构订立;装货港或卸货港。此外,双方也可在仲裁协议中规定仲裁地点。仲裁员或仲裁庭应按该规则的规定来处理争议。

《汉堡规则》还就租船合同的仲裁条款做了特别规定,如果租船合同载有该合同引起的争端应提交仲裁的条款,而依据租船合同签发的提单并未特别注明此条款对提单持有人具有约束力,则承运人不得对相信提单的提单持有人援引该条款。但是这一规定并非意味着提单中只要有租船合同中的仲裁条款对提单持有人具有约束力的特别规定,承运人就可援引该仲裁条款对抗善意取得提单的人,例如提单“并入条款”提及所并入的租船合同中的仲裁条款。相反,租船合同中的仲裁条款能否并入提单而对持有人具有约束力,需根据国内法的规定确定。

(十三)规则的适用范围

《汉堡规则》第二条规定:该规则适用于两个不同国家之间的所有海上货物运输合同,并且海上货物运输合同中约定的装货港或卸货港位于其一缔约国之内,或备选的卸货港之一为实际卸货港并位于某一缔约国内;或者提单作为海上货物运输合同证明的其他单证在某缔约国签发;或者提单或作为海上货物运输合同证明的其他单证约定,合同受该规则各项规定或者使其生效的任何国家立法的管辖。同《海牙规则》一样,《汉堡规则》不适用于租船合同,但如提单根据租船合同签发,并调整承运人与承租人以外的提单持有人之间的关系,则适用该规则的规定。

三、《汉堡规则》的意义

《汉堡规则》作为平衡船货双方利益的一项国际公约,在保护国际航运中货主一方利益上迈进了一大步,其制定相对完备,体现了公正合理的主旨。但也正是基于这一点,代表利益相对受损的船方的传统海运强国们(除智利外)均拒绝批准这一公约。作为既得利益者的海运大国继续采用《海牙 - 维斯比规则》,以维护其既得利益。我国《海商法》制定时,以《海牙 - 维斯比规则》为基础,并适当地吸收了《汉堡规则》的某些先进内容,作为一个每年拥有庞大货物出口量的发展中国家,中国承认国际海运中现行的"海牙 - 维斯比体系",并且巧妙地坚持《汉堡规则》所赋予的某些合理权益,无疑是正确的选择。

第五节　《鹿特丹规则》

一、《鹿特丹规则》制定背景

在《鹿特丹规则》诞生之前,关于规范国际货物运输的公约包括《海牙规则》《海牙 - 维斯比规则》和《汉堡规则》,但是批准或加入每一规则的国家数量不同,这些国家在国际航运和贸易中的地位也不同。20 世纪 90 年代以后,世界上一些重要航运和贸易国家相继出台了新的有关国际海上货物运输的法律,例如中国的《海商法》,1994 年瑞典、丹麦、挪威和芬兰同时实施新的《海商法》,

1997 年澳大利亚通过的《海上货物运输法修正案》,1999 年俄罗斯通过的《联邦商船航运法典》。这些国内立法均以《海牙 - 维斯比规则》为基础,吸收了《汉堡规则》中成熟和合理的内容,并增加了本国特色规定而形成本国国际海上货物运输法律的“混合运输制度”(hybrid carriage regimes)的立法模式。国际货物运输方式的变化也是《鹿特丹规则》诞生的重要原因。过去海运和陆运通常是分段进行的,承运人仅对其运输区段内的货物负责。但随着集装箱多式联运的发展,一份运输单据,承运人负责全程运输的门到门运输越来越普遍。而《海牙规则》和《海牙 - 维斯比规则》只规范船至船运输,《汉堡规则》也仅扩大至港到港运输。这种承运人的责任期间不仅与运输实际相脱离而且无法满足货主门到门运输的要求。

1996 年联合国国际贸易法委员会第 29 届会议在审议该委员会审查国际海上货物运输领域现行做法和法律的建议时,认识到现行各国法律和国际公约在很多问题上存在重大空白,成为货物自由流动的障碍并增加了交易成本;货物运输中电子通信手段的使用日趋增多,使这些支离破碎、互不相同的法律造成的后果更为严重,需要有涉及新技术应用问题的统一规定。鉴于国际海上货物运输法律的不统一状态不利于国际航运和国际贸易的开展,为了取代《海牙规则》《海牙 - 维斯比规则》和《汉堡规则》,以及两个与海上货物运输有关、尚未生效的国际公约——《1980 年联合国国际货物多式联运公约》和《1991 年联合国国际贸易运输港站经营人责任公约》,实现海上货物运输和包括海运区段的国际货物多式联运法律制度的国际统一,联合国国际贸易法委员会邀请国际海事委员会与联合国国际贸易法委员会秘书处合作,调查和研究国际海上货物运输中的各种问题,起草新的国际运输法公约。1999 年国际海事委员会成立运输法国际分委员会,先后召开了 6 次会议,于 2000 年 7 月第 3 次会议提出了框架文件第一稿,2001 年 11 月第 6 次会议后形成了《最终框架文件草案》(*Final Draft Outline Instrument*)。

2001 年联合国国际贸易法委员会第 34 届会议成立了包括中国在内的运输法第三工作组。2003 年该工作组借鉴《最终框架文件草案》,在维也纳举行的第 12 次会议上形成了《(全程或部分)(经海上)货物运输文件草案》(*Draft Instrument on the Carriage of Goods*[*Wholly or Partly*][*by Sea*])。2008 年 6 月第 22 次会议完成《联合国全程或部分海上国际货物运输合同公约》草案的制定,并于同年在联合国国际贸易法委员会第41届年会上通过。2008年12月11日,在纽约举行的联合国大会上,《联合国全程或部分海上国际货物运输合同公约》正式通过,大会决定在2009年9月23日于荷兰鹿特丹举行签字仪式,开放供成员国签署,因而该公约又被命名为《鹿特丹规则》。目前只有西班牙批准该规则。

二、《鹿特丹规则》的主要内容

《鹿特丹规则》共18章96条,采用了完整的国际海上货物运输公约的框架结构和内容安排,主要内容如下。

(一)适用范围

该规则第五条第1款规定了"一般适用范围",即该规则适用于收货地和交货地位于不同国家且海上运输装货港和同一海上运输卸货港位于不同国家的运输合同,条件是运输合同约定的收货地、装货港、交货地或卸货港之一位于缔约国。第六条规定:该规则不适用于班轮运输中的租船合同和使用船舶或其中任何舱位的其他合同,以及非班轮运输中的运输合同,除非当事人之间不存在使用船舶或其中任何舱位的租船合同或其他合同,并且运输单证或电子运输记录已签发。同时,第七条规定:如果收货人、控制方或持有人不是被排除在本公约适用范围之外的租船合同或其他运输合同的原始当事人,该规则仍然在承运人与当事人之间适用。但是,如果当事人是根据第六条被排除在外的运输合同的原始当事人,规则在原始当事人之间不适用。

(二)对国际货物多式联运合同的适用

尽管现在的运输行业实践已通过合同约定将海事法律制度向内陆运输扩展,但目前这些合同约定却缺乏一个与《鹿特丹规则》类似的统一的法律基础,在不同区段仍然要订立不同的运输合同。而《鹿特丹规则》将适用范围扩大到涵盖门到门运输,适用于承运人从在任何地点接收货物至在任何地点交付货物的整个期间,《鹿特丹规则》同《汉堡规则》一样,适用于运至缔约国或运出缔约国的国际运输,而《海牙规则》和《海牙-维斯比规则》仅适用于运出缔约国的国际运输。

《鹿特凡规则》第一条第1项将“运输合同”定义为承运人收取运费,承诺将货物从一地运至另一地的合同。此种合同应对海上运输做出规定,且可以对海上运输以外的其他运输方式做出规定。该定义表明该规则既适用于单一的国际海上货物运输,也适用于包括海上运输区段在内的国际货物多式联运。但是,该规则对于货物海上运输区段之前或之后的内陆水路、公路、铁路或航空运输的适用设置了条件。第二十六条规定:海上运输之前或之后的运输,如果货物灭失、损坏或造成迟延交付的事件或情形发生在承运人的责任期内,但发生的时间仅在货物装上船舶之前或仅在货物卸离船舶之后,优先适用其他国际文书,条件是此种灭失、损坏或造成迟延交付的事件或情形发生时,根据该国际文书的规定,如果托运人已就发生货物灭失、损坏或造成货物迟延交付的事件或情形的特定运输阶段与承运人订有单独和直接的合同,该国际文书本应适用于承运人全部活动或任何活动;该国际文书就承运人的赔偿责任、赔偿责任限制或时效做了具体规定;根据该文书,完全不能通过订立合同加以背离,或不能在损害托运人利益的情况下通过订立合同加以背离。即该规则强制适用于从货物装船至卸船这一期间,但对于承运人责任期间内自承运人接收货物至装船之前的阶段,以及货物卸船之后至承运人交付货物的阶段,如存在强制适用的其他国际公约或地区性条约,则适用该国际公约或地区性条约,如不存在,则适用该规则。这种国际货物多式联运中承运人(多式联运经营人)的责任形式,被称作“最小网状责任制”(minimum network liability system)。该规则采用这一责任形式,而不是排除适用于其他区段的国际公约或地区性条约的适用,是为了促进该规则的早日和广泛生效实施。

然而,《鹿特丹规则》所建立的多式联运法律体系并不是一个完整的多式联运法律体系,其必须在国际运输包含国际海上区段时方可适用,因而被形象地称为“海运 + 其他”公约,而非多式联运公约。我国《海商法》对多式联运合同虽然也采取了“海运 + 其他”的模式,对不能确定发生货损的地点也按照“海运 + 其他”模式进行处理——如果确定货损发生在一个特定的运输区段,调整该运输区段的相关法律或法规有关多式联运经营人的责任以及责任限制的规定将被适用。然而,《鹿特丹规则》仅承认调整该运输区段的强制性国际公约,并不包括强制性的国内法。因此,尽管《海商法》与《鹿特丹规则》的模式较为一致,但适用的结果并不相同。

（三）承运人的责任期间、义务、赔偿责任和赔偿责任限制

1. 承运人的责任期间

《鹿特丹规则》第十二条规定：承运人的责任期间自承运人或履约方为运输而接收货物时开始，至货物交付时终止。如收货地的法律或条例要求将货物交给某当局或其他第三方，承运人可以从该当局或该其他第三方提取货物的，承运人的责任期自承运人从该当局或从该其他第三方提取货物时开始。如交货地的法律或条例要求将货物交给某当局或其他第三方，收货人可以从该当局或该其他第三方提取货物的，承运人的责任期至承运人将货物交给该当局或该其他第三方时终止。为确定承运人的责任期，各当事人可以约定接收和交付货物的时间和地点，但运输合同中接收货物的时间是在根据运输合同开始最初装货之后，或交付货物的时间是在根据运输合同完成最后卸货之前的条款无效。

2. 承运人的义务

第十三条规定了承运人的特定义务，承运人在规定的责任期内应妥善而谨慎地接收、装载、操作、积载、运输、保管、照料、卸载并交付货物。但是承运人与托运人可以约定由托运人、单证托运人或收货人装载、操作、积载或卸载货物，且此种约定应在合同事项中载明。第十四条“适用于海上航程的特定义务”规定承运人必须在开航前、开航当时和海上航程中谨慎处理：

（1）使船舶处于且保持适航状态；

（2）妥善配备船员、装备船舶和补给供应品，且在整个航程中保持此种配备、装备和补给；

（3）使货舱、船舶所有其他载货处所和由承运人提供的载货集装箱适于且能安全接收、运输和保管货物，且保持此种状态。

该规则十三条的规定相比我国《海商法》和《海牙－维斯比规则》增加了接收货物和交付货物两个环节；第十四条相比二者，承运人谨慎处理的时间不限于开航之前和开航当时，还包括海上航程期间。

3. 承运人的赔偿责任

《鹿特丹规则》第十七条规定了承运人的过失损害赔偿责任，即如果索赔人证明货物灭失、损坏或迟延交付，或造成、促成了灭失、损坏或迟延交付的事件或情形是在规则规定的承运人责任期内发生的，承运人应对货物灭失、损坏和

迟延交付负赔偿责任。如果承运人证明,灭失、损坏或迟延交付的原因或原因之一不能归责于承运人本人的过失或规则规定的任何人的过失,可免除承运人全部或部分赔偿责任。该条规定了承运人 15 项免责事项,但是废除了船长、船员等航海过失或火灾中的过失免责,并增加了恐怖活动和避免或试图避免对环境造成危害的合理措施作为承运人免责事由。并明确了船货双方各自的举证内容与顺序,举证责任分配体系层次分明,具有较好的可操作性。如果索赔人能够证明,承运人或第十八条述及的人的过失造成、促成了承运人所依据的事件或情形;或本条免责事项所列事件或情形以外的事件或情形促成了灭失、损坏或迟延交付,且承运人无法证明,该事件或情形既不能归责于其本人的过失,也不能归责于第十八条述及的任何人的过失,那么承运人应对灭失、损坏或迟延交付的全部或部分负赔偿责任;即使存在免责事项,如果索赔人能够证明造成或可能造成或促成灭失、损坏或迟延交付的原因是由于船舶不适航;配备船员、装备船舶和补给供应品不当;货舱、船舶其他载货处所或由承运人提供的载货集装箱不适于且不能安全接收、运输和保管货物;并且承运人无法证明上述事件或情形未造成灭失、损坏或迟延交付或承运人已谨慎履行本规则规定的承运人义务,承运人应对灭失、损坏或迟延交付的全部或部分负赔偿责任。

4. 承运人的赔偿责任限制

根据该规则第五十九条规定,承运人对于违反该规则对其规定的义务所负赔偿责任的限额,按照索赔或争议所涉货物的件数或其他货运单位计算,每件或每个其他货运单位 875 个计算单位,或按照索赔或争议所涉货物的毛重计算,每千克 3 个计算单位,以两者中较高限额为准,但货物价值已由托运人申报且在合同事项中载明的,或承运人与托运人已另行约定高于本条所规定的赔偿责任限额的,不在此列。货物载于集装箱、货盘或拼装货物的类似装运器具内,或载于车辆内运输的,合同事项中载列的载于此种装运器具内或车辆内的货物件数或货运单位数,视为货物件数或货运单位数。未载列的,载于此种装运器具内或车辆内的货物视为一个货运单位。《鹿特丹规则》将承运人的责任限额进行了小幅的提高,每件或每一其他货运单位的赔偿限额相比《海牙-维斯比规则》提高了 31%,比《汉堡规则》提高了 5%;货物毛重每千克赔偿限额相比《海牙-维斯比规则》提高了 50%,比《汉堡规则》提高了 20%。这是因为实践中较高的责任限额将仅会在极少数情况下产生影响。集装箱运输的发展使得承运人可以把货物放在比以前小得多的包装内,并装进集装箱内进行运输,而且低价货也可以通过集装箱进行运输。其结果是,在大多数情况下,即使更低的单件货物的赔偿限额也足以偿付全部货物的灭失或损坏。不过,新的责任限制水平在较为极端的情况下会使货主获得更高的赔偿,并且一定会使非集装箱货物(如重型机械)获得更高的赔偿。第五十九条规定的赔偿责任限额不仅适用于货物灭失或损坏,也适用于承运人违反该规则规定的义务而应承担损害赔偿责任的其他情形,但迟延交付除外。

承运人对于货物迟延交付造成损失的赔偿责任限额为迟延交付货物运费的2.5倍,但当迟延交付货物同时存在灭失或损坏时,承运人的赔偿责任限额不得超过所涉及货物全损时的赔偿限额。该规则所谓的迟延交付是指未于约定时间内在运输合同约定的目的地交付货物。

(四)托运人的义务和责任

此前的海上运输公约主要强调承运人对托运人的义务。《海牙规则》和《海牙－维斯比规则》仅规定了托运人责任承担的两种情形:托运人及其代理人、受雇人承担过失责任和托运人对运输危险品货物产生的损失或费用承担严格责任。《汉堡规则》对托运人义务的规定与此类似。我国《海商法》则用单独的一节规定托运人的义务,尽管《鹿特丹规则》没有对托运人的义务进行彻底的改变,但其对托运人的义务做出了清晰而又明确的规定。所谓"托运人"是指与承运人订立运输合同的人,其主要承担以下义务。

1. 交付待运货物的义务

《鹿特丹规则》第二十七条规定:除非运输合同另有约定,否则托运人应交付备妥待运的货物。在任何情况下,托运人交付的货物应处于能够承受住预定运输的状态,包括货物的装载、操作、积载、绑扎、加固和卸载,且不会对人身或财产造成损害。如约定由托运人负责货物的装载、操作、积载或卸载,则托运人应妥善而谨慎地履行该义务。如集装箱或车辆由托运人装载的,托运人应妥善而谨慎地积载、绑扎和加固集装箱内或车辆内的货物,使之不会对人身或财产造成损害。

2. 提供信息、指示和文件的义务

《鹿特丹规则》第二十八条规定,如果有关货物正确操作和运输的信息由被请求方掌握，或有关货物正确操作和运输的指示是在被请求方能够合理提供的范围之内，且请求方已无法以其他合理方式获取此种信息和指示，承运人和托运人应就对方提出的提供此种信息和指示的请求做出响应。如托运人提供有关货物的某些信息、指示和文件是法律规定的义务，托运人还应当履行这种特定的义务。

3. 提供拟定合同事项所需要的信息的义务

《鹿特丹规则》第三十一条规定：托运人应及时向承运人提供拟定合同事项以及签发运输单证或电子运输记录所需要的准确信息，包括规则第三十六条第1款所述及的事项；合同事项中拟载明为托运人的当事人名称；有收货人的，注明收货人名称；须凭指示签发运输单证或电子运输记录的，指示人名称。承运人收到信息时，理当认为托运人已对信息的准确性给予保证。托运人应就此种信息不准确所导致的灭失或损坏向承运人做出赔偿。该种责任为严格责任原则。

4. 托运危险货物时的义务

《鹿特丹规则》第三十二条“危险货物特别规则”规定：当货物因本身性质或特性而已对人身、财产或环境形成危险，或适度显现有可能形成此种危险时，托运人应在货物交付给承运人或履约方之前，及时将货物的危险性质或特性通知承运人。并且托运人应根据货物预定运输任何阶段所适用的公共当局的法律、条例或其他要求，对危险货物加标志或标签。托运人未履行此项义务，且承运人或履约方无法以其他方式知道货物危险性质或特性的，托运人应就未发通知所导致的灭失或损坏向承运人负赔偿责任。该种责任为严格责任原则。

5. 托运人承担的损害赔偿责任

除上述情形中托运人承担严格责任，其他情形中托运人以过错为承担责任的要件。对于承运人遭受的灭失或损坏，如果承运人证明，此种灭失或损坏是由于违反规则规定的托运人义务而造成的，托运人应负赔偿责任。若灭失或损坏的原因或原因之一不能归责于托运人本人的过失或托运人委托的受雇人、代理人和分合同人在内的任何人的过失的，免除托运人的全部或部分赔偿责任。

（五）单证托运人的权利和义务

单证托运人是指托运人以外的，同意在运输单证或电子运输记录中记名为

“托运人”的人。单证托运人在实践中主要表现为FOB(船上交货)卖方以及其他可能在运输单证中被识别为托运人的人,除成为单证托运人的情形外,此类货物卖方在运输合同中不具有任何法律地位,对承运人既不承担义务也不享有权利。根据该规则第三十三条规定,单证托运人享有托运人的权利并承担其义务。第三十五条规定:货物一经向承运人或履约方交付运输,经托运人同意的单证托运人,有权按照托运人的选择从承运人处获得运输单证或电子运输记录,单证托运人承担义务和损害赔偿责任以及享有权利和抗辩,不影响托运人应承担的义务和损害赔偿责任及其享有的权利和抗辩。

(六)履约方的权利、义务和责任

运输合同项下,有过失的第三方往往寻求适用承运人的抗辩权和责任限制。《海牙规则》对此没有明确规定,《海牙－维斯比规则》对于第三方(独立合同人)的规定也很模糊,《汉堡规则》的调整范围虽然涵盖了承运人的受雇人和代理人,但相关条款也同样不适用于独立合同人。对此,法院没有完全一致的做法,但多数法院已认定,如果提单中包含有效的“喜马拉雅条款”,第三方就应受承运人的抗辩权和责任限制的保护。如果承运人的受雇人、代理人和独立合同人面临《鹿特丹规则》项下的起诉,公约将自动为其提供保护。实际上,该规定只是将行业习惯使用的合同条款上升为法律规定,重要的是,这意味着海运履约方与承运人承担连带责任。

所谓“履约方”是指承运人以外的,直接或间接在承运人的要求、监督或控制下行事,履行或承诺履行承运人有关货物接收、装载、操作、积载、运输、照料、卸载或交付的任何义务的人。“海运履约方”是指凡在货物到达船舶装货港至货物离开船舶卸货港期间履行或承诺履行承运人任何义务的履约方。内陆承运人仅在履行或承诺履行其完全在港区范围内的服务时方为海运履约方。因此,海运履约方主要包括实际履行或承诺履行海上运输或部分海上运输的人,以及在装货港或卸货港实际履行或承诺履行承运人所负责的货物港口作业的人,即港口经营人。非海运履约方指除海运履约方以外的履约方。除该规则第十五条规定的对可能形成的危险的货物拒绝接收、装载的权利和处置权利,第四十九条规定的要求确认收到货物的权利、货物留置权以及第五十五条规定的要求控制方向承运人提供补充信息、指示或文件的权利外,该规则没有对非海运履约方的权利和义务做出具体规定。

第十九条海运履约方的权利、义务和责任与《汉堡规则》和我国《海商法》中实际承运人的规定基本相同。即造成货物灭失、损坏或迟延交付的事件发生在货物在海运履约方掌管期间或海运履约方参与履行运输合同所载列任何活动的其他任何时间内，海运履约方必须承担该规则规定的承运人义务和损害责任，并享有该规则规定的抗辩和赔偿责任限制权利。第二十条规定：对于货物灭失、损坏或迟延交付，承运人和一个或数个海运履约方均负在承运人赔偿责任限制金额内的连带赔偿责任。

（七）运输单证和电子运输记录

“运输单证”是指承运人按运输合同签发的单证，该单证能够证明承运人或履约方已按运输合同收到货物，并且证明或包含一项运输合同。“可转让运输单证”是指一种运输单证，通过“凭指示”或“可转让”之类的措辞，或通过该单证所适用的法律承认具有同等效力的其他适当措辞，表明货物按照托运人的指示或收货人的指示交付，或已交付给持单人，且未明确注明其为“不可转让”或“不得转让”。

由于制定年代的限制，《海牙规则》《海牙－维斯比规则》和《汉堡规则》均未涉及电子商务。事实上，电子商务在海上运输领域的应用仍不是十分广泛，其主要原因是由于缺少建立在技术创新基础上的法律体系。《鹿特丹规则》设置专门的一章对电子运输记录加以规定，目的是为了使电子运输记录的使用更加便捷，以代替传统的纸质运输单证，并为电子商务在海上运输领域的发展提供有效的法律支撑。“电子运输记录”是指承运人根据运输合同以电子通信方式发出的一条或数条电文中的信息，包括作为附件与电子运输记录有着逻辑联系的信息，或在承运人签发电子运输记录的同时或之后以其他方式与之有联系从而成为电子运输记录一部分的信息，该信息能够证明承运人或履约方已按运输合同收到货物，并且能够证明或包含一项运输合同，同样分为“可转让电子运输记录”和“不可转让电子运输记录”两种。

可转让电子运输记录继承了指示提单和不记名提单的可流通性的优点。根据《鹿特丹规则》第九条的规定，使用可转让电子运输记录，应当遵守以下程序：向预期持有人签发和转让可转让电子运输记录的方法；可转让电子运输记录保持完整性的保证；持有人能够证明其持有人身份的方式和已向持有人交付货物的确认方式，或符合规则规定的可转让电子运输记录已失去效力的确认方式；该程序应当在合同事项中载明且易于查核。

《鹿特丹规则》第三十五条规定了承运人签发运输单证或电子记录的义务，即货物一经向承运人或履约方交付运输，托运人或经托运人同意的单证托运人，有权按照托运人的选择，从承运人处获得运输单证或可转让电子运输记录或不可转让运输单证、不可转让电子运输记录，除非托运人与承运人已约定不使用可转让运输单证或可转让电子运输记录，或不使用可转让运输单证或可转让电子运输记录是行业习惯、惯例或做法。

《鹿特丹规则》第三十六条规定了运输单证或电子运输记录中合同事项应包括的信息：适合于运输的货名；识别货物所必需的主标志；货物包数、件数或数量；已由托运人提供的货物质量；承运人或履约方收到待运货物时货物表面状况的说明；承运人名称和地址；承运人或履约方收到货物日期、货物装船日期或运输单证或电子运输记录签发日期；可转让运输单证，且签发一份以上正本的，可转让运输单证的正本份数；托运人指定的收货人的名称和地址；运输合同中指明的船舶名称；收货地和承运人已知道的交货地；装货港和已在运输合同中指明的卸货港。“货物表面状况”是指货物由托运人交付给承运人或履约方时对所装载货物进行的合理外部检验，和承运人或履约方在签发运输单证或电子运输记录之前实际进行的任何进一步检验。运输单证应由承运人或其代理人签名，电子运输记录应包含承运人或其代理人的电子签名，据此能识别与该电子运输记录有关的签名人，且表明承运人对该电子运输记录的授权。

《鹿特丹规则》第三十七条“承运人的识别”规定：合同事项中载明承运人名称的，运输单证或电子运输记录中凡是与此不一致的有关承运人身份的其他信息一概无效；合同事项中未按规定载明任何人为承运人，但合同事项载明货物已装上指定船舶的，推定该船舶的登记所有人为承运人，除非该登记所有人能够证明运输货物时该船舶处于光船租用状态，且能够指出该光船承租人及其地址，在这种情况下，推定该光船承租人为承运人；或船舶登记所有人可以通过指出承运人及其地址，推翻将其当作承运人的推定。光船承租人可以按照同样方式推翻将其当作承运人的任何推定。本规则不妨碍索赔人证明承运人是合同事项所载明的人以外的人，或是根据本规则所识别的人以外的人。

该规则第四十条规定了合同事项的保留，第四十一条规定了运输单证或电子运输记录的证据效力，即除合同事项已按照第四十条的规定做了保留外，运输单证或电子运输记录是承运人收到合同事项中所记载货物的初步证据；如对于善意行事并依赖运输单证或电子运输记录中合同事项所记载的第三方，承运人就任何合同事项提出的相反证据不予接受。第四十二条特别规定：合同事项载明“预付运费”时，承运人不能以运费尚未支付这一主张对抗持有人或收货人。

（八）货物交付

《鹿特丹规则》第四十三条、四十四条规定：当货物到达目的地时，要求交付货物的收货人于运输合同约定的时间或期限内，在运输合同约定的地点接受收货，无此种约定的，应考虑合同条款和行业习惯、惯例或做法以及运输情形能够合理预期的交货时间和地点接收交货。收货人应按照交付货物的承运人或履约方的要求，以交货地的习惯方式确认从承运人或履约方收到了货物。收货人拒绝确认收到货物的，承运人可以拒绝交付。

第四十五到第四十七条规定：在签发可转让运输单证或可转让电子运输记录并且未载明可以不凭提交的运输单证或电子记录交付货物，或者不可转让运输单证并且载明必须凭提交的运输单证提货时，承运人应当凭提交的运输单证或电子运输记录交付货物，在其他情况下，承运人应当凭收货人的身份证明交付货物。为了解决部分传统提单情况下无单放货的问题，针对承运人本应凭提交的运输单证或电子运输记录交付货物的情形，符合规则规定的特定条件时，承运人可以不凭提交的运输单证或电子运输记录交付货物。

对于收货人不接收货物、承运人可以拒绝交付货物等承运人无法交付货物的情形，该规则第四十八条规定了承运人可以根据情况的合理要求，在事先通知被通知人以及承运人知道的收货人、控制方或托运人的前提下就货物采取行动，包括将货物存放在任何合适地方，打开和转移载于集装箱内或车辆内货物，按照惯例或法律将货物出售或销毁，由此产生的风险和费用由有权提取货物的人承担。

（九）控制方、控制权和权利转让

先前的海上运输公约均没有提出控制方、控制权和权利转让的概念。这些概念是解决可转让电子运输记录问题的关键。在该领域进行立法无疑会增强金融机构对于货物可能享有的担保物权的效力。例如，就在途货物向承运人发出指示的权利，使得货主能够在运输过程中处置货物，也使金融机构能够对其享有担保物权的货物进行控制。货物“控制权”是指根据第 10 章按运输合同向承运人发出有关货物的指示的权利。在承运人责任期间，控制方有权向承运人就货物发出指示或修改指示：

(1)发出或修改不构成对运输合同变更的指示的权利；

(2)在计划挂靠港或在内陆运输情况下在运输途中的任何地点提取货物的权利；

(3)由包括控制方在内的其他任何人取代收货人的权利。

“控制方”是有权行使控制权的人。《鹿特丹规则》第五十一条针对签发不可转让运输单证并载明必须交单提货、签发可转让运输单证和其他情形，分别规定了控制方的识别和控制权的转让。控制权是法定形成权，其行使属于控制权方单方的行为，不以承运人同意为条件。第五十二条规定：承运人在满足下列条件的情况下应执行控制方的指示：

(1)发出此种指示的人有权行使控制权；

(2)该指示送达承运人时即能按照其中的条件合理地执行；

(3)该指示不会干扰承运人的正常营运，包括其交付作业。

因承运人未执行控制方的指示所造成的货物灭失或损坏或迟延，适用承运人的赔偿责任和赔偿责任限制规定。在任何情况下，控制方均应偿还承运人由于执行任何指示而可能承担的合理的额外费用，且应补偿承运人可能由于此种执行而遭受的灭失或损坏，包括承运人可能赔付其他所载运货物的灭失或损坏而做出赔偿。并且按照承运人的合理预计，执行指示将产生额外费用、灭失或损坏的，承运人有权从控制方处获得与之数额相当的担保。未提供此种担保的，承运人可以拒绝执行指示。

第五十七条规定了签发可转让运输单证或可转让电子运输记录，通过背书或转让进行权利转让。运输单证或电子运输记录包含的各项权利转让，并不使运输单证或电子运输记录包含的各项义务同时转让。权利的受让人承担这种义务需以行使受让的权利为条件。为此，第五十八条“持有人的赔偿责任”规定：非托运人的持有人，未行使运输合同下任何权利的，不能只因为是持有人而负有运输合同下的任何赔偿责任。非托运人的持有人行使运输合同下任何权利的，负有运输合同对其规定的并且载入可转让运输单证或可转让电子运输记录的责任。

（十）诉讼时效

在《海牙规则》《海牙－维斯比规则》和《海商法》中，货物赔偿请求的诉讼时效为1年，请求权人可以在此期间向承运人提起诉讼。《汉堡规则》将诉讼时效延长至2年。《鹿特丹规则》则延续了《汉堡规则》的规定。第六十二条规定：提起司法程序或仲裁程序时效期间为2年，自承运人交付货物之日起算，未交付货物或只交付了部分货物的，自本应交付货物最后之日起算。即使时效期满，一方当事人仍然可以提出索赔作为抗辩，或以此抵消对方当事人提出的索赔。时效期不得中止或中断，但被索赔人可以在时效期内的任何时间，通过向索赔人声明而延长该时效期。该时效期可以经再次声明或多次声明进一步延长。

被认定负有责任的人，可以在时效期满后提起追偿诉讼，提起该追偿诉讼的时效期以提起程序的管辖地准据法所允许的时效期起，或自追偿诉讼提起人解决原索赔之日起，或自收到向其本人送达的起诉文书之日（以较早者为准）起90日内，以较晚者为准。

对被识别为承运人的人的光船承租人或其他人的诉讼，可以在2年诉讼时效期满后提起，提起该诉讼的时效期以提起程序的管辖地准据法所允许的时效期，或自识别承运人之日起，或自船舶登记所有人或光船承租人推翻其为承运人的推定之日起90日内，以较晚者为准。

（十一）管辖权和仲裁

鉴于《海牙规则》和《海牙－维斯比规则》没有涉及管辖权和仲裁，《鹿特丹规则》有关管辖权和仲裁章节的起草主要基于《汉堡规则》的相关规定。《鹿特丹规则》试图对非班轮运输中的仲裁自由加以保留，同时对班轮运输中干涉仲裁的行为也加以限制。该部分章节为“选择适用”（Opt－in）的规定，即仅对声明受其规定约束的缔约国具有约束力。

1. 管辖权

《鹿特丹规则》第六十六条“对承运人的诉讼”规定:原告有权对承运人提起司法程序的管辖法院包括承运人的住所地、运输合同约定的收货地或交货地、货物的最初装船港或货物的最终卸船港，托运人与承运人在协议中指定。批量合同载有一项排他性法院选择协议,则应在该具有排他性管辖权的法院对承运人提起诉讼。第六十八条“对海运履约方的诉讼”规定:原告有权在海运履约方的住所、海运履约方接收货物的港口或海运履约方交付货物的港口、海运履约方执行与货物有关的各种活动的港口向承运人提起诉讼。

《鹿特丹规则》第七十二条“争议产生后的协议和被告应诉时的管辖权”规定:争议产生后,争议各方当事人可以协议约定在任何管辖法院解决争议,被告在一管辖法院应诉,未根据该法院的规则提出管辖权异议的,该法院拥有管辖权。第七十三条“承认和执行”规定:根据本公约拥有管辖权的法院在一缔约国做出的裁决,应在另一缔约国根据该另一缔约国的法律得到承认和执行。

2. 仲裁

《鹿特丹规则》第七十五条规定当事人可以协议约定,根据该规则运输货物可能产生的争议均应提交仲裁。对承运人提起索赔的人可以选择在仲裁协议指定的任何地点,或者承运人的住所、运输合同约定的收货地或交货地,或货物的最初装船港或货物的最终卸船港所在地进行仲裁。但是,如果批量合同中载有排他性仲裁协议,则应在该协议指定的仲裁地对承运人提起仲裁。

《鹿特丹规则》第七十六条对“非班轮运输中的仲裁协议”做出了规定,该规则不影响非班轮运输合同中仲裁协议的可执行性,但是根据非班轮运输合同签发的运输单证或电子运输记录中的仲裁协议仍然受规则第 15 章的管辖,除非此种运输单证或电子运输记录载明租船合同或其他合同的各方当事人和日期,且以具体提及方式纳入了租船合同或其他合同中载有仲裁协议规定的条款。

(十二)合同条款的有效性

《鹿特丹规则》对运输合同条款的效力分为一般规定和针对批量合同的特别规定。

《鹿特丹规则》第七十九条是关于强制性规范的一般规定,除非规则另有规定，运输合同中的条款凡有下列情形之一的一概无效：直接或间接，排除或限制承运人或海运履约方在本规则下所承担的义务或损害赔偿责任；将货物的保险利益转让给承运人或履约方、船长或船员、承运人的受雇人或履约方的受雇人；除非规则另有规定，运输合同中的条款直接或间接，排除、限制或增加托运人、收货人、控制方、持有人或单证托运人在本规则下所承担的义务或损害赔偿责任条款亦无效。

"批量合同"是指在约定期间内分批装运特定数量货物的运输合同。货物数量可以是最低数量、最高数量或一定范围的数量。批量合同多数表现为当今国际集装箱货物运输中广泛使用的服务合同，批量合同使得拥有一定商业规模和经验并需要多批次托运大宗货物的托运人能够与承运人协商订立不同于《鹿特丹规则》强制性规定的合同条款。事实上，即使在批量合同项下的运输中，托运人仍有机会（也会得知这个机会）主张适用《鹿特丹规则》的所有规定且不做任何背离。此外，每个托运人均有权主张为每批货物签订单独的运输合同，以从根本上避免将这些运输合同界定为批量合同。该规则第八十条规定了批量合同的特别规则：

（1）在承运人与托运人之间，合同可以约定增加或减少规则中规定的权利、义务和赔偿责任。批量合同对承运人和托运人权利、义务和赔偿责任的约定可以背离该规则的规定，其理由是批量合同的承运人和托运人通常具有平等的缔约地位和充分的协商时间，允许合同当事人在一定范围内有条件地背离规则是为了体现合同自由。

（2）背离规则的条件：第一，批量合同载有背离规则的明确声明，并且背离不是以提及方式从另一文件并入；第二，批量合同是单独协商订立的，或明确指出批量合同中载有背离内容的部分，承运人的公开运价表和服务表、运输单证、电子运输记录或类似文件不是批量合同，但批量合同可以通过提及方式并入此类文件，将其作为合同条款；第三，给予了托运人按照符合规则的条款和条件订立运输合同，而不出任何背离的机会，且向托运人通知了此种机会；第四，主张从背离规则中获利的一方当事人，负有证明背离规则的各项条件已得到满足的举证责任。

（3）批量合同不得背离的内容包括第十四条规定的承运人谨慎处理船舶适航的义务，第二十九条规定的托运人提供信息、指示和文件的义务，第三十二条规定的危险物的特别规则,第六十一条规定的承运人赔偿责任限制权丧失。

(4)批量合同中背离规则的条款在承运人与托运人以外的其他第三人适用的条件:该第三方已收到明确记载该批量合同背离规则的信息,且已明确同意受此种背离的约束,并且此种同意不只在承运人的公开运价表和服务表、运输单证或电子运输记录上载明。

《鹿特丹规则》第六十七条针对批量合同中排他性管辖权协议做了规定。排他性法院选择协议需要满足的条件包括:批量合同是单独协商订立或载有存在排他性法院选择协议的明确声明,且指出批量合同中载有该协议的部分,以及该协议清楚指定某一缔约国的数个法院或某一缔约国的一个或数个特定法院。只有满足下列各项条件,排他性法院选择协议方能对不是批量合同当事人的人具有约束力,而无须征得该第三方同意:协议中指定的法院位于第六十六条所指定的地点之一;该协议载于运输单证或电子运输记录;关于诉讼提起地法院以及该法院拥有排他性管辖权的通知已及时、正确地发给该人;并且受案法院的法律承认该排他性法院选择协议对该人具有约束力。

《鹿特丹规则》第七十五条对批量合同中的排他性仲裁协议做了规定。仲裁协议指定的仲裁地对仲裁协议当事人之间的争议具有约束力,条件是,载有该仲裁协议的批量合同清楚载明各方当事人的名称和地址,且该批量合同属于下列情况之一:是单独协商订立的;或载有一则存在一项仲裁协议的明确声明,且指出批量合同中载有该仲裁协议的部分。满足下列条件,该协议指定的仲裁地方能对不是批量合同当事人的人具有约束力;该协议指定的仲裁地位于本条第二款第二项述及的地点之一;该协议载于运输单证或电子运输记录;仲裁地通知已及时、正确地发给受仲裁协议约束的人;准据法准许该人受该仲裁协议的约束。

三、《鹿特丹规则》的意义及评析

(一)规则的优点

20 世纪后期,国际航运业和航运科学技术的飞速发展使得《海牙规则》在调整船货双方利益的制度设计上过于偏袒承运人,失去了利益平衡。为了寻求船货各方利益在新形势下的平衡点,《鹿特丹规则》必然要加重承运人的责任,同时重新构建承运人的责任基础。原则上实行完全过失责任制,且由承运人负责举证,证明自己没有管货过失;若其不能举证,将承担赔偿责任。但在规定的免责范围内,则由索赔方负责举证,证明承运人有过失;若其不能举证,便推定承运人无过失,承运人可援引免责条款,免除赔偿责任。这就是所谓“两个推定”的构建。而且这是目前的国际货物运输法律从未出现过的不统一,这种现状在一定程度上影响着国际贸易和国际货物运输的发展。因此,《鹿特丹规则》规定,参加本公约,必须同时退出已参加的《海牙规则》《维斯比规则》或者《汉堡规则》,公约最大限度地扩大了适用范围,采取了最小限度的网状责任制,装前卸后的陆运区段,除有强制性国际公约适用外,均适用本公约。公约除管辖权和仲裁两章及第九十二条(对本国领土单位的效力)允许声明保留外,其余各章均是强制适用。其目的就是最大限度地发挥该国际公约的效能,使得80%以上的国际海上货物运输或包含国际海上货物运输在内的国际货物多式联运实现实体法的统一。

(二)规则的缺陷与不足

1. 规则内容庞大、条款交织复杂,增加了对公约接受的难度

《鹿特丹规则》体系庞大。仅就实质性条文的数量而言,该规则相当于9个《海牙规则》,3.5个《汉堡规则》。一般的规律是,公约调整的范围越广,内容越多,遇到的阻力和障碍也就越大。加之公约的语言不够简练,条款交织,令人难以捕捉其真正的含义,这在一定程度上有可能会影响某些国家的加入。

2. 创新制度的缺憾和不完善增加了对公约的疑惑

相对现行的国际海运公约,《鹿特丹规则》在某些制度方面有了较大的突破和创新,最为典型的就是“批量合同”和“货物交付”。《鹿特丹规则》不同于《汉堡规则》的规定,批量合同下每一货载,都是履行批量合同的一部分;适用批量合同的约定,如果没有背离公约的内容,无须第三方的明确同意,对第三方也是适用的。虽然批量合同被纳入《鹿特丹规则》调整范围,但并不是所有的批量合同,也不是批量合同中所有条款都将受到《鹿特丹规则》的调整。

关于“货物交付”的规定,也是新增加的内容,其中有关“无单放货”的规制,改变了当前航运实践中的习惯做法:将现行的承运人凭收货人的保函和提单副本交货的做法改为承运人凭托运人或单证托运人发出的指示交付货物,且

只有单证持有人对无单放货是事先知情的，方解除承运人无单放货的责任。如果单证持有人事先对无单放货不知情，承运人对无单放货仍要承担责任，此时承运人有权向上述发出指示的人索要担保。此外，设定了无单放货时的前提条件，即可转让运输单证载明：无须提交可转让运输单证或可转让电子运输记录，便可交付货物。

3. 有些制度的可操作性尚待实践检验

任何一种制度的创建，都要经过实践的检验。尚未经过实践检验，或者很少实践过的制度很难说出它的优劣。如电子运输记录的规定，参加 UNCITRAL（联合国国际贸易法委员会）第三工作组的专家对这一章的内容较为生疏，又缺少实践，其操作性如何，需要经过一段时间的检验。

（三）中国对《鹿特丹规则》的态度选择

由于《鹿特丹规则》涉及的范围过于广泛，试图创设和建构的制度过于繁杂，又采取了以国家签署为入门基础的条约模式，很可能在一定程度上影响其生效进程。

中国在《鹿特丹规则》上的立场是由自身的经济状况与中国的利益取向决定的。从过程上看，中国代表全面参加了《鹿特丹规则》的谈判，并提出了一系列的提案，发挥了重要作用。虽然有的提案没有被采纳，但是这一过程有益于专家对该规则有较为深入的认识。在《鹿特丹规则》通过以后，有些部门进行了相关调查，但结果还不算明朗，对于相关决策的影响尚不直接。在调查不全面深入、结果不清晰的情况下，就不难理解为什么一些学者倾向于积极加入《鹿特丹规则》，而另一些学者提倡谨慎了。

与此同时，我们也必须看到，在国外，学界和各利益团体对于《鹿特丹规则》的立场和认识仍有些不统一。欧洲议会关于《2018 年前欧盟海运政策战略目标及建议》的 2010 年 5 月 5 日决议明确建议欧盟成员国推动《鹿特丹规则》的尽快签署、批准和执行，以构建崭新的海事责任体系。美国海商法协会（Maritime Law Association of the United States）、侵权审理和保险实务部（Tort Trial and Insurance Practice Section）、国际法部（International Law Section）在 2010 年 2 月向美国议会提交的报告中，请求美国众议院敦促参议院批准这一公约，很多美国学者也主张尽快根据《鹿特丹规则》推动美国海上货物运输法的现代化。

FIATA(国际货运代理协会联合会)海上运输工作组建议各成员国政府不接受《鹿特丹规则》;欧洲物流协会则认为,比起以往的规范,《鹿特丹规则》没有提供什么利益,它已经发展为一个极为复杂的法律文件,而没有达到法律规范应有的清晰和明确。

立场形成与作用的过程是一个以经济利益为基础来确定政治立场,进而确立法律决策和做出秩序选择的复杂过程。从中国政府的角度,还有必要收集更加充分的信息,进行更为翔实的效果预测。在没有足够的理由认为新的制度从实施效果上有利于中国的整体利益之时,不贸然加入规则更有利于秩序的维护。所以,中国对于《鹿特丹规则》应采取审慎的态度,保留着参与的可能性。同时应当铭记的是,重要的不在于结果,而在于是否能以公开、透明的方式确定选择结果。

当然,法律不仅仅是对现实的描述,也包括对未来的期许。法律在很多时候都应当被理解为一个价值排序表,即法律保护什么、鼓励什么、容忍什么、打击什么。也就是说,法律还有指引的功能。如果从这个角度来分析的话,中国政府还有必要进一步考虑,我们试图实现一个什么样的运输体系?对于这个问题的回答可能比前一问题更为复杂,需要的信息数据、分析更加全面。在这个阶段,值得考虑的是,如何利用既有国际立法的一些尝试以及其他国家立法的一些经验来修订《海商法》,在国内创造一个相对公平、妥当的国际体系。

从中国的国家立场上看,中国更适合表达这样的观点:首先应当肯定国际社会为航运服务法律发展做出的积极努力,也应当指出,很多制度设计本身还存在着缺陷,国际海事立法的统一化需要在实践中探索和逐渐成熟。中国期待着在实践中渐进地检验和改良相关的规范,在积极参与这一规范体系形成的基础上,进一步与该规范体系保持密切的联系,并在该规则相对成熟的时候加入这一规范体系。在《鹿特丹规则》发展的过程中,中国作为全面参与《鹿特丹规则》确立的国家,可以通过签署的方式表达中国对于国际货运规范制定的决定意义(何志鹏,《〈鹿特丹规则〉的中国立场》)。在只有西班牙一国签署的情况下,“中国现在不参加这个公约,可以保持相对多的灵活性和更大的自由空间。就目前而言,中国暂不考虑加入这一公约,不但不会失去什么,反而会更加主动。”(张永坚,《〈鹿特丹规则〉态度的选择》)

第三章　国际贸易惯例

第一节　国际贸易惯例概述

国际法律文件和国际商业惯例是国际贸易法律的两个渊源。国际贸易惯例一般是指在国际贸易业务中经反复实践并经国际组织加以编纂与解释的习惯和习惯做法。在国际贸易法律统一化进程尚未结束之前，国际贸易惯例在国际货物买卖中发挥着重要的作用。

一、国际贸易惯例的发展与历史

国际货物贸易惯例的产生具有悠久的历史，最早可追溯到古希腊、古罗马时期在地中海不同区域形成的商事交易惯例。到中世纪，地中海沿岸不同国家间的商业往来再次兴盛，当时从事贸易活动的商人团体为了维护自身的利益，根据业务实践自行制定了一些习惯做法和规则，形成了适用于各个商业发达港口和市集地区的具有国际性的商业习惯法。这些习惯法在商人长期的业务实践中形成，在商人之间的交易中使用，并由附属于各市集的商事法庭加以执行，因而又有“商人的法律”或“商人法”之称。著名的《康索拉度海法》就是13世纪时流行于地中海沿岸，反映海上运输习惯做法的海事法典。17世纪中叶开始，国际商事习惯法被各主权国家纳入国内法，法国路易十四颁布的《商事条例》和《海商条例》成为后来大陆法系国家制定商法典的基础；英国自1756年曼斯菲尔德法官担任王座法院首席法官后，通过对具体的商事惯例做出特别裁决，把商事惯例吸收入普通法，使之成为普通法的一个组成部分。在这个时期，虽然各国大规模进行了商事立法，但是其本意是将商事法律民族化、国家化，商事习惯法虽然受到了限制和排挤，但并不能被各国的国内商法完全取代。20世纪以来，随着各国国内法的发展，以及随之而发生的各国实体法间法律规定的差异，从事国际贸易的双方当事人都要求使用本国的法律来调整他们之间的关系,因而引起了尖锐的法律冲突。这些问题虽然可以按照“国际私法”的冲突规范进行调整,但是冲突规范并不直接规定当事人的权利和义务,适用冲突规范的结果仍然是以冲突规范所指向的国家的法律来调整,这就给国际贸易业务带来了不便,给国际贸易的发展造成了障碍。为了克服由于各国国内商法的分歧所造成的法律障碍,摆脱国内法的限制,国际贸易法统一化运动兴起。通过编纂国际贸易惯例和缔结国际条约,形成和制定了一系列调整国际贸易关系的统一的实体规范。在国际贸易惯例的编纂方面,主要有:国际法协会于1927年制定、1932年补充修改的《CIF合同华沙-牛津规则》;国际海事委员会1950年制定并经1974年修订的关于共同海损的《约克-安特卫普规则》;国际商会1923年制定,后经1936年、1950年、1967年、1976年、1980年、2000年及2010年多次修订的《国际贸易术语解释通则》;1930年制定后经1951年、1962年、1974年及1980年修订的《跟单信用证统一惯例》;1956年制定,后经1967年和1978年修订的《托收统一规则》;1975年修订的《联合运输单证统一规则》,等等。这些新的国际贸易惯例在国际货物贸易中发挥着重要作用。

二、国际贸易惯例的内涵

“国际贸易惯例”,迄今仍然是一个用法不统一的名词,“惯例”(custom)与“习惯”(usage)两词经常被混用。就一般字义上说,“习惯”是指在实践中形成的一种重复性行为,“惯例”是指在重复性行为基础上产生的法律或通则。但是,在国际贸易实际业务和一般的文献书籍中,“custom”常被称作“习惯”,而“usage”则被称为“惯例”。之所以造成这种混用情况,除了受传统译法的影响外,更主要的原因是在国际贸易长期的发展过程中,“惯例”与“习惯”的含义也在发展和变化。例如,按照法律上的传统概念,“惯例”应该具有普遍的、必须遵守的法律约束力,而现代国际贸易惯例则是建立在当事人意思自治的基础之上,具有任意法的性质,即只有经当事人的采用,才对当事人具有约束力。

英国学者施密托夫认为国际商业惯例(international commercial custom)包括已被广泛使用的、因而从事国际贸易的商人都希望与其缔约的对方能照此办理,并经国际商会、联合国欧洲经济委员会和其他国际性组织所制定的国际商业习惯做法(international commereial practices)、习惯(usages)或标准合同文件(standards)。国际商业惯例一词只用来表示由国际组织所制定的惯例,对于那些不是由国际组织制定的商业惯例均称为“商业习惯”(usage)或“习惯做法”(practices)。“商业习惯”或“习惯做法”常以作法相同为基础,有时就是商业惯例的雏形,而商业惯例已经具有一定程度的确定性,可以把商业惯例理解为法律渊源。诺伯特·霍恩也认为广义上的商业惯例,包括贸易习惯(usage)、标准条款(standard clauses)、合同或关于合同的规则。如果它们经国际商会等国际机构公布,那么对于这类合同模式和规则,其在事实上的承认和采用,就会导出一项新的贸易惯例(custom)或反映出一项已经存在的惯例。

一些国家对于“习惯”(usage)并不强制要求具有“普遍的”(universal)、“建立已久的”(long-established)或“众所周知”(notorious)等条件。《美国商法典》第1~205(3)节对“贸易习惯”(usage of trade)定义为:“在一个地方、行业或商业中任何具有这样一种按习惯照办的规则性的交易实践或方法,它能证实在有关交易中将得到遵守”。这意味着在现代国际贸易中,除了那些在国际贸易实践中经过反复采用并经国际组织或商业团体进行解释和规则化的贸易惯例可以普遍地为国际贸易当事人所采用,并成为仲裁机构和司法机关处理纠纷案件的依据之外,即使是那些并非“建立已久的”或“普遍的”商业习惯(usage)也有可能起到同国际贸易惯例相同的作用。《联合国国际货物销售合同公约》就采取了美国统一商法典中的作法,在有关的条款中均不使用“commercial custom”或“trade custom”,而一律采用“trade usage”。

三、国际贸易惯例的作用

在现代国际贸易中,国际贸易惯例与国际法律文件相辅相成,国际贸易惯例在实际业务中往往比国际公约或国际法律文件具有更大的影响和作用。

首先,随着现代国际经济和贸易的发展,国际贸易业务也在不断迅速发展和变化。要使国际公约和国际法律文件经常、及时地进行调整,以适应客观形势变化的需要,是比较困难的。而通过国际组织或团体根据不同时期实际情况的需要,相应地对国际贸易惯例进行修订、补充或编纂,却是较易做到的。

其次,在现代科学技术迅猛发展、新产品不断涌现的条件下,国际贸易商品的品种以及有些商品的交易技术也日趋复杂。国际法律文件难以为国际间的商品交易提供具体的、广泛适用的实体法规范,即使在交易双方所签订的贸易合同中也难以把交易双方的权利和义务以及交易中的各种技术问题详尽地加以规定。因此,国际贸易中的上述问题更多地需要利用国际贸易惯例、习惯以及交易双方间所确立的习惯做法来处理和解决。由于上述原因,国际贸易惯例、习惯及习惯做法长期以来一直受到各国政府的重视,并把贸易惯例、习惯等的效力以文字的形式明确规定于有关的国内或国际公约的条文之中。

第二节　国际贸易术语

一、国际贸易术语的历史

(一)早期的国际贸易术语

国际贸易术语是国际贸易发展到一定历史阶段的产物,它的产生同国际运输、商业保险、装卸货物、贸易关税等方面密切相关。为了简化国际贸易的交易过程,将买卖双方从烦琐的货物交付、货物毁损灭失的风险承担、货物运输、保险,以及海关过境等手续的办理、运费、保险费、装卸费、进出口税及其他费用的负担、买卖双方单据的交接等洽谈事项中解放出来,节省他们的时间、精力和费用,根据国际贸易具体实践的不同产生了不同的贸易术语。

19 世纪初,航海业不够发达,商人必须亲自到国外购买物品,因此 FOB(船上交货)术语开始使用;到了 19 世纪中叶,典型的定期班轮使运输与交易逐渐分开,随着交通运输、保险业和通信事业的发展,CIF(成本加保险费加运费)术语出现并成为最常使用的贸易术语之一。然而,当时的时代背景及世界格局造成卖方船舶的运营成本上升,风险加剧,故卖方不安排保险与运输而采用 FOB 的概率较大。虽然使用贸易术语可以简化交易洽商的内容、缩短成交的过程和节省业务费用,但是不同国家之间对贸易术语的不同解释造成了诸多误解,并阻碍国际贸易的发展。为了便利商人使用,在使用贸易术语的不同国家之间有一个准确的贸易术语解释出版物是很有必要的。有鉴于此,国际商会于 1921 年在伦敦举行的第一次大会时就授权搜集各国所理解的贸易术语的摘要。准备摘要的工作由贸易术语委员会主持,并且得到了各国家委员会的积极协助,同时广泛征求了出口商、进口商、代理人、船东、保险公司和银行等各行各业的意见,以便对主要的贸易术语做出合理的解释,使各方能够共同适用。摘要的第一版于 1923 年出版,内容包括几个国家对下列几种术语的定义:FOB、FAS

(船边交货)、FOT(卡车交货)或 FOR(车厢交货)、Free Delivered(交货)、CIF 等。摘要的第二版于 1929 年出版,内容有了充实,摘录了 35 个国家对上述 6 种术语的解释,并予以整理。经过十几年的磋商和研讨,终于在 1936 年制定了具有历史性意义的《贸易条件解释规则》。该规则在 1936 年 1 月开会讨论时,虽遭英国委员的反对,认为其中部分解释与英国习惯不同,意大利委员的声明保留,但本规则实际上大部分是以英国习惯为依据的,所以在同年 6 月理事会会议时以绝大多数通过,并定名为 *Incoterms* 1936,由巴黎总部公布。其副标题为 *International Rules for the Interpretation of Trade Terms*(国际贸易术语解释通则)。该规则将贸易术语分为 11 种,每一种术语明确买卖双方应尽的义务,以供商人自由采用。

(二)二战后国际贸易术语的新发展

二战后,新兴国家的海上运输业和保险业发展迅速,CFR(成本加运费)实际上是在 CIF 的基础上产生的术语。鉴于国际形势的变化,有必要对贸易术语重新整理,以及对各贸易术语内容进行修订。于是国际商会于 1953 年 5 月在奥地利维也纳召开会议,审议关于 *Incoterms* 1936 的修订案,同年 10 月修订完成。此后国际商会不断对其进行定期修改,针对 20 世纪 50 年代末期西欧与东欧国家和苏联以及东欧国家与苏联之间盛行边境交货及进口国目的地交货的贸易实务,国际商会于 1967 年补充了边境交货(DAF)和完税后交货(DDP)两种贸易术语;鉴于航空运输货物的情况日益普遍,于 1976 年增订了机场交货(FOB AirPort)术语,适用范围再次扩大;为配合集装箱运输方式发展产生的多式联运,以及世界各地广泛采用门至门交货方式的国际贸易需要,国际商会于 1980 年增订了货交承运人(FCA)术语,目的是为了适应在海上运输中经常出现的情况,即交货点不再是传统的 FOB 点(货物越过船舷),而是在货物装船之前运到陆地上的某一点,在那里将货物装入集装箱,以便经过海运或其他运输方式(即多式联运)继续运输;为了适应电子资料交换系统在国际贸易中被日益频繁应用,越来越多的交易通过电子计算机通信联络来处理新形势,1990 年修订的《国际贸易术语解释通则》中明确规定在卖方必须提供商业发票或合同可能要求的其他单证时,可提供“相等电子单证”以替代纸质单据;1999 年,为使贸易术语更进一步适应全球无关税区的发展、交易中使用电子信息的增多以及运输方式的变化,国际商会再次对《国际贸易术语解释通则》进行修订;为适应《鹿特丹规则》对海上货物运输的调整,2010 年 9 月 27 日,国际商会正式推出《2010 国际贸易术语解释通则》(*Incoterms* 2010)。

国际贸易术语的每次修订都和世界经济贸易格局和运输等科学技术的发展密不可分。如 1967 年的修订是基于当时的经济一体化的发展及贸易壁垒需要;1976 年的修订标志着航空运输在国际贸易中地位的加强;1980 年的修订是为了适应运输技术的发展和国际运输方式的变化;1990 年的修订为了适应运输方式的革命和通信技术的革命;2000 年的修订主要是为了使其适应当代商业的实践,使其更利于实务操作;2010 年的修订更准确地标明了各方承担货物运输风险和费用的责任条款,令船舶管理公司更易理解货物买卖双方支付各种收费时的角色,有助于避免经常出现的码头处理费(THC)纠纷。现有贸易术语的最新版本并不代表杜绝了贸易问题的再度出现,只能说明贸易术语规则的发展又前进了一步。虽然最新的 2010 通则于 2011 年 1 月 1 日正式生效,但并非 2000 通则就自动作废。因为国际贸易惯例本身不是法律,对国际贸易当事人不产生必然的强制性约束力。只有在贸易双方约定引用某个版本时,才对双方具有法律约束力。国际贸易惯例在适用的时间效力上并不存在"新法取代旧法"的说法,即 2010 通则实施之后并非 2000 通则就自动废止,当事人在订立贸易合同时仍然可以选择适用 2000 通则甚至 1990 通则。

二、国际贸易术语概念和特征

国际贸易术语(trade terms),又称价格术语、价格条件,是在长期的国际贸易实践中逐渐产生和发展起来的,表明买卖双方在交接货物方面各自承担的责任、费用、风险及价格构成因素的专门术语。国际贸易术语由三个英文字母缩写而成,其表达价格构成、权利、义务内容,以及风险划分界限等内容。它促使国际贸易的交易方式更为便捷,贸易双方能迅速理解贸易磋商条件,并能够在一定程度上避免或减少贸易纠纷的产生。国际贸易术语具有以下特征。

(一)风险、费用和责任划分的连续一贯性

《国际贸易术语解释通则》虽然几经修改,但是它对于人们常用的已经习惯了的术语的解释保持了相对的稳定性。这主要表现在以下几个方面:

1. 关于风险的划分

风险的划分有两种情况，即正常情况下的划分和非正常情况下的划分。

(1) 正常情况下的风险划分

在卖方将货物置于买方的控制之下或货物移交承运人或货物在起运港越过船舷时起，货物的风险便从卖方转移给买方。如各通则对 CIF 术语的解释：1980 通则中买方责任第三条规定，自货物在装运港装船越过船舷时起，负担货物的一切风险；1990 通则买方责任 B5 风险转移规定，买方自货物在装运港已越过船舷时起，承担货物灭失或损坏的一切风险；2000 通则 B5 风险转移规定，买方必须承担货物在装运港越过船舷之后灭失或损坏的一切风险。2010 通则 B5 风险转移做出同样的规定。

(2) 非正常情况下的风险划分

非正常情况下的风险划分即风险的提前转移。

2000 通则在前言中指出：当卖方交货后，货物灭失或损坏的风险便从卖方转移到买方。由于不应给予买方任何拖延风险转移的机会，因此所有术语都做出规定，当买方没有按约定受领货物或没有给予卖方完成交货义务的必要指示(有关装船时间和/或交货地点)时，风险甚至在交货之前就可转移。这种转移风险的条件是货物已指明为买方准备的。

2. 关于费用的划分

在常用的贸易术语中费用的划分和风险的划分往往是连在一起的。费用的划分也有正常情况下的划分和非正常情况下的划分。

(1) 正常情况下的划分

正常情况下的费用划分与正常情况下的风险划分基本上是一致的。在卖方将货物置于买方的控制之下或货交承运人或货物在起运港越过船舷时起风险即划分，费用也随之划分，交货前的装货费由卖方承担，交货后的卸货费由买方承担。

(2) 非正常情况下的划分

非正常情况下的费用划分主要是指费用的提前划分，其划分的情况和条件在不同的贸易术语下与其对应的风险划分是完全一致的。

（二）不断完善促进国际商务的发展条件，减少贸易双方产生争议的潜在可能性

《国际贸易术语解释通则》的宗旨是为国际贸易中最普遍使用的贸易术语提供一套解释的国际规则，以避免因各国不同解释而出现的不确定性，或至少在相当程度上减少这种不确定性。国际贸易术语是在《1932 年华沙 - 牛津规则》《1941 年美国对外贸易定义修订本》以及《国际贸易术语解释通则》的不同版本中逐渐提炼出来的，规则的出现绝非偶然，其具有国际通用性，经长期反复使用而形成。这种国际通用性正是其存在的核心价值，更是其规则体系未来发展的趋势。

（三）法律性质属于惯例

《国际贸易术语解释通则》作为国际贸易中的重要的国际贸易惯例，在国际商务中的地位越来越重要，但是其作为惯例的性质没有改变。国际贸易术语是一项贸易实践产生的技术，其所包含的法律意义较为丰富，高度概括了价格条件、运费、保险、报关、进出口手续、风险划分等内容，从一定程度上缩短了贸易双方的磋商时间，削减了贸易双方在不同文化背景下对贸易条件理解的障碍。即使出现贸易纠纷，在法律途径上也能够控制风险范围，通过预防风险、预估纠纷损失来促进贸易的成交，贸易双方能够运用国际标准保障贸易程序的期待可能性。由于国际贸易术语本身具有确定的内容，其可以对国际贸易起到间接的规范作用。

三、《国际贸易术语解释通则》的历史变迁

（一）1936 国际贸易术语

国际商会创立之初时，以统一贸易术语的解释作为主要工作之一。经过了十几年的探讨和磋商，在 1936 年国际商会制定了具有历史意义的《1936 年国际贸易术语解释通则》（*Incoterms* 1936），将贸易术语分为 11 种（表 3 - 1），每一种术语都明确规定了买卖双方应尽的责任和义务。

表 3 - 1 *Incoterms* 1936

序号	英文名称	中文名称
1	Ex Factory, Ex Plantation, Ex Warehouse, etc.	工厂交货、农场交货、仓库交货
2	FOR (Free on Rail)…(Named Departure Point) FOT (Free on Truck)…(Named Departure Point)	(指定起运地)车厢交货，卡车交货
3	Free (Named Port of Shipment)	(指定装运港)交货
4	FAS (Free Alongside Ship)…(Named Port of Shipment)	(指定装运港)船边交货
5	FOB (Free on Board)…(Named Port of Shipment)	(指定装运港)船上交货
6	C&F (Cost and Freight)…(Named Port of Destination)	成本加运费(至指定目的港)
7	CIF (Cost, Insurance, Freight)…(Named Port of Destination)	成本、保险费加运费(至指定目的港)
8	Freight or Carriage Paid to …(Named Point of Destination)	运费付至(指定地点)
9	Free or Free Delivered …(Named Point of Destination)	(指定目的地)交货
10	Ex Ship …(Named Port)	(指定港口)船上交货
11	Ex Quay …(Named Port)	(指定港口)码头交货

(二)1953 国际贸易术语

第二次世界大战以后，国际贸易的发展要求对贸易术语的内容进行了调整和修订。1953 年 5 月国际商会在奥地利维也纳召开会议，审议 Incoterms 修订案，10 月修订完成并颁布了新修订的《1953 年国际贸易术语解释通则》(*Incoterms* 1953)。本次修订中对较少使用的 Free…(Named Port of Shipment) 以及 Free or Free Delivered (Named Point of Destination) 两个贸易术语删除，将其他的 9 种贸易术语的内容加以补充和修订(表 3 - 2)。这次的修订为了能够在更大程度上被世界各国所采用，根据当时的贸易实务中最普遍的做法，尽可能清楚和准确地界定买卖双方当事人的义务。

表 3 – 2 *Incoterms* 1953

序号	英文名称	中文名称
1	Ex Work	工厂交货
2	FOR(Free on Rail)…(Named Departure Point) FOT(Free on Truck)…(Named Departure Point)	铁路交货(指定起运地)
3	FAS (Free Alongside Ship) … (Named Port of Shipment)	船边交货(指定装运港)
4	FOB(Free on Board)…(Named Port of Shipment)	船上交货(指定装运港)
5	C&F (Cost and Freight) … (Named Port of Destination)	成本加运费(至指定目的港)
6	CIF(Cost, Insurance, Freight)…(Named Port of Destination)	成本、保险费加运费(至指定目的港)
7	CPT,Freight or Carriage Paid to …(Named Point of Destination)(Inland Transport Only)	运费付至(指定地点)(内地运输为限)
8	Ex Ship …(Named Port of Destination)	目的港船上交货(指定目的港)
9	Ex Quay Duty Paid …(Named Port)	目的港码头交货(关税已付)(指定港口)

(三)1967 国际贸易术语

《1967 年国际贸易术语解释通则》(*Incoterms* 1953)自公布实施起便被世界各国的国际贸易人士广泛使用,对世界贸易的发展起了很大的推动作用。到 20 世纪 50 年代末,欧洲国家集团盛行边境贸易和在进口国交货的做法,国际商会在 1967 年补充了边境交货(Delivered at Frontier)(Named Place of Delivered At Frontier)和完税后交货(Delivered Duty Paid)(Named Place of Destination in the Country of Importation)两个贸易术语。

(四)1976 国际贸易术语

由于航空货物运输的发展,1976 年国际商会再次增补了起运机场交货(FOB Airport)(Named Airport of Departure)贸易术语。

(五)1980 国际贸易术语

随着集装箱运输的高速发展,国际多式联运(Multi-Modal Transport)和门到门交货方式越发普遍,为了适应贸易实务的需要,1980 年 ICC(国际商会)增订了货交承运人(指定地点)(Free Carrier)(Named Point)和保险费付至(目的地)(Freight or Carriage and Insurance Paid to)(Named Point of Destination)两种贸易术语,并将 Freight or Carriage Paid to(Named Point of Destination)进行了修订以适应连续作业的多式联合运输。此时 Incoterms 的贸易术语已经有 14 种。1980 年 3 月国际商会将 14 种贸易术语编辑成册,定名为《1980 年国际贸易术语解释通则》(*Incoterms* 1980)(表 3 -3)。

表 3 -3 *Incoterms* 1980

序号	英文名称	国际代号
1	Ex Works	EXW
2	Free Carrier	FRC
3	FOR/FOT	FOR
4	FOB Airport	FOA
5	FAS	FAS
6	FOB	FOB
7	C&F	CFR
8	CIF	CIF
9	Freight of Carriage Paid to	DCP
10	Freight of Carriage and Insurance Paid to	CIP
11	Delivered at Frontier	DAF
12	Ex Ship	EXS
13	Ex Quay	EXQ
14	Delivered Duty Paid	DDP

(六)1990 国际贸易术语

为了使贸易术语适应电子数据交换(EDI)的日益增加、国际运输方式的多样化,如集装箱运输、滚装船运输以及近海中铁路车皮摆渡等运输方式的需要,尤其是集装箱运输和国际多式联运的迅速发展,国际商会国际商业惯例委员会在总结了自1980年以来国际贸易中的新经验和新情况后,对1980年通则做了一次较大的修改,1989年11月通过《国际贸易术语解释通则》新修订本,称为《1990年国际贸易术语解释通则》(*Incoterms* 1990)并于7月1日起实施生效。*Incoterms* 1990共有13种贸易术语,将原有的FOA、FOR/FOT术语并入FRC,改称为FCA术语;另增加了DDU贸易术语。*Incoterms* 1990是为了适应新型运输方式的需要和适应电子数据交换系统而推行的,允许以电子数据交换系统代替传统的货运单据,满足无纸化贸易的需要。并按照性质的不同将13种贸易术语分为E、F、C、D四组(表3-4)。

表3-4 *Incoterms* 1990

序号	组别	国际代号	英文	中文
1	E组(起运)	EXW	Ex Works	工厂交货
2	F组(主运费未付)	FCA	Free Carrier	货交承运人
3		FAS	Free Alongside Ship	船边交货
4		FOB	Free on Board	船上交货
5	C组(主运费已付)	CFR	Cost and Freight	成本加运费
6		CIF	Cost, Insurance and Freight	成本、保险费加运费
7		CPT	Carriage Paid to	运费付至
8		CIP	Carriage, and Insurance Paid to	保险费运费付至
9	D组(到达)	DAF	Delivered at Frontier	边境交货
10		DES	Delivered Ex Ship	目的港船上交货
11		DEQ	Delivered Ex Quay	目的港码头交货
12		DDU	Delivered Duty Unpaid	未完税交货
13		DDP	Delivered Duty Paid	完税后交货

(七)2000国际贸易术语

为了推动贸易规则在全世界范围内的广泛应用,进一步适应世界无关税区的发展以及在交易过程中使用电子信息数据的增多和国际运输方式的变化,使得贸易术语和贸易实务保持一致,1996年国际商会再次决定对*Incoterms* 1990

进行修订，并于1999年9月公布英文版正式文本，《2000年国际贸易术语解释通则》(*Incoterms* 1990)于2000年1月1日起正式实施。

Incoterms 2000针对每个贸易术语定义的叙述部分加以变更，每个术语均由定义、卖方义务、买方义务三部分组成。国际商会推出*Incoterms* 2000时在引言中指出：进行国际贸易时，除了订立买卖合同外，还要涉及运输合同、保险合同等*Incoterms* 2000对*Incoterms* 1990的改动不大，在结构和内容上保留了包含的13种贸易术语，并将这13种术语按不同类别分为E、F、C、D四组(表3-5)。国际商会在对*Incoterms* 2000的介绍中，将常用的专业词汇，如"发货人"(shipper)"交货"(delivery)"通常的"(usual)等做了明确的解释，还明确了"清关"的概念等。一些地区如欧盟内部或其他自由贸易区规定，对进出口货物不必办理报关手续，并全部或部分免征关税。*Incoterms* 2000在相关条款中都加入了"在需要办理海关手续时"的用语，明确对这些无关税区的进出口货物在无须办理海关手续的情况下，即可免除买卖双方办理进出口清关手续，缴纳有关的关税、捐税和其他费用的义务等。

表3-5 *Incoterms* 2000

组别	国际代号	术语英文名称	术语中文名称
E组发货	EXW	EX works	工厂交货(指定地点)
F组主要运费未付	FCA	Free Carrier	交至承运人(指定地点)
	FAS	Free Alongside Ship	船边交货(指定装运港)
	FOB	Free On Board	船上交货(指定装运港)
C组主要运费已付	CFR	Cost and Freight	成本加运费(指定目的港)
	CIF	Cost, Insurance and Freight	成本、保险加运费付至(指定目的港)
	CPT	Carriage Paid to	运费付至(指定目的港)
	CIP	Carriage and Insurance Paid to	运费、保险费付至(指定目的地)
D组货到	DAF	Delivered at Frontier	边境交货(指定地点)
	DES	Delivered EX Ship	目的港船上交货(指定目的港)
	DEQ	Delivered EX Quay	目的港码头交货(指定目的港)
	DDU	Delivered Duty Unpaid	未完税交货(指定目的地)
	DDP	Delivered Duty Paid	完税后交货(指定目的地)

(八)2010年国际贸易术语

国际商会根据国际货物贸易的发展对*Incoterms* 2000的修订版本,即《2010年国际贸易术语解释通则》(*Incoterms* 2010),于2010年9月27日公布,2011年1月1日开始在全球范围内实施。*Incoterms* 2010较*Incoterms* 2000更准确地标明了各方承担货物运输风险和费用的责任条款,令船舶管理公司更易理解货物买卖双方支付各种收费时的角色,有助于避免现在经常出现的码头处理费(THC)纠纷。此外,新通则亦增加了大量指导性贸易解释和图示,以及电子交易程序的适用方式。国际贸易惯例本身不是法律,对国际贸易当事人不产生必然的强制性约束力。国际贸易惯例在适用的时间效力上并不存在"新法取代旧法"的说法,即*Incoterms* 2010实施之后并非*Incoterms* 2000就自动废止,当事人在订立贸易合同时仍然可以选择适用*Incoterms* 2000甚至*Incoterms* 1990。

Incoterms 2010的变化包括以下几点:

1. 增加两种新术语

Incoterms 2010中国际贸易术语的总数量从13个减至11个,由增加的两种新术语——DAT(运输终点交货)和DAP(目的地交货),取代*Incoterms* 2000中DAF、DES、DEQ和DDU四项贸易术语规则,以适应时代要求与市场需求,但这并不能从根本上影响运输方式的选择。DAT和DAP属于"实质性交货"术语,此术语适用于任何运输方式,在其规则下,货物运至目的地过程中涉及的所有费用和风险由卖方承担。DAT术语可以适用于*Incoterms* 2000版本中DEQ贸易术语所适用的任一情形。在这二者规则下,交货均是在指定目的地进行,DAT术语与2000版DEQ贸易术语都规定买方负责卸载货物至指定目的地。DAP术语与其他版本中的相似术语如DAF、DES和DDU规定均负责卸货准备的事项。不可否认,DAP贸易术语中规定的"运输工具"包含船舶类,所涉及的目的地可以具体指定为某港口,故DAP这一贸易术语可适用于*Incoterms* 2000中DES的任一情形,DAP贸易术语可取代*Incoterms* 2000 DES术语适用。

2. 11种贸易术语的分类

Incoterms 2000中的13种术语按术语缩写首字母分成四组,即E组(EXW)、F组、C组以及D组。这种分类反映了卖方对于买方的责任程度。FCA,或者适用国内贸易的EXW,利用交货的完成以及在尽可能早的时间把风

险转移给买方从而赋予卖方最少的责任。相反地，D 组术语，或者说“实质性交货”术语，利用交货的完成以及在尽可能晚的时间把风险转移给买方从而赋予卖方最多的责任。这种分类仍然很重要，尤其是在当事人对 *Incoterms* 2010 中的中 11 种贸易术语做出选择时。然而，*Incoterms* 2010 将这 11 种术语分成了截然不同的两类。

（1）任何运输方式（海、陆、空）均可适用的贸易术语

包括多式运输的 7 种术语：EXW、FCA、CPT、CIP、DAT、DAP 和 DDP 术语。这些术语可以用于没有海上运输的情形，也能够用于船只作为运输的一部分的情形，只要在卖方交货点，或者货物运至买方的地点，或者两者兼备，风险转移。EXW 卖方义务最少，在工厂完成交货，风险于交货时发生转移。涉及清关的问题自 *Incoterms* 2000 起做出相应修正。FCA 货交第一承运人，风险于交予承运人时发生转移。CPT 运费付至，贸易双方采用此术语较为精确。CIP 运费及保险费付至，涵盖运费及保费，比较 C 组其他术语，贸易双方选用此术语将更为精确。DAT 目的地交货与 DAP 所在地交货的区别在于交货地点不同。取消关税的制度设置更有利于国内贸易适用，目的地方面没有特别要求，即使在边境也可选择适用，运输方式方面可以选择复杂的多式联运，也可适用单一的运输方式，取代 *Incoterms* 2000 中相应术语的适用是完全有可能的。DDP 完税后交货，清关方面维持原规定，*Incoterms* 2010 对此未做出修正。新旧规则的相同点在于“到货交付式”由买方承担所有费用，但除去与进口清算有关的费用以及货物运至指定目的地前所包含的全部风险。

（2）仅海运或内河运输两种运输方式选择的贸易术语

这类术语条件下，卖方交货点和货物运至买方的地点均是港口，所以“唯海运不可”就是这类术语的标签。FAS、FOB、CFR、CIF 属于本类术语。FAS 货交至船边，涉及清关方面问题自 *Incoterms* 2000 起已修正为出口清关由卖方办理。FOB 货交至船上，CFR 费用包括成本及运费，CIF 费用包括成本、保险费及运费，风险临界点为货物交至船上，界定“交至船上”的标准不再是船舷，尽管在一定程度上避免了交货衔接不到位的问题，但不确定的标准同样存在一定的漏洞，国际贸易术语规则意在将具体问题交予贸易当事人协商确定。

3. 贸易术语涵盖内容发生重要调整

(1)电子单据效力等同于贸易合同

《国际贸易术语解释通则》在前几个版本中已经对适应信息时代的电子单据做出了相应规定,这些单据在贸易双方达成一致意见的条件下可以使用电子数据以交换存储信息,通常情况下只适用于发票作备案或证明。但是在*Incoterms* 2010 中,电子单据效力等同于贸易合同效力,同步具有法律效力,只要各方当事人达成一致、磋商内容符合法律规定或者在使用地是贸易惯例的前提下即具有等同的贸易合同效力,这一规定有利于新的电子程序的演变发展。

(2)贸易安全性受到重视

由于国际贸易环境存在较多不确定的威胁安全的因素,故在检查货物环节应重视排除不安全性,保证贸易不会因除其货物自身属性外的原因而对贸易地区的生命财产造成损害。所以*Incoterms* 2010 各种术语的 A2/B2 和 A10/B10 条款内容中均包括买卖双方必须取得或有协助行为以证明取得货物安全批准的指导说明一项。即包含了取得或提供帮助取得有关安全的核准书及这种核准书要求的信息的安全核准义务,比如货物保管链。

(3)贸易新模式——连续交易(string sales)

农产品以及原材料等贸易对象有其本身固有的特殊属性,销售链高速运转的过程中利润不断被中间商分成,贸易产品的价位也在不断提升,这一系列贸易交易过程又称为连续交易。尽管中间商可能对货物情况不甚了解,但这并不影响贸易的进行,在信息时代,一系列贸易过程中货物在其中某一个环节被装上船,但装船的风险承担主体仍要追溯至风险划分后的第一主体。存在某个或某几个中间商不将货物装船但货物确实是在他们手中转移被销售出去的,故即使中间商不一定与货物接触,但贸易责任仍需按照贸易惯例来承担。中间商对于买方的意义在于应具有获取货物的能力,并承担相应的义务。即在这种情况下,在一连串销售中间的销售商并不将货物“装船”,因为它们已经由处于这一销售串中的起点销售商装船。因此,连串销售的中间销售商对其买方应承担的义务不是将货物装船,而是“设法获取”已装船货物。具体到*Incoterms* 2010 的详细规定,即卖方包括中间商应履行“设法获取已装船货物”和“将货物装船”两个义务。

(4)保险条款发生变动意义重大

Incoterms 2010 是自协会货物保险条款修改以来的第一个贸易术语通则版本,这个最新版本比之前任何一个贸易术语版本都更为重视保险条款变动。*Incoterms* 2010 将处于“其他义务”A10/B10 款中的保险责任条款一一列举在关于运输和保险合同的诸多条款中,对 A3/A4 款中涉及保险的内容做出修改。这不仅在贸易术语规则新版本的形式上获得了重视,更能在贸易实际运用中引起贸易双方当事人不同程度的关注,无形之中保障了贸易的安全性,并能在国际贸易事故频发的今天给予受损失的贸易当事人及时的弥补。除此之外,为进一步说明当事人的义务,对贸易双方从交货地点起至贸易术语上目的地的整个过程中交流的贸易信息均予以备份,以用于更为清晰地明确贸易双方的约定内容,对涉及保险条款的部分做出修改,能够及时地反映到贸易责任划分这一具体纠纷解决机制上。

(5)“船舷”标准以“货交至船上”代替

在 *Incoterms* 2000 中,强调以船舷为划分界线来界定风险承担主体,国际贸易中主要使用的贸易术语如 FOB、CFR 和 CIF,是应用于传统贸易海上运输的。长期以来,国际贸易领域存在争议于“船舷”的摇摆不定,在界定责任归属时贸易双方均不服贸易评判。各个国家与地区的贸易港口存在较大差异,对于贸易术语的理解有着一定的认识误差,“船舷”这一无形界限已不能适用于新贸易形势下的责任归属问题,将货物装上船作为风险发生转移的标志将成为各个国家贸易双方的惯常做法。但从理论上看,《贸易术语解释通则》并未规定较为清晰的风险临界点,应该是更倾向于贸易双方将风险界线划分得更为具体,并能在贸易术语后注明或是直接在合同中明确出来,这样贸易双方对风险界点的争执会有效地得到解决。

(6)码头装卸费

按照 C 组术语,卖方必须负责将货物运输至约定目的地。表面上是卖方自负运输费用,但实际上是由买方负担,因为卖方早已把这部分费用包含在最初的货物价格中了。运输成本有时包括货物在港口内的装卸和移动费用,或者集装箱码头设施费用,而且承运人或者码头的运营方也可能向接收货物的买方收取这些费用。譬如,在这些情况下,买方就要注意避免为一次服务付两次费,一次包含在货物价格中付给卖方,一次单独付给承运人或码头的运营方。

Incoterms 2010 在相关术语的 A6/B6 条款中对这种费用的分配做出了详细规定,旨在避免上述情况的发生。

7. 国际贸易术语的使用解释

2000 通则中,按照镜像原则,A 条款下反映的是卖方的义务,相应地,B 条款下反映的是买方的义务。但是由于一些短语的使用贯穿整个文件,*Incoterms* 2010 打算在其正文中对以下被列出来的词语不另做解释,以以下注解为准。

(1)承运人

就 *Incoterms* 2010 而言,承运人是指签署运输合同的一方。

(2)出口清关

遵照各种规定办理出口手续,并支付各种税费。

(3)交货

这个概念在贸易法律和惯例中有着多重含义,但是 *Incoterms* 2010 中用其来表示货物缺损的风险从卖方转移到买方的点。

(4)电子数据

由一种或两种以上的和相应纸质文件功效等同的电子信息组成的一系列信息。

(5)"包装"和"存放"

这些短语被用于不同的目的:

①遵照合同中所有的要求的货物包装;

②使货物适合运输的包装;

③已包装好的商品转载进货柜或其他运输工具。

四、《2010 年国际贸易术语解释通则》

(一)《2010 年国际贸易术语解释通则》(*Incoterms* 2010)的特点

(1)每个贸易术语前增加了使用说明。使用说明不是贸易术语的组成部分,但有助于帮助当事人做出准确、高效、适当的选择。

(2)权利和义务的设置。*Incoterms* 2010 把买卖双方的权利和义务相对应,分作 10 项说明。规定卖方的 10 项义务为:提供符合合同规定的货物和单据;许可证、授权、安检通关和其他手续;运输合同与保险合同;交货;风险转移;费用划分;通知买方;交货凭证、运输单证或同等效力的电子记录或程序;核查、包装及标记;协助提供信息及相关费用。买方也有 10 项义务,其具体内容取决于卖方承担权利和义务的具体内容。

(3)电子单证。*Incoterms* 2010 明确规定,在卖方必须提供商业发票或合同可能要求的其他单证时,可以提供"同等作用的电子记录或程序"。

(4)明确了某些概念在通则中的特定含义。如承运人特指签约承担运输责任的一方。交货指货物灭失与损坏的风险从卖方转移至买方的点。链式销售又称多层销售,指商品交易中常见的,商品在运至销售终端过程中(即商品销售至最终用户前)被多次转卖形成的销售链。

(二)*Incoterms* 2010 的具体内容

1. *Incoterms* 2010 适用于任何单一运输方式或多种运输方式的国际贸易术语共有 7 个,分为 E、F、C、D 四组(表 3-6)。

表 3-6 *Incoterms* 2010

组别	国际代号	术语英文名称	术语中文名称
E 组	EXW	EX works	工厂交货(指定地点)
F 组	FCA	Free Carrier	交至承运人(指定地点)
	FAS	Free Alongside Ship	船边交货(指定装运港)
	FOB	Free On Board	船上交货(指定装运港)
C 组	CFR	Cost and Freight	成本加运费(指定目的港)
	CIF	Cost, Insurance and Freight	成本、保险加运费付至(指定目的港)
	CPT	Carriage Paid to	运费付至(指定目的港)
	CIP	Carriage and Insurance Paid to	运费、保险费付至(指定目的地)
D 组	DAT	Delivered at Terminal	目的地或目的港集散站交货(指定目的地终端)
	DAP	Deliveredat Place	目的地交货(指定目的地)
	DDP	Delivered Duty Paid	完税后交货(指定目的地)

(1)E组

包括一个贸易术语:EXW,全称 Ex Works(named place),意思是工厂交货(指定地点)。使用这一贸易术语的合同中,卖方的责任最小。在 EXW 术语中,卖方的责任是:第一,在其所在地(工厂或仓库)把货物交给买方处置,无须装货,即履行交货义务;第二,承担交货前的风险和费用;第三,自费向买方提交与货物有关的单证或相等的电子单证。买方的责任是:第一,自备运输工具并负责装货,将货物运至预期的目的地;第二,承担卖方交货后的风险和费用;第三,自费办理出口和进口结关手续等。当买方无力办理出口清关手续时,不宜选用这一贸易术语。

(2)F组

包括一个贸易术语:FCA,全称 Free Carrier(named place),意思是货交承运人(指定地点)。在 FCA 术语中,卖方的责任是:第一,在出口国承运人所在地将货物交给承运人,履行自己的交货义务;第二,承担交货前的风险和费用;第三,自费办理货物的出口结关手续;第四,自费向买方提交与货物有关的单证或相等的电子单证。买方的责任是:第一,自费办理货物运输和保险手续并支付费用;第二,承担卖方交货后的风险和费用;第三,自费办理货物的进口和结关手续等。

适用 FCA 贸易术语时应当注意:第一,货物风险和费用的划分以卖方将货物交付买方指定的承运人的时间和地点作为界线;第二,当卖方在其所在地交货时,卖方负责装货,卖方将货物装上买方指定的承运人提供的运输工具时,完成交货义务;当卖方在其他地方交货时,卖方不负责卸货,货物在卖方的车辆上尚未卸货,但做好卸货准备并交给买方指定的承运人或其他人处置时,卖方即完成交货义务。

(3)C组

包括两个贸易术语:CPT,全称 Carriage Paid to(named place of destination),意思是运费付至(指定目的地);CIP,全称 Carriage,Insurance Paid to(named place of destination),意思是运费、保险费付至(指定目的地)。在这两个贸易术语中,卖方的责任是:第一,自费签订或取得运输合同;第二,在 CIP 术语中,卖方还要自费签订或取得保险合同;第三,承担货交承运人以前的风险和费用;第四,自费办理货物的出口及结关手续;第五,向买方提交与货物有关的单证或相等的电子单证。买方的责任是:第一,在 CPT 术语中自费签订保险合同;第二,承担货物提交承运人以后的风险和费用;第三,自费办理货物的进口和结关手续。

适用时需要注意:第一,在 C 组这两个贸易术语中,卖方是在出口国承运人所在地履行交货义务,并承担交货前的风险和费用。但运费和保险费涵盖的是运输合同指定的目的地的全程运费和保险费。此外,卖方的费用中是否包括卖方的装货费和目的地的卸货费,须取决于运输合同的规定。第二,卖方的通知义务。在 CPT 贸易术语中,未规定买方签订保险合同的义务。但实践中,买方为了自己的利益需要签订保险合同,因此,卖方在货交承运人后必须向买方发出已交货通知,以便买方投保或采取收取货物通常需要的措施。

(4)D 组

包括 3 个贸易术语:DAT,全称 Delivered at Terminal(named terminal at port or place of destination),意思是运输终端交货(指定目的地港口或目的地运输终端);DAP,全称 Delivered at Place(named place of destination),意思是目的地交货(指定目的地);DDP,全称 Delivered Duty Paid(named place of destination),意思是完税后交货(指定目的地)。在 D 组贸易术语中,卖方的责任是:第一,将货物运至约定的运输终端或目的地;第二,承担货物运至运输终端或目的地前的全部风险和费用;第三,自费办理货物的出口及结关手续,交纳出口关税及其他税费。在 DDP 中还要自费办理货物的进口结关手续,交纳进口关税或其他费用;第四,向买方提交与货物有关的单证或相等的电子单证。买方的责任是:第一,承担货物在运输终端或目的地交付后的一切风险和费用;第二,在 DAT 和 DAP 贸易术语中自费办理进口结关手续。

需要注意的是:第一,卖方在目的地指定运输终端(包括港口)交货意味着卖方需要承担将货物卸下运输工具、交买方处置、完成交货的义务;目的地交货时,卖方无须承担卸货义务,但做好卸货准备交买方处置,即完成交货义务。第二,在 DDP 术语中卖方的责任最大。卖方需要自费办理出口和进口结关手续等,当卖方无力办理进口清关手续时,不宜选用这一术语。

2. *Incoterms* 2010 仅适用于海运和内河水运的国际贸易术语共有四个,分为 F、C 两组。

(1)F 组

包括两个贸易术语:FAS,全称 Free Alongside Ship(named port of shipment),

意思是船边交货(指定装运港);FOB,全称 Free on Board(named port of shipment),意思是船上交货(指定装运港)。在 F 组贸易术语中,卖方的交货义务:第一,在指定的装运港履行交货义务;第二,承担交货前的风险和费用;第三,自费办理货物的出口结关手续;第四,自费向买方提交与货物有关的单证或相等的电子单证。买方的责任:第一,自费办理货物运输和保险手续并支付费用;第二,承担卖方交货后的风险和费用;第三,自费办理货物的进口和结关手续等。

需要注意的是:第一,这两个贸易术语交货地点不同,因此,风险和费用的划分不同:FAS 是以卖方在指定装运港买方指定的船边(货置于码头上或驳船上)履行交货义务,此时风险和费用由卖方转移给买方;FOB 则以装运港货物是否装到船上作为界线。第二,FAS、FOB 适用于海运和内河航运,如集装箱运输应选用 FCA 贸易术语。

(3)C 组

包括两个贸易术语:CFR,全称 Cost and Freight(named port of destination),意思是成本加运费(指定目的港);CIF,全称 Cost, Insurance and Freight(named port of destination),意思是成本、保险费加运费(指定目的港)。在 C 组贸易术语中,卖方的责任是:第一,卖方在指定的装运港履行交货义务;第二,承担在装运港货物装船前的风险和费用;第三,自费签订或取得运输合同;第四,自费办理货物的出口及结关手续;第五,向买方提交与货物有关的单证或相等的电子单证。买方的责任是:第一,在 CFR 术语中自费投保并支付保险费用;第二,承担在装运港货物装船以后的风险和费用;第三,自费办理货物的进口结关手续。

在 C 组中应当注意的是:第一,这两个贸易术语中,卖方是在出口国装运港履行交货义务,并承担货物装上船前的风险和费用。但运费和保险费涵盖的是运输合同指定的装运港至目的港全程的运费和保险费。此外,卖方的费用中是否包括卖方的装货费和目的港卸货费,须取决于运输合同的规定。第二,卖方的通知义务。在 CFR 贸易术语中,未规定买方签订保险合同的义务。实践中,买方为了自己的利益需要签订保险合同,因此,卖方在货物装船后必须向买方发出已装船通知,以便买方投保或采取收取货物通常所需要的措施。第三,C 组中,CFR 和 CIF 贸易术语适用于海上或内河运输;如集装箱运输则应选择 CPT 或 CIP。

在采用海运和内河水运的4个贸易术语时，还需要注意的是：第一，除FAS外，在FOB/CFR/CIF贸易术语中均取消了买卖双方的交货点、风险和费用的划分以装运港船舷作为界限的表述，代之以货物是否"装船"为界限。货物在装运港装到"船上"(on board)构成交货。第二，在卖方交货义务中，*Incoterms* 2010通则特别增加了"取得"(procure)这个词。如卖方将货物置于船边(船上)或以取得已经在船边(船上)交付货物的方式交货、卖方需签订运输合同或已取得一份这样的合同(CFR/CIF)、卖方必须自费取得保险合同(CIF)等，并明确此处使用的"取得"适用于商品贸易中常见的"多层销售"(链式销售)。通过*Incoterms* 2010的解释，这四个贸易术语中卖方的交货义务涵盖了国际货物买卖中常见的"在途货物"销售中的"交货"(即通过提交单据、报销单等履行交货义务)，由此弥补了以往版本中均未涉及"在途货物交货"的疏漏。

(三)*Incoterms* 2010阐明的问题

第一，进出口手续。除EXW和DDP贸易术语以外，原则上由卖方办理货物的出口手续，交纳与出口有关的捐、税、费；买方办理货物的进口手续，交纳与进口有关的税和其他费用。

第二，检验费用。买方必须支付任何强制性装运(船)前的检验费用，因为这种检验是为了买方自身利益安排的。但卖方为履行其交货义务而实施的货物检验，以及出口国有关机关强制进行的装运(船)前的检验费用除外。

第三，交货、风险和费用的转移。*Incoterms* 2010吸收了《联合国国际货物销售合同公约》的规定，确定了在卖方交货后，货物灭失和损坏的风险以及费用负担，由卖方转移给买方。但这一原则的适用，要以双方都没有过失并且该货物已正式划归于合同项下为前提。其11个贸易术语的交货点可归纳为5个：卖方所在地(EXW)；承运人所在地(FCA/CIP/CPT)；目的地/运输终端(DAT/DAP/DDP)；装运港船上(FOB/CIF/CFR)；装运港船边(FAS)。

第四，安全通关问题。美国在"9.11"之后，许多国家加强了货物安全通关的检查和要求。*Incoterms* 2010特别增加了买卖各方之间完成安检通关并相互提供或协助提供通关所需信息的义务。

第五，国际贸易术语的变体。在贸易实务中，当事人经常在国际贸易术语后面添加一些词语以额外增加双方当事人的义务。常见的有EXW(装车)、

FOB(平舱和理舱)等。通则对如何解释这些添加词语的含义没有做出规定,当事人之间往往会因此而发生争议。为此 *Incoterms* 2010 在其引言中提醒双方当事人,应在其合同中对上述添加词语的含义做出明确的解释。

第三节 跟单信用证统一惯例

一、信用证

(一)信用证的概念

在国际贸易活动中,买卖双方可能互不信任,买方担心预付款后,卖方不按合同要求发货,卖方也担心在发货或提交货运单据后买方不付款。因此,需要两家银行作为买卖双方的保证人,代为收款交单,以银行信用代替商业信用。同时,进口商不愿自己的资金被货物运输和农作物的收获时间所占用,并想在国内市场或其他市场出售该货物,出口商也不愿自己的流动资金在收到货款前被占用。满足这种市场需求发明的银行商业信用机制就是信用证。信用证支付方式是在国际贸易的发展、银行参与国际贸易结算的过程中逐步形成的。由于货款的支付以取得符合信用证规定的货运单据为条件,避免了预付货款的风险,因此,信用证支付方式在很大程度上解决了进出口双方在付款和交货问题上的矛盾。它已成为国际贸易中的一种主要付款方式。按照这种结算方式的一般规定,买方先将货款交存银行,由银行开立信用证,通知异地卖方开户银行转告卖方,卖方按合同和信用证规定的条款发货,银行代买方付款。

信用证(Letter of Credit,L/C),是指银行(开证行)根据进口人(买方)的请求,开给出口人(卖方)的一种保证承担支付货款责任的书面凭证。在信用证内,银行授权出口人在符合信用证所规定的条件下,以该行或其指定的银行为付款人,开具不得超过规定金额的汇票,并按规定随附装运单据,按期在指定地点收取货款。即信用证是银行以本身的信誉向卖方提供付款信用与担保的一种方式,是一种银行开立的有条件的承诺付款的书面文件。银行发出不超过规定金额的汇票,并随附规定的货运单据,约定日期到期后在指定地点收取货款。信用证的作用有多种:一是为买方的信用提供担保;二是融资作用,卖方在信用证到期前急需用款时,可以将该信用证质押从第三人处(或银行)取得贷款,买方也可以申请银行垫款,提出信用;三是便利作用,信用证除了担保付款和提供融资外,还对买卖双方有便利的作用,双方的资信调查、对担保登记或质押办理、付款的安排等都被信用证简化了。

(二)信用证特点

1. 信用证是一项自足文件(self - sufficient instrument)

信用证不依附于买卖合同,银行在审单时强调的是信用证与基础贸易相分离的书面形式上的认证。

2. 信用证方式是纯单据业务(pure documentary transaction)

信用证是凭单付款,不以货物为准。只要单据相符,开证行就应无条件付款。

3. 开证银行负首要付款责任(primary liabilities for payment)

信用证是一种银行信用,它是银行的一种担保文件,开证银行对支付有首要付款的责任。

(三)信用证的一般程序和内容

1. 信用证支付的一般程序

(1)开证申请人根据合同填写开证申请书并交纳押金或提供其他保证,请开证行开证。

(2)开证行根据申请书内容,向受益人开出信用证并寄交出口人所在地通知行。

(3)通知行核对印鉴无误后,将信用证交受益人。

(4)受益人审核信用证内容与合同规定相符后,按信用证规定装运货物、备妥单据并开出汇票,在信用证有效期内,送议付行议付。

(5)议付行按信用证条款审核单据无误后,把货款垫付给受益人。

(6)议付行将汇票和货运单据寄开证行或其特定的付款行索偿。

(7)开证行核对单据无误后,付款给议付行。

(8)开证行通知开证人付款赎单。

2. 信用证的内容

(1)对信用证本身的说明,如其种类、性质、有效期及到期地点。

(2)对货物的要求,根据合同进行描述。

(3)对运输的要求。

(4)对单据的要求,即货物单据、运输单据、保险单据及其他有关单证。

(5)特殊要求。

(6)开证行对受益人及汇票持有人保证付款的责任文句。

(7)国外来证大多数均加注:“除另有规定外,本证根据国际商会《跟单信用证统一惯例》即国际商会600号出版物(《UCP600》)办理。”

(8)银行间电汇索偿条款(t/t reimbursement clause)。

(四)信用证中的当事人

1. 开证人

开证人指向银行申请开立信用证的人,在信用证中又称开证人。开证申请书有两部分,即对开证行的开证申请和对开证行的声明和保证。包括:申明赎单付款前货物所有权归银行;开证行及其代理行只负单据表面是否合格之责;开证行对单据传递中的差错不负责;对“不可抗力”不负责;保证到期付款赎单;保证支付各项费用;开证行有权随时追加押金;有权决定货物代办保险和增加保险级别而费用由开证申请人负担。其享有以信用证为依据验、退赎单和验、退货的权利。必须履行根据合同开证、向银行交付比例押金、及时付款赎单的义务。

2. 受益人

受益人指信用证上所指定的有权使用该证的人,即出口人或实际供货人。受益人收到信用证后应及时与合同核对,不符者尽早要求开证行修改或拒绝接受或要求开证申请人指示开证行修改信用证。如接受则发货并通知收货人,备齐单据在规定时间向议付行交单议付,对单据的正确性负责,不符时应执行开证行改单指示并仍在信用证规定期限交单。

其享有的权利包括:被拒绝修改或修改后仍不符时,有权在通知对方后单方面撤销合同并拒绝信用证;交单后若开证行倒闭或无理拒付可直接要求开证申请人付款;收款前若开证申请人破产可停止货物装运并自行处理;若开证行倒闭时信用证还未使用可要求开证申请人另开。

3. 开证行

开证行指接受开证申请人的委托开立信用证的银行，它承担保证付款的责任。开证行承担正确、及时开证及第一性付款责任。有权利收取手续费和押金、拒绝受益人或议付行的不符单据，付款后如开证申请人无力付款赎单时可处理单、货，货不足款可向开证申请人追索余额。

4. 通知行

通知行指受开证行的委托，将信用证转交出口人的银行，它只证明信用证的真实性，不承担其他义务，是出口地所在银行。通知行需要证明信用证的真实性，而转递行只负责照转。

5. 议付银行

议付银行，又称购票行、押汇行和贴现行，指愿意买入受益人交来跟单汇票的银行。其根据信用证开证行的付款保证和受益人的请求，按信用证规定对受益人交付的跟单汇票垫款或贴现，并向信用证规定的付款行索偿。议付银行一般就是通知行。其承担严格审单、垫付或贴现跟单汇票、背批信用证的义务。其有权议付或不议付；议付后可处理（货运）单据；议付后开证行倒闭或借口拒付可向受益人追回垫款。

6. 付款银行

付款银行指信用证上指定付款的银行，在多数情况下，付款行就是开证行。是对符合信用证的单据向受益人付款的银行（可以是开证行也可受其委托的另家银行）。其有权付款或不付款，一经付款，无权向受益人或汇票持有人追索。

7. 保兑行

保兑行是受开证行委托对信用证以自己名义保证的银行。其有权加批“保证兑付”；不可撤销的确定承诺；独立对信用证负责，凭单付款；付款后只能向开证行索偿；若开证行拒付或倒闭，则无权向受益人和议付行追索。

8. 承兑行

承兑行指对受益人提交的汇票进行承兑的银行，亦是付款行。

9. 偿付行

偿付行指受开证行在信用证上的委托，代开证行向议付行或付款行清偿垫款的银行（又称清算行）。其只付款不审单；只管偿付不管退款；不偿付时由开证行偿付。

（五）信用证的种类

1. 以信用证项下的汇票是否附有货运单据可以将信用证分为跟单信用证及光票信用证。

跟单信用证（documentary credit）是凭跟单汇票或仅凭单据付款的信用证。此处的单据指代表货物所有权的单据（如海运提单等），或证明货物已交运的单据（如铁路运单、航空运单、邮包收据）。光票信用证（clean credit）是凭不随附货运单据的光票（clean draft）付款的信用证。银行凭光票信用证付款，也可要求受益人附交一些非货运单据，如发票、垫款清单等。在国际贸易的货款结算中，绝大部分使用跟单信用证。

2. 以开证行所负的责任为标准可以将信用证分为不可撤销信用证和可撤销信用证。

不可撤销信用证（irrevocable L/C）指信用证一经开出，在有效期内，未经受益人及有关当事人的同意，开证行不能片面修改和撤销，只要受益人提供的单据符合信用证规定，开证行必须履行付款义务。可撤销信用证（revocable L/C）指开证行不必征得受益人或有关当事人同意有权随时撤销的信用证，应在信用证上注明“可撤销”字样。但 UCP500 规定：只要受益人依信用证条款规定已得到了议付、承兑或延期付款保证时，该信用证即不能被撤销或修改。它还规定，如信用证中未注明是否可撤销，应视为不可撤销信用证。最新的 UCP600 规定银行不可开立可撤销信用证。常用的都是不可撤销信用证。

3. 以有无另一银行加以保证兑付为依据，可以将信用证分为保兑信用证和不保兑信用证。

保兑信用证（confirmed L/C）指开证行开出的信用证，由另一银行保证对符合信用证条款规定的单据履行付款义务。对信用证加以保兑的银行，称为保兑行。不保兑信用证（unconfirmed L/C）指开证行开出的信用证没有经另一家银行保兑。

4. 根据付款时间不同，可以将信用证分为即期信用证、远期信用证和假远期信用证。

即期信用证（sight L/C）指开证行或付款行收到符合信用证条款的跟单汇票或装运单据后，立即履行付款义务的信用证。远期信用证（usance L/C）指开证行或付款行收到信用证的单据时,在规定期限内履行付款义务的信用证。假远期信用证(usance credit payable at sight)指信用证规定受益人开立远期汇票,由付款行负责贴现,并规定一切利息和费用由开证人承担。这种信用证对受益人来讲,实际上仍属即期收款,在信用证中有“假远期”(usance L/C payable at sight)条款。

5. 根据受益人对信用证的权利可否转让,可将信用证分为可转让信用证、不可转让信用证。

可转让信用证(transferable L/C)指信用证的受益人(第一受益人)可以要求授权付款、承担延期付款责任,承兑或议付的银行(统称“转让行”),或当信用证是自由议付时,可以要求信用证中特别授权的转让银行,将信用证全部或部分转让给一个或数个受益人(第二受益人)使用的信用证。开证行在信用证中要明确注明“可转让”(transferable),且只能转让一次。不可转让信用证指受益人不能将信用证的权利转让给他人的信用证。凡信用证中未注明“可转让”,即是不可转让信用证。

6. 红条款信用证。

使用红条款信用证时,开证行在收到单证之后,可向卖家提前预付一部分款项。这种信用证常用于制造业。

7. 根据信用证的作用可以将信用证分为循环信用证、对开信用证、背对背信用证、预支信用证和备用信用证。

循环信用证(revolving L/C)指信用证被全部或部分使用后,其金额又恢复到原金额,可再次使用,直至达到规定的次数或规定的总金额为止。它通常在分批均匀交货情况下使用。在按金额循环的信用证条件下,恢复到原金额的具体做法有:

(1)自动式循环。

即每期用完一定金额,无须等待开证行的通知,即可自动恢复到原金额。

(2)非自动循环。

即每期用完一定金额后,必须等待开证行通知到达,信用证才能恢复到原金额使用。

(3)半自动循环。

即每次用完一定金额后若干天内,开证行未提出停止循环使用的通知,自第×天起即可自动恢复至原金额。

对开信用证(reciprocal L/C)指两张信用证申请人互以对方为受益人而开立的信用证。两张信用证的金额相等或大体相等,可同时互开,也可先后开立。它多用于易货贸易或补偿贸易业务等。

背对背信用证(back to back L/C),又称转开信用证,指受益人要求原证的通知行或其他银行以原证为基础,另开一张内容相似的新信用证,背对背信用证的开证行只能根据不可撤销信用证来开立。背对背信用证的开立通常是中间商转售他人货物,或两国不能直接办理进出口贸易时,通过第三者以此种办法来沟通贸易。原信用证的金额(单价)应高于背对背信用证的金额(单价),背对背信用证的装运期应早于原信用证的规定。

预支信用证/打包信用证(anticipatory credit/packing credit)指开证行授权代付行(通知行)向受益人预付信用证金额的全部或一部分,由开证行保证偿还并负担利息,即开证行付款在前,受益人交单在后,与远期信用证相反。预支信用证凭出口人的光票付款,也有要求受益人附一份负责补交信用证规定单据的说明书,当货运单据交到后,付款行在付给剩余货款时,将扣除预支货款的利息。

备用信用证(standby credit),又称商业票据信用证(commercial paper credit)、担保信用证。指开证行根据开证申请人的请求对受益人开立的承诺承担某项义务的凭证。即开证行保证在开证申请人未能履行其义务时,受益人只要凭备用信用证的规定并提交开证人违约证明,即可取得开证行的偿付。它是银行信用,对受益人来说是备用于开证人违约时,取得补偿的一种方式。

(五)信用证在国际贸易中的作用

信用证在国际贸易中发挥着重要的担保作用。国际贸易的买卖双方签订货物买卖合同时会在合同条款中选择采用信用证的方法作为支付手段,通常由买方向自己的开户银行申请开出信用证。在信用证担保关系中,买方称为“开证人”或“申请人”,银行称为“开证银行”,而卖方称为“受益人”。由于信用证是银行提供的信用工具,所以,银行在其中提供了担保作用,即银行承担了向卖方付款的义务。卖方发货后,取得单证。卖方在开证银行收到货款后,及时将单证交给银行,银行再将单证所代表的货权转让给买方。买方在申请银行开出信用证时，向银行交付了一定比例的保证金。当买方收到货物时，就要向银行交付剩余的款项。所以，在上述信用证运作中，可以看出银行提供了信用，信用证也是一种保证的合约。

二、跟单信用证统一惯例

（一）跟单信用证统一惯例的历史发展

自19世纪末开始使用信用证以来，随着国际贸易的发展，跟单信用证已渐渐成为国际贸易结算中一种通行的支付方式。由于国际上对跟单信用证有关当事人的权利、责任、信用证所用条款和术语的定义等缺乏统一的解释和公认的准则，各国银行根据各自的习惯和利益自行其是。因此，信用证各有关当事人之间的争议和纠纷经常发生。在这种情况下，国际商会为了减少因解释或操作不同而引起的争端，于1929年制定了《商业跟单信用证统一规则》（*Uniform Regulations for Commercial Documentary Credits*），对跟单信用证的定义、有关名词和术语及信用证业务的有关各方的权利和义务做了统一的解释，并建议各国银行采用。但由于这个“规则”只反映了个别国家银行的观点，所以只被极少数国家的银行采用。

鉴于上述情况，国际商会于1931年组织专门小组着手进行修改，于1933年作为第82号出版物颁布了第一个跟单信用证惯例，定名为《商业跟单信用证统一惯例》（*Uniform Customs and Practice for Commercial Documentary Credits*）。其后，随着国际贸易的发展，新的运输技术和运输方式的出现和广泛运用，以及在使用“统一惯例”过程中暴露的问题，国际商会先后于1951年、1962年、1974年和1983年对该惯例进行了修订。此后的近十年，随着国际运输工具和运输方式的发展，通信工具的电子化、网络化和计算机的广泛使用，国际贸易、金融、保险、单据的处理和结算工作也发生了许多变化。因此，国际商会于1993年又对《商业跟单信用证统一惯例》进行了修订，新版本定名为《跟单信用证统一惯例》（1993年修订本，国际商会第500号出版物），但其本身不是一个国际性的法律规章，该惯例的英文全称是 *Uniform Customs and Practice for Documentary Credits*，1993 *Revision*，I. C. C. *Publication* No. 500（简称UCP500），于1994年1月1日起正式实施。由于UCP500在信用证实际操作中存在一些问题，国际商会对其进行了新的修改。自2007年7月1日开始，启用《跟单信用证统一惯例》(2007 年修订本,国际商会第 600 号出版物)(简称 UCP600),UCP600 共有 39 个条款,比 UCP500 减少了 10 条,但却比 UCP500 更准确、清晰,更易读、易掌握、易操作,它将一个环节涉及的问题归集在一个条款中;将 L/C 业务涉及的关系方及其重要行为进行了定义。该惯例仅为国际商会推荐给国际银行界采用的业务惯例,不具有普遍的法律约束力,不采用的银行也不受其约束。但它已被许多国家和地区的银行界所采用,在国际上具有很大的影响。中国尚未正式承认该惯例,但在具体业务中亦参照该惯例来处理信用证中的问题及当事人之间发生的纠纷。

(二)UCP600

1. UCP600 的修订

第一,UCP600 把 UCP500 中难懂的词语改变为简洁明了的语言,取消了易造成误解的条款,如"合理关注""合理时间"及"在其表面"等短语。

第二,UCP600 取消了无实际意义的许多条款,如"可撤销信用证""风帆动力批注""货运代理提单",UCP500 第五条"信用证完整明确要求"及第 12 条有关"不完整不清楚指示"的内容也在 UCP600 中删除。

第三,UCP600 的新概念描述极其清楚准确。例如,兑付(honor)定义了开证行、保兑行、指定行在信用证项下,除议付以外的一切与支付相关的行为;议付(negotiation),强调的是对单据(汇票)的买入行为,明确可以垫付或同意垫付给受益人。按照这个定义,远期议付信用证就是合理的。另外,还有"相符交单""申请人""银行日"等。

第四,更换了一些定义。例如对审单做出单证是否相符决定的天数,由"合理时间"变为"最多为收单翌日起第 5 个工作日"。又如"信用证"UCP600 仅强调其本质是"开证行一项不可撤销的明确承诺,即兑付相符的交单"。再如开证行和保兑行对于指定行的偿付责任,强调是独立于其对受益人的承诺的。

第五,UCP600 有些特别重要的改动,方便了贸易及操作,如拒付后的单据处理及单据在途中遗失问题的处理。这些条款的规定,都大大便利了国际贸易及结算的顺利运行。

由于《跟单信用证统一惯例》能够协调和解决有关当事人之间的矛盾,有利于国际贸易的发展和国际结算的进行,至今已为世界上 160 多个国家和地区的银行和银行公会所采用，并已成为国际上处理信用证业务的惯例。但是，《跟单信用证统一惯例》毕竟不是各国共同制定的法律，只是一项国际贸易惯例，因此要得到这个“法律准则”的保护，必须在信用证上注明根据该惯例开立的文字。例如，开证行可在信用证中加注：“除另有规定外，本证根据国际商会《跟单信用证统一惯例》(2007 年修订本，国际商会第 600 号出版物)(简称 UCP600)出版物办理。”

2. UCP600 的主要内容

UCP600 的条文编排参照了《关于审核跟单信用证项下单据的国际标准银行实务》的格式，对 UCP500 的 49 个条款进行了大幅度的调整及增删，变成现在的 39 条。可以概括为三大部分：第一部分从第一条到第六条，是定义和解释等内容；第二部分从第七条到第二十八条，是信用证的权责内容的规定；第三部分从第二十九条到第三十九条，规定信用证适用的其他相关内容。

第一部分包括：第一条统一惯例的适用范围；第二条定义；第三条释义；第四条信用证与合同；第五条单据与货物/服务/行为；第六条有效性、有效期限及提示地点。

第二部分信用证的权责部分，包括：第七条开证行的承诺；第八条保兑行的承诺；第九条信用证及修改的通知；第十条修改；第十一条电讯传递与预先通知的信用证和修改；第十二条指定；第十三条银行间偿付约定；第十四条审核单据的标准；第十五条相符提示；第十六条不符单据及不符点的放弃与通知；第十七条正本单据和副本单据；第十八条商业发票；第十九条涵盖至少两种不同运输方式的运输单据；第二十条提单；第二十一条不可转让的海运单；第二十二条租船合同提单；第二十三条空运单据；第二十四条公路、铁路或内陆水运单据；第二十五条快递收据、邮政收据或投邮证明；第二十六条货装舱面、托运人装载和计数、内容据托运人报称及运费之外的费用；第二十七条清洁运输单据。

第三部分规定了与信用证使用的其他相关内容，包括：第二十八条保险单据及保险范围；第二十九条截止日或最迟交单日的顺延；第三十条信用证金额、数量与单价的伸缩度；第三十一条部分支款或部分发运；第三十二条分期支款或分期发运；第三十三条交单时间；第三十四条关于单据有效性的免责；第三十五条关于信息传递和翻译的免责；第三十六条不可抗力；第三十七条关于被指示方行为的免责；第三十八条可转让信用证；第三十九条款项让渡。

第四章　海上货物运输合同

第一节　海上货物运输合同概述

一、海上货物运输合同的概念与特征

（一）海上货物运输合同的概念

海上货物运输合同，是货物运输中最常见的一种合同。根据《中华人民共和国海商法》（简称《海商法》）第四十一条规定："海上货物运输合同，是指承运人收取运费，负责将托运人托运的货物经海路由一港运至另一港的合同。"

海上货物运输合同的主要当事人是承运人和托运人。船舶是履行海上货物运输合同的工具，但当承运人与托运人或收货人交接货物的地点不在船边而位于港口仓库、堆场或其他陆上地点时，需辅以车辆作为陆上辅助运输工具。合同约定的货物起运地和到达地分别为装货港和卸货港，但实践中有可能是位于港口界限之外的海上货物装卸站点。

根据我国《海商法》第四十二条的定义，"承运人"是指本人或者委托他人以本人名义与托运人订立海上货物运输合同的人。实践中，承运人通常称为船方。"本人"指承运人自己与托运人订立海上货物运输合同的人；"委托他人以本人名义"是指承运人委托代理人，该代理人以其被代理人（承运人）的名义与托运人订立合同。承运人通常是与托运人订立海上货物运输合同的船舶所有人，但也可能是船舶承租人、船舶经营人或无船承运人。

船舶所有人是指对船舶本身享有占有、使用、收益和处分权利的人。船舶所有人通常根据船舶所有权登记加以识别，即船舶所有人是指依法登记为船舶所有人的人。如船舶所有权未经登记，则船舶所有人是指实际拥有船舶的人。

对船舶经营人的概念，理论界存在不同认识。狭义上，船舶经营人指本身不拥有船舶，接受船舶所有人或光船租赁人的委托，为他人经营船舶的人。我

国改革开放以来出现了大量小规模船舶公司甚至个体船民,这些船舶所有人出于船舶经营规模、成本与效益以及满足法律所要求的船舶经营资质的考虑,将船舶委托给专门经营船舶或兼营船舶经营业务的公司经营。广义上,船舶经营人是指任何经营船舶的人,除狭义上的船舶经营人外,还包括经营自有船舶的船舶所有人和光船租赁他人船舶并加以经营的人。本章所讲述的是狭义上的船舶经营人。船舶经营人或船舶承租人与托运人订立海上货物运输合同而成为承运人时,俗称“二船东”(disponent owner)。

船舶承租人,即以航次租船、定期租船或光船租赁的形式承租他人船舶的人。我国的无船承运人是借鉴美国法律中的“无船经营公共承运人(non - vessel operating common carrier,NVOCC)”建立的概念。无船承运人是国际海上货物运输中与拥有船舶的承运人相对应的概念,是指不拥有船舶,但以承运人身份提供国际海上货物运输服务的人,不包括船舶经营人或船舶承租人。无船承运人与有船承运人之间的区别在于是否拥有船舶,但在海上货物运输合同的法律意义上,两者的权利和义务相同。《国际海运条例》第七条将“无船承运业务”定义为无船承运业务经营者以承运人身份接受托运人的货载,签发自己的提单或其他运输单证,向托运人收取运费,通过国际船舶运输经营者完成国际海上货物运输,承担承运人责任的国际海上运输经营活动。无船承运业务是传统的国际货运代理人(freight forwarder)所从事的一种业务。

托运人(shipper)是海上货物运输合同的另一方当事人。根据《海商法》第四十二条的定义,一般是指本人或者委托他人以本人名义或者委托他人为本人与承运人订立海上货物运输合同的人,以及本人或者委托他人以本人名义或者委托他人为本人将货物交给与海上货物运输合同有关的承运人的人。“委托他人为本人”是指托运人委托代理人,该代理人以其自己的名义与承运人订立海上货物运输合同,即隐名代理。根据这一定义,在同一海上货物运输合同下,可能同时存在两个托运人。例如,在 FOB 价格条件下,货物的买方与承运人订立海上货物运输合同而成为上述第一种托运人,卖方将货物交给承运人而成为上述第二种托运人。第二种托运人的规定是对传统的海商法和合同相对性原则的突破。第二种托运人通常被称为发货人(consignor)。

海上货物运输合同的客体是海上货物,根据《海商法》第四十二条的定义,它包括活体动物和由托运人提供的用于集装货物的集装箱、货盘或者类似的装运器具。

海上货物运输合同的履行往往还涉及发货人,根据我国《海商法》第四十二条的定义,是指有权提取货物的人。

(二)海上货物运输合同的特征

海上货物运输合同具有一般货物运输合同的特征:

1. 双务合同

海上货物运输合同是典型的双务合同。即合同双方当事人互相享有权利和履行义务。托运人享有获得提单或者其他运输单证的权利,收取完好无损货物的权利,负有支付运费的义务;承运人享有收取运费的权利,负有安全运送货物的义务。

2. 有偿合同

承运人取得运费的权利,需以将货物由一个港口运至另一个港口为对价;托运人在目的港收取货物的权利以支付运费为对价。

3. 涉他合同

海上货物运输合同的当事人虽然只有两个,但它却直接涉及他人,即第三者——收货人。托运人通常不是收货人,当托运人不是收货人时,承运人应根据托运人的要求向收货人交付货物。在这种情况下,收货人虽然不是合同当事人,但根据运输合同的约定或者海商法的规定,收货人可以直接取得合同约定的提取货物、就货物灭失或损坏向承运人索赔等利益,并负有合同约定的或法律规定的支付到付运费、及时提取货物等义务。

二、海上货物运输合同的种类

根据不同的标准,可以将海上货物运输合同进行不同的分类。

(一)根据船舶经营方式的不同,分为件杂货运输合同与航次租船合同

件杂货(general cargo)运输合同,也叫班轮运输合同、零担运输合同、提单运输合同等,是指承运人在不出租船舶的情况下,负责将件杂货由一港运至另一港,而由托运人或者收货人支付运费的合同。件杂货运输合同通常适用于班

轮运输(liner shipping,又称定期船运输),承运人接受众多托运人的托运,将不同托运人的多批货物装在同一船上,按规定的船期,在固定的航线上,以规定的港口顺序运输货物。目前,班轮运输的件杂货几乎都采用集装箱(container,又称货柜)运输方式。承运人收到托运人的货物通常签发一种能够代表货物已经在其控制下的书面凭证,这种凭证多为提单,因此,件杂货运输又称为提单运输。目前,海运单(sea way bill,SWB)、电子提单(electronic bill of lading)或电子运输记录(electronic transport record)作为件杂货运输合同的特别形式,在国际海运实践中的应用日趋广泛,在集装箱货物运输中亦被少量应用。

航次租船合同(voyage charterparty,Voy. C/P),也叫航程租船合同、程租合同。根据我国《海商法》第九十二条的定义,航次租船合同是指船舶出租人向承租人提供船舶或船舶的部分舱位,装运约定的货物从一港口运至另一港口而由承租人支付约定运费的合同。这种合同主要用于不定期船运输(tram shipping,又称租船运输)。航次租船合同的当事人是船舶出租人和承租人,而不是承运人和托运人。船舶出租人和承租人仅为某一特定航次使用船舶签订协议。承租人只要求出租人将货物运至目的港,并不希望占有和控制船舶。航次租船合同又可分为单航次租船合同(single trip C/P)、往返航次租船合同(return trip C/P)、连续单航次租船合同(consecutive single trip C/P)和连续往返航次租船合同(consecutive return trip C/P)。

(二)根据船舶航行水域范围的不同,分为国际海上货物运输合同与国内海上货物运输合同

国际海上货物运输合同,是指承运人负责将托运人托运的货物经海路由一国的某一港口运至另一国的某一港口,而由托运人或收货人支付运费的合同。我国内地至港澳台地区的海上货物运输在性质上属于国内海上货物运输,但现阶段基本上比照国际海上货物运输处理。

国内海上货物运输合同,也叫作沿海货物运输合同,在我国又称为水路货物运输合同,是指承运人负责将托运人托运的货物经海路由国内一港运至另一港,而由托运人或收货人支付运费的合同。作为一项传统的航运保护政策,很多航运国家的法律都规定,只有悬挂本国国旗的船舶才能进行本国港口间的货物运输,即沿海运输权,以保护本国的航运业。为此,我国《海商法》第四条规

定，中华人民共和国港口之间的海上运输和拖航，由悬挂中华人民共和国国旗的船舶经营。法律、行政法规另有规定的“除外”。非经国务院交通主管部门批准，外国籍船舶不得经营中华人民共和国港口之间的海上运输和拖航。上述规定中的“除外”，主要是指从事国际海上货物运输的中国籍船舶，只有获得船舶营业运输证或者得到特别许可后，才能从事我国沿海货物运输。

（三）根据货物是否转船运输及运输方式的不同，可以将海上货物运输合同分为海上直达货物运输合同、海上货物联运合同和货物多式联运合同

海上直达货物运输合同，是指货物由一艘船舶自起运港运至目的港，中途不需要换装船舶的运输合同。

海上货物联运合同（contract of ocean through carriage of goods），是指承运人负责将货物自一港经两段或者两段以上的海路运至另一港，而由托运人或者收货人支付运费的合同。在这种合同下，货物由不属于同一船舶所有人的两艘或多艘船舶从起运港运至目的港，但承运人对全程货物运输负责。除作为合同当事人一方的承运人外，参加货物运输的还有与承运人具有另外合同关系的其他海上承运人，称为区段承运人（local carrier）或海上履约方（maritime performing party）。国际海上货物运输合同通常以海上联运单（ocean through B/L）作为合同的证明。

海商法所调整的货物多式联运合同，是指多式联运经营人（multimodal transport operator MTO；combined transport operator，CTO）负责将货物通过包括海运在内的两种以上的运输方式，从接收地运至目的地，由托运人或者收货人支付运费的合同，即多式联运所涉及的运输方式之一必须是海上运输。这种合同以多式联运单证或者当第一程运输方式为海运时，以多式联运提单为合同的证明。

（四）海上货物运输总合同

海上货物运输总合同（contract of affreightment，COA）是相对于具体的海上货物运输合同而言的。海上货物运输总合同，也称为货运数量合同、包运合同或者批量合同，是指承运人负责将一定数量的货物，在约定的时间内，分批经由

海路从一港运至另一港，而由托运人或者收货人支付运费的合同。在合同中，通常只订明一定时期内托运人交运货物的数量或批量、承运人提供的船舶吨位数、装卸港口、装卸期限、运价及其他运输条件。在每一批货物装船后，承运人再签发提单或双方就每一批货物签订具体的航次租船合同。这种合同一般适用于大批量货物的运输，尤其是大批量的煤炭、矿石、石油、粮食等散装货物的运输，承运人能在约定期间内获得可靠的货源，而对托运人而言，具有舱位确定和运价优惠的益处。

第二节　海上货物运输合同的内容

一、海上货物运输合同的订立和解除

对于海上货物运输合同的订立过程即合同订立的实质要件，我国《海商法》没有做出规定。海上货物运输合同实质上是平等主体的船货双方意思表示一致的产物，作为一种民事合同，其订立受《中华人民共和国合同法》（简称《合同法》）中“合同的订立”部分的约束。因此，根据《合同法》第十三条，海上货物运输合同的订立，也采用要约和承诺的方式。海上货物运输合同的具体订立程序根据合同类型不同而有所区别。

（一）班轮运输合同的订立

班轮运输合同一般通过承运人订舱（booking）的方式成立。班轮公司为了揽货，通常在报纸、航运交易公报等媒体上刊登所经营的班轮航线和船期表，作为要约邀请。货物托运人或者其代理人（通常为货运代理人）向班轮公司（承运人）或者其代理人办理货物托运手续，称为订舱。托运人或者其代理人通常填写订舱单或托运单，或者发送相应的传真、电子邮件等数据电文，载明货物的品名和数量、装船期限、装卸港等内容。承运人或者其代理人根据订舱的内容，并结合船舶的航线、停靠港、船期和舱位等情况，决定是否接受托运。如接受托运，在订舱单上或发送相应的数据电文确认接受订舱，双方经过要约和承诺达成意思表示的一致，合同即告成立。

(二)航次租船合同的订立

航次租船合同除由船舶出租人和承租人直接洽谈达成外,经常通过居间人,即船舶经纪人(shipbroker)提供的居间服务达成,并普遍使用格式租船合同。船舶经济人在租船业务中,受出租人和(或)承租人的委托,代表出租人和(或)承租人磋商租船业务。通常,船舶经纪人能够及时了解租船市场的供求信息和动态,熟悉租船业务。委托船舶经纪人代办租船业务,通常具有及时和以较为合理的条件订立合同、满足委托人自身需要的优点。

为了简化办理租船合同的手续,加速签约的进程、节省费用,同时为了能够在合同中列入对自己有利的条款,一些航运组织、船公司、货主组织和大货主,事先根据不同航线或者货种的需要,拟定租船合同格式(forms),用租约代号(code name,code word)表示。大多数租船合同是以双方当事人选定的某一合同格式为基础,对格式中的印刷条款按双方意图进行补充、修改或删减而达成。对印刷条款的补充,除填写合同格式中的栏目外,通常采用订立附加条款的方式(rider clauses,additional clauses)。如附加条款与格式上的印刷条款内容相抵触,一般解释为附加条款的效力高于印刷条款。当租船合同格式构成《合同法》第三十九条规定的格式条款时,其效力受《合同法》关于格式条款规定的制约。

实践中,船舶出租人和承租人通常就租船合同的主要内容和条款达成协议,并以“订约确认书”(fixture note)表示。多数情况下,“订约确认书”达成后,双方另行签署合同文本,但有时双方不另行签署合同文本。除非“订约确认书”中载明,或者双方当事人另行约定租船合同的成立以事后双方签署的合同文本为准,否则“订约确认书”一经达成,租船合同即告成立。有时,“订约确认书”中就某些内容或条款冠以“Recap”的字样,表明该内容或条款尚未达成一致,属于附生效条件的“订约确认书”。

(三)海上货物运输合同的订立形式

海上货物运输合同无论是班轮运输合同,还是航次租船合同,通常都以书面形式订立,便于事后一旦双方发生纠纷时举证。其也可以采用口头形式,具有便捷、节省成本的优点,但是一旦事后发生争议,往往会造成举证困难。我国《海商法》第四十三条规定:“承运人或者托运人可以要求书面确认海上货物运输合同的成立。但是航次租船合同应当书面订立。电报、电传和传真具有书面效力。”其与《合同法》第十一条并不抵触,后者只是扩大了作为书面形式的数据电文的范围。随着现代通信技术和电子商务的快速发展,在国际上,各种数据电文作为书面形式不断得到法律的承认。

(四)海上货物运输合同的解除

海上货物运输合同与其他合同一样,一经合法成立,即发生法律效力,当事人不得随意解除合同,确实需要解除合同的,也必须依合同和法律的规定办理,并负责赔偿因解除合同给对方造成的损失。根据我国《海商法》和《合同法》规定,海上货物运输合同解除主要有单方要求解除、不可抗力解除、双方协商一致解除等情形。但是,基于海上货物运输的特点,引起海上货物运输合同解除的原因主要是《海商法》第四章第六节的规定。

1. 开航前的合同解除

(1)开航前托运人的任意解除

这种情形是指国际海上货物运输合同的托运人基于某种原因,在合同仍可履行的情况下,单方面解除合同。如当航运市场急剧下跌或者因买卖合同解除(虽可装运其他货物)时,托运人在合同开始履行之前,提出解除合同。单方面解除合同是一种违约行为,根据《合同法》第一百零七条的规定,托运人应承担违约责任,赔偿承运人因此遭受的损失。第一百一十三条规定:当事人一方违约给对方造成损失时,损失赔偿额应相当于因违约造成的损失。但是,在海上货物运输合同情况下,托运人单方面解除合同时,承运人受到的实际损失通常很难举证。根据第一百一十九条的规定,托运人单方面解除合同后,承运人应当采取适当措施防止损失的扩大,否则不得就扩大的损失要求赔偿。因此,承运人因托运人解除合同而受到的实际损失,往往取决于承运人是否采取了适当措施以防止损失的扩大。为此,《海商法》第八十九条规定:“船舶在装货港开航前,托运人可以要求解除合同。但是,除合同另有约定外,托运人应当向承运人支付约定运费的一半;货物已经装船的,并应当负担装货、卸货和其他与此有关的费用。”据此,托运人解除合同后,不论承运人因此受到的损失金额的大小,均应向承运人支付规定的金额。

《海商法》对托运人在船舶开航之后单方面解除合同的赔偿责任未做特别

规定,因而,托运人承担的违约赔偿责任,应根据《合同法》第一百一十三条的规定确定。

(2)开航前因不可抗力而解除合同

《海商法》第九十条规定:“船舶在装货港开航前,因不可抗力或者其他不能归责于承运人和托运人的原因致使合同不能履行的,双方均可以解除合同,并互相不负赔偿责任。除合同另有约定外,运费已经支付的,承运人应当将运费退还给托运人;货物已经装船的,托运人应当承担装卸费用;已经签发提单的,托运人应将提单退还承运人。”

海上货物运输合同因此而解除的条件是:第一,解除的原因是不可抗力或其他不能归责于承运人和托运人的原因,并可能致使合同不能履行;第二,双方都有权要求解除合同,且互相不承担赔偿责任;第三,除合同另有约定外,承运人退还运费,托运人承担装卸费。

2. 开航后的合同解除

《海商法》第九十一条规定:“因不可抗力或者其他不能归责于承运人和托运人的原因致使船舶不能在合同约定的目的港卸货的,除合同另有约定外,船长有权将货物在目的港临近的安全港或者地点卸载,视为已经履行合同。船长决定将货物卸载的,应当及时通知托运人或者收货人,并考虑托运人或者收货人的利益。”这是有关开航后合同解除的规定,该规定是针对海上货物运输中的特殊风险而允许承运人有权提前终止合同的效力。但是,其适用条件是:第一,因不可抗力或者其他不能归责于承运人和托运人的原因而引起;第二,出现了上述原因导致船舶不能在合同约定的目的港卸货的实施后果;第三,除合同另有约定外,船长的权利是将货物在目的港附近的安全港口或者地点卸载,但卸货港或地点的选择应考虑托运人或者收货人的利益。这种解除的法律后果是视为已经履行合同。

二、海上货物运输合同当事人的主要权利和义务

我国有关国际海上货物运输合同当事人的权利和义务主要规定在《海商法》第四章。此种规定以《海牙－维斯比规则》为基础,适当吸收了《汉堡规则》中比较合理和成熟的内容和原则。然而随着《鹿特丹规则》的颁布,以及海上货物运输实践几十年的发展,《海商法》中原有的内容已经不适应时代的发展,新

的海上货物运输法规正在修订中。

(一)承运人的主要义务

1. 提供船舶并谨慎处理使船舶适航的义务

根据《海牙规则》第三条第1款的规定,承运人在开航前或开航当时,应当谨慎处理,以便做到:第一,使船舶具有适航性;第二,妥善配备船员、设备和船舶供应品;第三,使货舱、冷藏舱和其他载货部位适于并能安全地收受、载运和保管货物。我国《海商法》第四十七条采用了与《海牙规则》相同的规定。承运人在这方面的义务又称为“适航义务”,具有法定义务的性质。

(1)船舶适航的含义

船舶适航(seaworthy)是指船舶的一种状态,意味着船舶具有抵御风险的能力。包括狭义和广义的适航。

狭义的适航是指船体、船机在设计、结构、性能和状态等方面能够抵御合同约定的航次中通常出现的或者能合理预见的风险。如合同约定的航次中能合理预见的风险超过通常的风险,则船舶必须具有抵御预见风险的能力。但是,船舶适航并不要求船舶具有抵御航次中出现的异常的或者不能合理预见风险的能力。所以,适航的含义是具体的、相对的,而不是抽象的、绝对的。构成船舶狭义上不适航的情况通常有:船体强度不足,如旧船由于船体的正常耗损,不能经受航行中的风浪;船舶吨位过小,不适合于远航区航行;船舶设计有缺陷,如某一船在航行中机舱起火,因灭火设备都按设计集中安放在机舱,船员无法使用灭火设备灭火;船舶建造工艺有缺陷,如船壳钢板焊接不当,船舶在航行途中受大风浪影响,钢板脱焊,导致船舶进水沉没而使货物全损或者因货舱进水使货物遭受湿损。

广义的适航还应包括两项内容:

第一,妥善配备船员、装备船舶和配备供应品。配备船员妥善(properly)与否,需从船员数量和质量两方面要求。在数量上,应满足船舶正常航行值班或者作业的需要,尤其应满足国家海事主管机关针对特定船舶颁发的“船舶最低安全配员证书”(Ship Minimum Safety Manning Certificate)规定的各类船员的数量要求;在质量上,船员应能胜任本职工作,表现为具有满足相应的职能和责任级别所要求的知识和技能,经过培训或者评估而持有国家海事主管机关颁发的相应证书,尤其是船长等高级船员应持有相应的适任证书(certificate of competency)。船员取得适任证书,需符合国家规定的船员体检标准,特别是关于视觉、听觉和讲话能力等方面的标准。目前,我国海船船员的适任考试、评估和适任证书颁发的依据是2004年原交通部颁布的《海船船员适任考试、评估和发证规则》,国际上衡量船员配备是否妥善的主要依据是《1995年海员培训、发证和值班标准国际公约》(*International Convention on Standard of Training, Certificating and Watchkeeping for Seafarers*)及所附的规则(STCW规则)和议定书。如船员虽然持有相应的适任证书和其他所要求的证书,但在船期间经常酗酒而影响其履行职责,经常工作责任性不强或玩忽职守,亦构成没有妥善配备船员。

妥善装备船舶,是指船舶在各方面得到完善的装备。它要求雷达、罗经、测探仪、自动识别系统(automatic indentification system, AIS)、航行数据记录仪(voyage data recorder, VDR,俗称"黑匣子")等航助仪器,锚、缆绳等系泊设备,海图、航路指南等航行资料以及"货船构造安全证书"(Cargo Ship Safety Construction Certificate)、"货船设备安全证书"(Cargo Ship Safety Equipment Certificate)、"安全管理证书"(Safety Mangement Certificate, SMC)、"国际船舶保安证书"(International Ship Security Certificate)等船舶证书和文件,均应齐全、有效或可靠。船旗国海事主管机关或其委托的船级社颁发的船舶技术证书,既是船舶营运所必须具备的证书,又是船舶适航的重要证明。目前,国际上衡量船舶装备是否妥善的主要依据是《1974年国际海上人命安全公约》(*International Convention for the Safety of Life at Sea*, 1974 SOLAS公约)及其协定书和修正案,其标准随着科学技术的发展而变化。

妥善配备供应品,包括船舶带有充足的燃油、润滑油、物料、淡水和食品,供在下一停靠港添加之前使用。在配备燃料上,除应正确计算航程和船舶耗油量外,需考虑燃料的质量、航次中风浪、洋流等情况,确定安全系数。

第二,使货舱、冷藏舱、冷气舱和其他载货处所适于并能安全收受、载运和保管货物。又称为船舶适航(cargoworthy)或货舱适货,指货舱及其设备完善,满足所运货物的要求,通常包括货舱清洁、干燥、无味,污水沟和通风筒畅通,舱盖水密,吊杆或者吊车、起货机和吊货索具等货物装卸设备齐全,并处于有效状态。货物的性质、状态不同,船舶适货具体要求通常也不同。如冷藏货物应配备适当的冷藏设备,且通过船级社检验并取得合格的检验证书;散装沥青应配备加热设备;散装液体化工品应配备制冷设备,使货物的温度保持在要求的范围。

(2)船舶适航的标准

我国《海商法》第四十七条规定:承运人应当谨慎处理(due diligence)使船舶适航,它要求承运人应当具有法律规定或者通常要求的知识。如船舶存在通过采取相应措施仍不能发现潜在缺陷(latent defect)的情况,虽然这种缺陷使船舶不适航,但不视为承运人没有履行谨慎处理使船舶适航的义务。在这里,谨慎处理意味着没有过错。因此,承运人使船舶适航的义务是相对的,即承运人只需做到谨慎处理,而不负有使船舶绝对适航的义务。

(3)谨慎处理使船舶适航的时间

我国《海商法》第四十七条规定:承运人谨慎处理使船舶适航的时间为船舶开航前和开航当时(before and at the beginning of the voage),即航次开始前和开始当时。

所谓航次是指合同航次或者提单航次,即从装货港至卸货港的整个航程。据此,只要承运人在船舶从装货港开航之前和开航当时已谨慎处理使船舶适航,即使船舶在航行期间或者中途港停靠期间丧失适航性,亦不视为承运人没有履行谨慎处理使船舶适航的义务。在这种情况下,承运人是否对船舶不适航造成的货物灭失或损坏负责,往往视其船长、船员具有管船过失还是管货过失而定。如果系船长、船员管船过失,承运人对货物灭失或损坏不承担损害赔偿责任;如系船长、船员管货过失,承运人对货物灭失或损坏应承担损害赔偿责任。因此,船舶在某一港口装货期间,由于轮机人员维护设备不当而发生船舶进水,使在该港装船的货物和在前一港口装船的相同货物受损,虽然由于同一原因所致,但对两港装船的货物损坏的法律结果不同。对于前者,承运人没有履行谨慎处理使船舶适航的义务,对货物损害负有赔偿责任;对于后者,系船员在中途管理船舶过失所致,承运人可以免责。但是,如承运人没有采取合理的或通常要求的措施,恢复船舶的适航性,则对因此造成的货物灭失或损坏,虽然不属于承运人未履行谨慎处理使船舶适航的义务,但货物的灭失或损坏系承运人的过程所致,承运人不能免责。

关于航次的开始之前和开始当时的含义,英国权威判例表明,承运人谨慎处理使船舶适航的义务是一个连续的义务，即承运人至少从船舶装货开始至开航当时这一期间应当谨慎处理使船舶适航。据此，船舶在开始装货时，承运人应谨慎处理使货舱适货，船舶能够抵御装货期间通常出现的或者能够合理预见的风险，包括必要时船舶能驶离泊位到锚地避台风；船舶在开航时，通常理解为船舶起锚或者解缆离泊之时，承运人应谨慎处理使船舶满足适航的其他各项要求；在此期间，凡在维持已有适航状态中的过失以及为使船舶在开航之时满足适航的其他要求而做的各项工作中的过失，均视为承运人违反谨慎处理使船舶适航的义务。因而，在此期间，承运人不能援引船长、船员管理船舶的过失免责。这一点为世界各国所采纳。

(4)对独立合同人行为的责任

独立合同人(independent contractor)指与承运人在海上货物运输合同之外另具有合同关系，为承运人完成使船舶适航工作的第三人，通常包括船舶修理人员、船舶检验人员、罗经校正师等。通常，承运人委托这些具有专门技能与知识的第三人完成某些船舶适航工作。英国的权威性判例表明，承运人谨慎处理使船舶适航是承运人承担的一项不能由他人代替的义务，承运人委托第三人代为履行这一义务，应对第三人履行这一义务时的过错造成的后果负责。实践中，对于独立合同人及其受雇人未谨慎处理的行为所造成的货物灭失或损坏，承运人在赔偿货方的损失后，可以根据独立与合同人的约定或者法律的规定，向有过错的独立合同人追偿。我国《合同法》第四百零六条对此有明确规定。否则，若承运人对独立合同人及其受雇人的过错造成的货物灭失或损坏免责，则货方能否向承运人的独立合同人索赔，会出现法律上的疑问，而且货方往往需要到外国诉讼，因此带来种种不便，从而不能有效地保护货方的利益。我国海事司法实践也认为此种情况下承运人不能免责。

需要注意的是，承运人承担的义务是谨慎处理使船舶适航，而不是提供适航的船舶。因此，承运人履行这一义务需以现有船舶为前提。除非承运人参与了对船舶建造的设计，否则，只要对造船过程进行合理监督，并在接触时对船舶进行通常的检验，则承运人对通过这种监督和检验仍不能发现的、船舶建造人及其受雇人或独立合同人的过程所致的船舶不适航所造成的货物灭失或损坏不负责任。同理，在买船或租船时，只要承运人在接船时对船舶进行通常的检验，则对于通过检验仍不能发现的、船舶卖方或者出租人及其受雇人或独立合同人的过错所致的船舶不适航所造成的货物灭失或损坏不负责任。

(5)船舶适航的举证

因船舶不适航造成的货物灭失或者损坏,货方因此向承运人提出索赔时,承运人欲行免责,应提供充分、确实的证据,证明其在船舶开航之前和开航当时已尽谨慎处理之责,从而货物的灭失或者损坏系《海商法》第五十一条规定的经谨慎处理仍未发现的船舶潜在缺陷所致,或者船舶不适航与货物灭失或者损坏之间不存在因果关系。国内外的海事司法实践表明,承运人仅提供船舶检验机构签发的有效船舶适航证书(certificate of seaworthiness)或者其他用于表明船舶适航状态的技术证书,并不构成承运人已尽谨慎处理之责的充分证据。

2. 妥善和谨慎地管理货物义务

《海商法》第四十八条规定:承运人应当妥善、谨慎地装载、搬移、积载、运输、保管、照料和卸载所运货物。这一规定与《海牙规则》第三条第2款的规定基本相同。该条规定的义务,又称管货义务,也属于法定义务。

货物的装载(loading)、搬移(handling)、积载(stowage)、运输(carriage)、保管(custody)、照料(care for)和卸载(discharge)是承运人管理货物的七个环节,包括货物从装船至卸船的整个过程。由于这些环节在含义上存在重复,对每一个环节的具体含义很难下定义。确定承运人管理货物义务的标准和关键是"妥善"与"谨慎"两词,意味着没有过错。

所谓"妥善"(properly),通常指技术上的要求,即承运人、船员或者其他受雇人员在管理货物的各个环节中,应发挥通常要求的或者为所运货物特殊要求的知识与技能。所适用的国内规章或国际规则对装运某些特殊货物有管理要求时,应符合这种要求。例如,国际海上危险货物运输中,应当遵守国际海事组织制定的《国际海运危险货物规则》(*International Maritime Dangerous Goods Code*,IMDG Code)有关危险货物积载、隔离、处理和应急反应等管理货物的规定;国际海上固体散货运输中,应当遵守国际海事组织的《国际固体散货规则》(*International Maritime Solid Bulk Cargoes Code*,IMSBC Code)中有关管理货物的规定。

所谓"谨慎"(Carefully),通常指责任心上的要求,即承运人、船员或者其他受雇人在管理货物的各个环节中,应发挥作为一名能胜任货物装卸作业或者海上货物运输工作的人可预期表现出来的谨慎程度。实践中,货物的装载、搬移、积载以及卸载工作，绝大多数情况下由承运人委托的港口经营人完成。

承运人应对港口经营人的过错造成的货物灭失或者损坏负责。如按照承运人与托运人或者收货人之间的协议，货物的装载、搬移、积载或者卸载作业由托运人或者收货人负责，因而港口经营人由托运人或者收货人委托，则承运人只需对港口经营人的工作进行合理的监督指导，对港口经营人的过错造成的货物灭失或者损坏，承运人不承担损害赔偿责任。例如船舶超载而严重影响船舶的稳定性，因而构成船舶不适航，则承运人仍应承担未尽谨慎处理使船舶适航的法律后果，因为承运人谨慎处理使船舶适航的义务，并不因港口经营人由托运人委托而免除。

3. 船舶不进行不合理绕航的义务

该义务又称为合理速遣义务。绕航（deviation）是地理上的概念，指船舶在航行中驶离承运人和托运人事先约定的或者习惯的或者地理上的航线。《海商法》第四十九条第 1 款规定："承运人应当按照约定的或者习惯的或者地理上的航线将货物运往卸货港。"因此，如果承运人和托运人事先对航线有约定，船舶应按该约定的航线行驶；没有这种约定时，船舶应按装卸两港之间的习惯航线行驶；如既无这种约定，又无习惯航线，船舶应按地理上的航线，即在保证船舶及货物运输安全前提下，装卸两港之间最近的航线行驶。

法律并非禁止任何绕航，而只是禁止船舶进行不合理的绕航。在海上为救助或企图救助人命或者财产或者其他合理需要时，船舶可以驶离航线。《海商法》的第四十九条第 2 款规定的"其他合理绕航"是指船舶为了船货双方共同利益或者存在其他合理需要，如在海上躲避台风或者战争风险、送病危船员上岸治疗、不得不服从有关政府或主管当局的命令等，而驶离航线的行为。但是，仅仅为了承运人单方面的利益，如为了使船上偷渡人员上岸而驶离航线的行为，并不构成合理绕航。

4. 在约定的时间内和在卸货港交付货物的义务

《海商法》第五十条第 1 款规定："货物未能在明确约定的时间内，在约定的卸货港交付的，为迟延交付。"也就是说，承运人有义务在合同约定的时间内，在约定的卸货港交付货物。但是，如果承运人与托运人没有明确约定交货时间，则即使承运人未能在合理时间内交付货物，也不构成迟延交付，从而不承担因货物未能在合理时间内交付而使托运人或者收货人遭受的除货物灭失或者损坏以外的其他经济损失的赔偿责任,且不论由于何种原因造成承运人未能在合理时间内交付货物。

《合同法》第二百九十条规定:承运人应当在约定期间或者合理期间内将货物安全运输到约定地点。即在没有明确约定货物交付时间的情况下,承运人应当在合理时间内交付货物。《海商法》第五十条的规定优先于《合同法》第二百九十条适用。在国内水路货物运输中,由于《海商法》第四章的规定不适用,因此应适用《合同法》第二百九十条的规定。此外,根据《汉堡规则》,在没有约定货物交付时间的情况下,如承运人未能在合理时间内交付货物,也构成迟延交付。

根据《海商法》第五十条的其余规定,如构成承运人迟延交付货物,并因此造成货物灭失或损坏,或者即使货物没有灭失或损坏,但托运人或收货人因迟延交付而遭了受其他经济损失,如因货物市场价格下跌而造成的经济损失,承运人应承担损害赔偿责任,除非承运人证明迟延交付系其根据第五十一条可以免责的原因所致。但是,行使此权利需要注意时效。第八十二条规定,收货人向承运人索赔因货物迟延交付造成的经济损失,必须在承运人交付货物的次日起连续60日内向承运人提交赔偿经济损失的书面通知,否则承运人不承担损害赔偿责任。

(二)承运人的责任期间

承运人的责任期间(period of responsibility),是指承运人对货物应负责的期间。承运人的责任期间是承运人、其受雇人或受委托人掌管货物的整个期间。由于承运人在此期间不能免责的原因,货物发生灭失或者损坏,承运人应负赔偿责任。如果造成货物灭失或者损坏的原因发生在承运人责任期间,并且承运人对此不能免责,即使货物的灭失或者损坏发生在承运人责任期间届满之后,承运人仍应对灭失或者损坏负责。

《海商法》第四十六条规定:承运人对集装箱装运的货物的责任期间,是指从装货港接收货物时起至卸货港交付货物时止,货物处于承运人掌管之下的全部期间;承运人对非集装箱装运的货物的责任期间,是指从货物装上船时起至卸下船时止,货物处于承运人掌管之下的全部期间。在承运人的责任期间,货物发生灭失或损坏,除非法律另有规定,承运人应当承担损害赔偿责任。该条同时规定,不影响承运人就非集装箱装运的货物,在装船前和卸船后就各方应承担的责任所达成的任何协议。

根据上述规定,承运人对集装箱装运的货物,不论是承运人装箱,还是托运人自行装箱货物,其责任期间为从装货港接收货物时起至卸货港交付货物时止,货物处于其掌管之下的全部期间;承运人对非集装箱装运的货物的责任期间,是指从货物装上船时起至卸下船时止,货物处于其掌管之下的全部期间,但承运人可以同托运人就这种货物在装船前和卸船后其所承担的责任达成任何协议,即对于这种货物在承运人从装货港接受至装船期间以及从卸货港卸船至交付期间,承运人对货物的灭失或者损坏是否应当负责或者承担何种责任,均根据承运人与托运人达成的协议确定。但是,若承运人与托运人没有达成这种“装前卸后”协议,则承运人对货物从装货港接受至装船期间以及从卸货港卸船至交付期间发生的灭失或损坏是否应当负责,应按照适用于该期间的法律确定。在我国,应根据《合同法》中违约责任与运输合同的有关规定进行处理。

(三)承运人的主要权利

1. 运费、亏舱费、滞期费及其他费用的请求权

(1)运费

运费是指承运人完成货物运输而对托运人或收货人有权请求的报酬。运费的金额或计算方式、货币名称、支付时间和地点等,由承运人和托运人约定。运费金额的计算或确定有多种形式。通常,运费一般按照货物的质量或体积计算,但在集装箱班轮运输中,整箱货(full container load,FCL)通常以集装箱为单位,按照班轮公司制定的费率本(tariff)中确定的运费率计算运费。对于贵重物品,运费有时按照货物价值的一定比例确定,即实践中所称的“从价运费”(advalorem freight)。有时,运费按照整船或整舱确定,而不论实际装船的货物数量,即实践中所称的“包干运费”(lumpsum freight)。

从运费支付的时间上,运费分为预付运费(freight prepaid,advanced freight)和到付运费(freight to collect,freight to be collected,freight payable at destination)两种基本形式。

如果承运人和托运人约定预付运费,则除了另有约定的以外,托运人应在货物装船后,承运人、船长或者承运人的代理人签发提单或其他运输单证之前

付清运费。如果运费没有付清，除另有约定外，承运人、船长或承运人的代理人有权拒绝签发载明运费已付的提单或其他运输单证。在英、美等国，普遍实行的原则是预付运费不退还，即如果货物在运输过程中灭失，不论由于何种原因造成，承运人均不退还预付运费，但如货物灭失系承运人应负责的原因所致，索赔人可以将预付运费作为其遭受损失的一部分，向承运人索赔。即承运人不承担预付运费的风险。但是，根据我国《合同法》第三百一十四条规定，承运人需承担预付运费的风险。但是，这一规定只对不可抗力造成货物灭失的情形做了强制性规定。当货物因托运人应负责的原因或承运人可以免责的其他原因而灭失时，合同可以就承运人的运费请求权以及预付运费是否退还做出约定。如没有约定，即使货物的灭失是由于承运人可以免责的其他原因或托运人应负责的原因所致，托运人也可要求返还预付的运费，因而承运人承担预付运费的风险。这是因为，运费是承运人按照约定将货物运到目的地交给收货人的对价。换言之，如承运人没有按照约定将货物运到目的地交给收货人，承运人便不能获得运费。因此，不论由于何种原因，只要求承运人没有按照约定将货物运到目的地交给收货人，承运人便无运费请求权。但是，如货物的灭失是由于托运人应负责的原因所致，承运人可基于托运人的违约而请求运费的损失，其数额为约定的运费金额扣除因货物灭失而使承运人节省的运输成本后的差额。

若系到付运费，即通常收货人在卸货港提取货物之前应支付运费，只有当货物运抵目的港后，承运人才具有运费请求权。即如货物在运输过程中灭失，承运人无权请求到付运费。但是，如货物的灭失系托运人应负责的原因所致，承运人可基于托运人的违约，请求到付运费的损失，即除合同另有约定外，其金额为约定的到付运费和扣除因货物灭失而使承运人节省的运输成本后的差额。根据我国《海商法》第六十九条的规定，到付运费必须在提单或者其他运输单证上注明，承运人才能向收货人请求。其中，货物的灭失是指货物全损。如只是货物损坏，承运人的运费请求权不受影响。如果货物部分灭失，则承运人可请求未灭失部分的货物的运费。

（2）滞期费

滞期费（demurrage），通常指航次租船的情况下，承租人因未能在合同约定的装卸时间（lay time）内完成货物装卸，而向出租人支付的费用。但是，当承运人和托运人约定了滞期费，或者航次租船合同中的滞期费条款被并入根据该合同签发的提单或其他运输单证之中，则收货人负有支付滞期费的义务。

(3)亏舱费

亏舱费(dead freight)，又称空舱费，指托运人因其提供的货物少于约定的数量，使船舶舱位发生剩余，而使承运人因此受到运费损失。除另有约定外，亏舱费按照约定的货物数量与托运人实际提供的货物数量之差，乘以约定的运费率，扣减因船舶亏舱而使承运人所节省的费用以及另装运货物所取得的运费计算。

(4)其他费用

其他费用指应由货方支付的共同海损分摊(general average contribution)费用，承运人为货物垫付的必要费用以及按照约定或所适用的法律应当向承运人支付的其他费用。

2. 货物留置权(lien on cargo)

这里的留置权是指承运人对货物的留置权。当托运人或者收货人不支付运费、亏舱费、滞期费、共同海损分摊费用和其他应付费用时，承运人有权按照法律的规定，对处于其合法占有之下的货物，在合理限度内进行留置，以担保其运费或者其他应得费用请求权的实现。《海商法》第八十七条规定："应当向承运人支付的运费、共同海损分摊、滞期费和承运人为货物垫付的必要费用以及应当向承运人支付的其他费用没有付清，又没有提供适当的担保，承运人可以在合理的限度内留置其货物。"在此规定中，"其"指应当向承运人支付运费或者其他费用的人，即债务人；"其货物"在司法实践中解释为债务人所有的货物，即承运人只能留置债务人所有的货物。据此，承运人行使货物留置权的前提条件之一是，没有向其提供支付运费或者其他应当向其支付的费用的适当担保。

《合同法》第三百一十五规定：托运人或者收货人不支付运费、保管费及其他运输费用的，承运人对相应的运输货物享有留置权，但当事人另有约定的除外。其中"相应的运输货物"在司法实践中解释为所留置的货物与承运人请求的运费或者其他运输费用的金额相适应以及运费或者其他运输费用是由于该货物的运输所产生，而不要求货物系债务人所有。这一解释与英、美等国家的法律规定相一致。在国际海上货物运输中，《海商法》第八十七条的规定适用优先于《合同法》第三百一十五条的规定，《合同法》第三百一十五条规定仅适用于国内水路货物运输。

关于承运人留置货物的地点,《海商法》第八十七条关于"货物交付"的规定,货物正常情况下应在提单或者海上货物运输合同约定的卸货港或其他卸货地点交付,因而,正常情况下承运人只能在约定的卸货港或其他卸货地点留置货物。除非由于法律规定或约定的原因,货物在约定的卸货港或其他卸货地点以外的地点卸载。

承运人可以自行留置货物,也可以依据我国《海事诉讼特别程序》的规定,通过申请海事法院裁定扣留货物而行使留置权。对留置货物的处理,根据《海商法》第八十八条的规定,如自船舶抵达卸货港的次日起 60 日内,仍无人支付应向承运人支付的费用或者提供适当担保而提取所留置的货物,承运人可以向有管辖权的海事法院申请裁定拍卖,如果货物易腐烂变质或者货物的保管费用可能超过其价值,承运人可以向法院申请提前拍卖。拍卖所得价款,扣除货物在留置期间的保管费用和拍卖费用后,用于清偿运费以及应当向承运人支付的其他有关费用。不足的金额,承运人有权向托运人追偿;剩余的金额,退还托运人;无法退还并且自拍卖之日起满 1 年又无人领取时,上缴国库。此外,根据我国《担保法》第八十二条的规定,承运人也可以自行委托拍卖行依据我国《拍卖法》拍卖留置的货物,或者以合理的价格变卖货物,或者与债务人协议以留置物折价。

3. 承运人的免责权

各国法律和国际公约从保护船方利益的角度出发,赋予了承运人免责权利。《海商法》第五十一条规定:在承运人责任期间内,货物发生的灭失或者损坏是由下列 12 项原因之一造成时,承运人不负赔偿责任。即造成货物灭失或者损坏的原因发生在承运人责任期间内,但灭失或者损坏发生在承运人责任期间届满之后,承运人亦不承担损害赔偿责任。此外,免责事项应适用于货物迟延交付造成的除货物灭失或者损坏以外的其他经济损失的索赔。我国的 12 项承运人免责事项系参照《海牙规则》第四条规定,虽然两者在免责事项的数量和表述上存在差异,但实质内容并无不同。

(1)船长、船员、引航员或者承运人的其他受雇人在驾驶船舶或者管理船舶中的过失,即驾驶船舶过失免责和管理船舶过失免责,统称航海过失(nautical fault)免责。

"驾驶船舶"(navigation of the ship)中的过失,是指船长、船员和引航员等在船舶航行或者停泊操纵上的过失。前者主要表现为船长、船员或者引航员违反国际性的或者地方性的避碰规则。违反其他航行规则,如没有在船舶航行中保持正当瞭望,没有以安全速度航行,没有对碰撞危险加以正确判断,没有适当采取避让措施等;违反良好船艺(good seamanship)的要求,如没有顶风浪靠码头,因此造成船舶碰撞、触礁、搁浅等事故,致使货物灭失或者损坏。后者是指在船舶锚泊或者系泊中的过失,如锚泊的位置或者方式不当,系泊所用的缆绳数量不够或者系泊方法有误等。

"管理船舶"(management of the ship)中的过失,是指船长、船员等在维持船舶的性能和有效状态方面的过失。例如,轮机人员操纵机器不当,致使机器损坏,船舶失去控制;轮机人员在开启阀门时失误,使燃油混水,船舶失去动力;船舶在大风浪中航行,船长没有采取适当的压载措施以维持船舶良好的稳性,使船舶倾覆。这里的"管理船舶",既非船舶的经营管理,又非船舶上船员的日常管理。

实践中,常常不易分清船长、船员等管理船舶中的过失与承运人履行管理货物义务中的过失。在区分两种过失的标准上,存在多种学说,但通常以行为的对象和目的作为区分标准。因此,某一行为针对货物,其目的是管理货物,则该行为属于管理货物的行为,反之,属于管理船舶的行为。例如,某船在航行中遇到大风浪,需往压载舱打压载水,以提高船舶的稳性,但船员误将海水打入货舱,使货物遭受损失,由于船员这一行为的目的是管理船舶,故这一过失属于管理船舶过程中的过失;某船运载水泥,航行途中,船员为进入货舱察看舱内货物而打开舱盖,但出舱时忘记将其关上,后因突降大雨,雨水进入货舱内使货物受损,由于船员这一行为的目的是管理货物,故这一过失属于管理货物的过失。

(2)火灾,但是由于承运人本人的过失所造成的除外。

火灾造成的货物灭失或者损坏,除直接被烧坏或者烟熏造成者外,包括在采取合理的救火措施过程中造成的损失。例如,向着火的货舱注入海水而造成货物的湿损;向着火的货舱喷洒化学灭火剂而造成货物的污染损害;灭火过程中货物因被践踏而造成的损失。

当火灾系船长、船员、承运人的其他受雇人或者代理人的过失造成时,承运人对火灾所致的货物灭失或损坏可以免责。但是,如果火灾系承运人本人过失所致,承运人便不能免责。例如,承运人明知或者应当知道轮机人员经常在机舱内违章明火作业而未加以阻止;承运人为骗取保险金,指使船员纵火烧毁船舶。当承运人是公司时,承运人本人的过失,除法定代表人的过失外,亦包括公司中负责具体工作的经营管理部门或者经营管理人员的过失。

(3)天灾,海上或者其他可航水域的危险或者意外事故。

天灾(act of god)指承运人通过采取合理预期的各种措施后,仍不能抵御或者防止的自然现象,诸如海啸、地震、雷击和冰冻等。其不同于不可抗力(force majeure),二者分属不同的概念,天灾必须是自然现象,没有涉及人为的因素;不可抗力可以是自然现象,也可以是人为的事件,如战争、罢工等。

海上或者其他可航水域的危险或者意外事故,即通常所说的海难或者海上危险,包括海上大风浪和其他船舶航行中的危险,如风雨、浓雾、暗礁、浅滩或者其他航行障碍物。对这一免责事项,一般解释为不能合理预见、超出一艘适航船舶所能抵御的范围,除天灾以外的海上各种自然风险。也有人对此做出扩张性的解释,如当货物因海上风浪造成损失时,只要承运人、船长、船员或者承运人的其他受雇人员无过失,承运人即可援引此项免责。

(4)战争或者武装冲突。

战争或者武装冲突的概念属于国际法范畴。国际法学者提出了四个条件,符合其中的任何一个就是战争:公开宣战;明确地表明战争意图;采取恶意的行动,企图发动战争;不理会对方的最后通牒。因为战争或武装冲突造成货物灭失或者损坏,不论是战时还是战后,如战后水雷造成货船损害,在海上货物运输中,均属不可抗力范畴,不论承运人的责任基础是过失责任,还是严格责任,均可免除赔偿责任。

(5)政府或者主管部门的行为、检疫限制或者司法扣押。

政府或者主管部门的行为或者司法扣押是指一国政府或有关主管部门所采取的禁止装货或者卸货、禁运、封港、对船舶或者货物进行扣押或者没收充公等行为。如两国关系突然恶化,一国政府下令扣押在该国港口的另一国商船。但是,这里的司法扣押不包括因债权债务纠纷,法院根据债权人的请求,作为诉讼保全措施或者为执行发生法律效力的判决或其他司法文书而依法对船舶实施的扣押,也不包括诸如根据我国《海上交通安全法》第十九条的规定,当船舶违反我国有关法规,或者不适航,或者发生事故手续未清或未支付应由船舶支付的有关费用且未提供充分担保等情况下,海事主管机关禁止船舶离港或者停止作业的行为。

检疫限制指一国检疫主管机关根据检疫法规，当发现挂靠本国港口的船舶上有疫情或者船舶来自有疫情的港口等情况时，禁止船舶进港装卸货物或者对船货进行熏蒸等消毒处理。

(6)罢工、停工或劳动受到限制。

罢工、停工或劳动受到限制是指因劳资纠纷或者工潮等原因，引起罢工、停工或劳动受到限制，使船舶无法及时装卸货物。劳动受到限制包括雇用不到足够的码头装卸工人。当船员发生罢工，致使承运人无法履行或者继续履行海上货物运输合同时，承运人亦可援引此项免责，但因承运人的不法行为或者其他应负责的原因，如承运人违反与船员之间雇用合同的约定，不按时支付或者非法克扣船员工资造成船员罢工的除外。

(7)在海上救助或者企图救助人命或财产。

在海上救助人命或财产是指对在海上遇险的人员或财产实施了救助的行为。企图在海上救助人命或财产是指为了对在海上遇险的人员或财产实施救助而采取的行为，但客观上没有实施救助。如一船接到另一船发出的求救信号便驶离原定的航线前往救助，但到达另一船出险地点之前，另一船已被第三者成功救助或已经沉没。在海上救助或者企图救助财产而采取的行为应当是合理的行为，承运人才能援引此项免责。例如，单纯以获得财产救助报酬为目的而在海上救助或者企图救助财产，使得货物冒灭失或损坏的风险，其行为不具有合理性。但是，对在海上救助或者企图救助人命而采取的行为，由于采取这种行为是法律的要求，通常不要求其必须合理。

(8)托运人、货物所有人或者他们代理人的行为。

托运人、货物所有人或者他们代理人的行为指除下述第 10 项免责之外的货方的其他行为，包括托运人对货物的内容或者性质申报错误或者故意隐瞒货物的危险性质，致使承运人积载错误或者货物运输途中发生爆炸等原因而受到的灭失或损坏。

(9)货物的自然特性或者固有缺陷。

矿粉等扬尘货物在装卸过程中有少部分会随风飘散；散装油类货物会有部分黏附于舱壁或者结块沉淀而无法泵出；活动物在运输途中因生病或者胆怯而死亡；易腐烂货物，如水果、兽皮等在运输过程中发生腐烂或变质；谷物在运输过程中发热变质或者虫蚀;煤炭、虾粉在运输过程中容易自燃;某些液体货物在运输过程中发酵、发酸或者冒泡。因以上原因造成货物质量或者体积的正常耗损或者货物的灭失或者损坏,承运人可以免责。但是,灭失或者损坏必须是货物的自然特性或者固有缺陷所致,而不是承运人不能免责的原因所致。

(10)货物包装不良或者标志欠缺、不清。

货物包装不良是指货物的包装方式、强度或者状态不能承受货物装卸和运输过程中的正常风险。货物标志欠缺、不清,使承运人对货物无法加以辨认时,易造成货物混载或者承运人错误交付货物。或者因货物上没有关于禁止货物上下倒置、易碎品、防湿或者禁止使用手钩等标志,使货物在装卸等环节中易造成损坏。但是如货物包装不良或者标志欠缺、不清,属于货物表面状况不良,而承运人对此在提单或者其他运输单证中未加批注,则不能援引此项免责。

(11)经谨慎处理仍未发现的船舶潜在缺陷。

此项免责是对前述《海商法》第四十七条规定的承运人谨慎处理使船舶适航义务的补充。例如,某船在定期检验时,船舶检验人员(验船师)用技术规范规定的或习惯的方式测量船壳板的厚度,某处钢板严重腐蚀,但测量时未曾发现,船舶在航行中,该处钢板裂缝,海水侵入货舱使货物湿损,这一缺陷即为潜在缺陷,承运人对货物的湿损可以免责。例如,Amstelslot 轮从波特兰装运小麦至孟买,在航行途中因减速齿轮断裂失去自航能力,被拖往日本神户修理,托运人以承运人在装货港未谨慎处理使船舶适航为由,拒绝分摊因此产生的共同海损,但英国上议院在判决中认为,验船师在装货港已按英国劳氏船级社技术规范,并用熟练的技巧,以通常的方法,对船舶做了全面的检验而无任何疏忽,他无须像托运人所主张的那样,应擦去齿轮上的润滑油检查每一个螺丝,判决承运人已尽谨慎处理之责,减速齿轮的断裂系船舶的潜在缺陷所致,承运人无须对船舶不适航负责,托运人应分摊共同海损。

就字面而言,承运人欲援引此项免责,应证明他事实上已谨慎处理,但船舶的潜在缺陷仍未发现。即承运人已谨慎处理是其援引此项免责的前提条件。但是,国际上对于《海牙规则》第四条中的“谨慎处理所不能发现的潜在缺陷”的普遍解释是,即使承运人事实上没有谨慎处理,但如能证明某一缺陷即使做到了谨慎处理也不能发现,则仍可援引此项免责。

(12)非由于承运人或者承运人的受雇人、代理人的过失造成的其他原因。

此项为概括性的兜底免责事项，通常解释为与前述第 1 至 11 项免责事项属于相同性质或者相似的事由，即所谓的“同类规则”。

上述 12 项承运人免责事项表明：对承运人的责任归责原则是不完全的过错责任原则，或者称为过错责任原则加列明的过失免责。具体而言，原则上，承运人对在其责任期间发生的原因造成的货物的灭失或者损坏、货物迟延交付所造成的其他经济损失是否负责，应依其本人、其受雇人或代理人有无过错而定，有过错应负责，没有过错可免责。但如货物的灭失或者损坏、货物迟延交付所造成的其他经济损失系船长、船员或者承运人的其他受雇人的驾驶船舶或者管理船舶的过错所致或者由于他们的过错造成的火灾所致，承运人仍可免责。在举证责任方面，承运人欲援引上述免责事项，必须证明货物的灭失或者损坏、货物迟延交付所造成的其他经济损失系某一项或几项免责原因所致。但是，当因火灾造成货物的灭失或者损坏、货物迟延交付所造成的其他经济损失，火灾系承运人本人过失造成的举证责任，由请求人承担。这一火灾原因的举证责任的例外或倒置的规定，并非基于举证责任分担的合理性，而是国际海事立法中根据船货双方利益平衡的妥协而做的习惯性处理。

除上述 12 项免责事项外，《海商法》第五十二条和第五十三条分别规定了承运人对活动物和舱面上装载的货物灭失或者损害的额外免责事项，并应当适用于货物迟延交付造成的其他经济损失。

(13)活动物。

《海商法》第五十二条规定：运输活动物时，对这种运输的固有的特殊风险造成活动物灭失或者损害的，承运人不承担损害赔偿责任。但是，如托运人事先向承运人提出了关于运输活动物的特别要求，承运人应当证明已履行这种特别要求，并且证明灭失或者损害是由于此种固有的特殊风险造成的。活动物运输的固有特殊风险通常表现为活动物在海上运输期间因胆怯或传染疾病而生病或死亡。

(14)舱面货。

舱面上装载的货物称为舱面货，又称甲板货。《海商法》第五十三条规定：对于舱面货的灭失或损坏，如由于这种装载的特殊风险所致，承运人可以免责。舱面货的特殊风险通常表现为：因雨淋或大风浪中甲板上浪而水湿，因船舶在大风浪中剧烈摇摆而落入海中，以及货物被盗，造成舱面货的灭失或损坏。由于舱面货具有特殊风险，承运人装载舱面货受到严格限制。法律专门规定，承运人装载舱面货，应当同托运人达成协议，或者符合航运惯例，如木材船甲板装载木材，专用集装箱甲板装载集装箱，或者符合有关法律、行政法规的规定。否则，承运人擅自装载舱面货，应对因此造成的货物灭失或损坏承担损害赔偿责任。

承运人对活动物和舱面货的额外免责事项，并不能免除《海商法》第四十七条所规定的谨慎处理使船舶适航的义务，第四十八条所规定的管货义务，以及第四十九条所规定的船舶不进行不合理绕航的义务。如根据第四十八条的要求，承运人应当对舱面货妥善、谨慎地加以覆盖和绑扎，否则，对舱面货因雨淋或在大风浪中甲板上浪而遭受水湿，因船舶在大风浪中剧烈摇摆而落入海中而造成舱面货的灭失或者损坏不能免责。如货物的灭失或损坏由承运人应负责的原因和承运人前述免责原因共同造成，根据《海商法》第五十四条的规定，承运人仅在其不能免责的范围内承担损害赔偿责任，但承运人对其可免责的原因造成的货物灭失或损坏应负举证责任。承运人如不能举证，则应对货物的所有灭失或损坏负责。这一规定也适用于货物迟延交付所造成的其他经济损失。

4. 承运人赔偿责任限制

为了保证航运业的正常发展，保护船方的利益，各国法律和国际公约都赋予了承运人在承担自己应该承担的损害赔偿责任时，可以享受赔偿责任限制。承运人赔偿责任限制，指对承运人不能免责的原因造成的货物灭失或损坏、货物迟延交付所造成的其他经济损失，将其赔偿责任在数额上限制在一定的范围内。承运人对货物灭失或损坏的赔偿责任限制的数额，按照货物件数或其他货运单位数计算，因而，承运人赔偿责任限制又称承运人单位责任限制(package limitation of liability)。承运人赔偿责任限制实质上是承运人赔偿责任的部分免除，是对民法中赔偿全部损失原则的突破，是出于承运人海上货物运输风险的考虑，以维护航运业的健康发展。

(1)承运人对货物灭失或者损坏的赔偿责任限制。

《海商法》第五十六条规定：承运人对货物灭失或者损坏的赔偿限额，按照货物件数或者其他货运单位数计算，每件或者每个其他货运单位为666.67计算单位，或者按照货物毛重计算，每公斤乘以2计算单位，以两者中赔偿限额较高的为准。因此，如果遭受灭失或者损坏的货物毛重超过333.33公斤，承运人的赔偿限额按毛重乘以 2 计算单位计算；反之，承运人的赔偿限额为每件或者每一其他货运单位 666.67 计算单位。

货物的件是指货物的包装单位，如箱、桶、包等，其他货物运输单位通常是指非包装货物的自然单位，如一辆汽车、一台机床。对非包装的散装货物而言，按照货物毛重计算赔偿限额。当货物用集装箱、货盘或者类似的装运器具集装时，根据《海商法》第五十六条的规定，如果提单或者其他运输单证中载明在此类装运器具中装运的货物件数或者其他货运单位数，则以所载明的件数或者其他货运单位数为准；反之，如提单中未载明，则每一装运器具视为一件或者一个单位。当装运器具不属于承运人所有或者非由承运人提供时，装运器具本身也视为一件或者一个单位。

计算单位是国际货币基金组织的特别提款权。特别提款权是国际货币基金组织于 1969 年创设，作为国际储备的计算单位，具有价值相对稳定的优点。《海商法》第二百七十七条规定：特别提款权的人民币数额按法院判决之日、仲裁机构裁决之日或者当事人协议之日，国家外汇主管机关规定的国际货币基金组织的特别提款权对人民币的换算办法进行计算。目前在我国，这种换算通过美元进行，即根据国际货币基金组织公布的特别提款权对应的美元数额以及国家外汇主管机关同日公布的美元与人民币的兑换率，将特别提款权换算成人民币数额；反之亦然。

如果托运人在货物装运前已申报其性质和价值，并在提单中载明，或者承运人与托运人另行约定了更高的赔偿限额，则承运人的赔偿限额以货物的实际价值或者另行约定的限额为准，《海商法》第五十六条规定的赔偿限额不适用。这种情形通常出现在贵重物品或者价值较高的货物运输中。此时，货物的运费通常也随之提高，但托运人或收货人支付额外的运费不是《海商法》第五十六条规定的赔偿限额不适用的前提条件。

承运人的这种赔偿责任限制，只有当货物灭失或者损坏的金额超过赔偿限额时，才予以适用。如货物灭失或者损坏的金额低于赔偿限额，承运人需赔偿货物的实际损失。《海商法》第五十五条规定：货物灭失的金额按货物的实际价值计算；货物损坏的金额按其受损前后实际价值的差额或者货物的修复费用计算。并且，货物的实际价值按照货物装船时的价值加保险费和运费，即 CIF 价格计算，并减去货方因货物灭失或者损坏而少付或免付的有关费用。根据这一规定，货方不能索赔因货物灭失或者损坏带来的可得利润的损失，但是，如果货物迟延交付，则不论货物是否遭受损坏或部分灭失，货方仍可以索赔因此受到的可得利润的损失。

(2)承运人对货物迟延交付的赔偿责任限制。

《海商法》第五十七条规定：如果迟延交付的货物未遭受灭失或者损坏，而只是造成其他经济损失，如因市场跌价引起的可得利润的损失，承运人的赔偿限额为所迟延交付的货物的运费数额；如果货物的灭失或者损坏和迟延交付同时发生，承运人的赔偿责任限额适用前述承运人对货物灭失或者损坏的赔偿限额，但在这种情况下，货物灭失或者损坏的金额中，应包括因迟延交付造成的其他经济损失金额。

(3)承运人赔偿责任限制权利的丧失。

《海商法》第五十九条规定：如经证明，货物的灭失、损坏或者迟延交付是由于承运人的故意或者明知可能造成损失而轻率地作为或者不作为所造成，承运人便不得援用赔偿责任限制的规定。“明知可能造成损失而轻率地作为或者不作为”，是指明知自己的行为或不为可能造成货物灭失、损坏或迟延交付的后果，但放任这种结果的发生，即间接故意。与民法上损害赔偿责任的一般规定不同，这一赔偿责任限制权利丧失条件的规定，使得对于货物损害的发生，区分承运人的主观状态是过失还是故意具有重要意义。具体而言，当承运人的主观状态是过失时，承运人可以援用赔偿责任限制的规定；当承运人的主观状态是故意(包括直接故意和间接故意)时，承运人不得援用赔偿责任限制的规定。但是，如果货物的灭失、损坏或者迟延交付是由于船长、船员、承运人的其他受雇人或者代理人的故意或者明知可能造成的损失而轻率地作为或者不作为所造成，承运人的赔偿责任限制权利并不因此而丧失。这一赔偿责任限制权利丧失条件的规定，与当今海事国际公约中的相应规定一致。并且，国际上普遍对此做限制性解释，使得在实践中赔偿责任限制权利不轻易丧失，理由是赔偿限额与过去相比已大为提高，从而做出限制性解释是实现船货双方利益平衡的需要。尤其是，这种解释有利于承运人、船舶所有人投保相应的责任保险，以维护经济关系的稳定。

5. 非合同之索赔承运人的受雇人或者代理人的权利和义务

非合同之请求(non - contractual claim)，又称非合同之诉讼，是指不是依据违约而提出的请求,而是依据侵权而提出的请求。非合同之请求产生于两种情况:第一,请求人与被请求人之间不存在合同关系;第二,请求人与被请求人之间存在合同关系,但请求人根据《合同法》第一百二十二条关于违约责任与侵权责任竞合的规定,要求被请求人承担侵权责任。

《海商法》第五十八条第 1 款规定:就海上货物运输合同所涉及的货物灭失、损坏或者迟延交付对承运人提起的任何诉讼,不论海事请求人是否是合同的一方,也不论是根据合同或者是根据侵权行为提起的,均适用本章关于承运人的抗辩理由和限制赔偿责任的规定。因此,就国际海上货物运输合同所涉及的货物灭失、损坏或者迟延交付对承运人提出的任何请求,即使请求人是托运人以外的其他人或者托运人根据侵权行为提出,承运人均可援引《海商法》第四章规定的免责等抗辩理由和赔偿责任限制。即《合同法》第一百二十二条关于违约责任与侵权责任竞合的规定,在国际海上货物运输合同所涉及的货物灭失、损坏或者迟延交付而对承运人提起的请求中不产生作用。

《海商法》第五十八条第 2 款又规定:第 1 款规定的诉讼是对承运人的受雇人或者代理人提起的,经承运人的受雇人或者代理人证明,其行为是在受雇或者委托的范围之内的,适用第 1 款的规定。即就国际海上货物运输合同所涉及的货物灭失、损坏或者迟延交付而对承运人的受雇人或代理人提出请求时,如该受雇人能证明其行为是在受委托的范围之内,则该受雇人或代理人亦可援引《海商法》第四章规定的承运人的抗辩理由和赔偿责任限制。但是,根据《海商法》第五十九条,如货物的灭失、损坏或者迟延交付是由于该承运人的受雇人、代理人的故意或者明知可能造成损失而轻率地作为或者不作为造成的,则该承运人的受雇人或者代理人便丧失了赔偿责任限制的权利。

(四)托运人的主要义务与责任

1. 提供约定货物、妥善包装和正确申报货物

《海商法》第六十六条规定:"托运人托运的货物,应当妥善包装,并向承运人保证,货物装船时所提供的货物的品名、标志、包数或件数、质量或者体积的正确性。"托运人应当按照与承运人的约定,将货物运至船边、码头仓库或者其他地点,以供装船。托运人所提供的货物的品名和数量应符合约定,否则承运人可以拒绝运输。

妥善包装货物，是指对需要包装的货物使用适当的包装方法，以满足货物装卸作业和海上运输安全的要求。如承运人与托运人约定了包装方法，或者法规、规章规定了包装方法，则包装应满足这种约定或规定。如没有这种约定或规定，则应采取通用的包装方法，或者在没有通用的包装方法时，采取足以保护货物的包装方法。根据《合同法》第三百零六条的规定，如托运人未妥善包装货物，承运人可以拒绝运输。正确申报货物，是指托运人向承运人提供的货物的品名、标志、包装或件数、质量或体积，应与货物的实际情况相符合。

如托运人未按照约定提供货物，应赔偿承运人因此遭受的损失。《海商法》第六十六条规定：货物包装不良或托运人提供的货物的品名、标志、包数或者件数、质量或者体积等资料不正确，托运人应当赔偿承运人因此遭受的损失，而不论托运人、其受雇人或代理人是否有过错，即托运人承担严格责任。但该条规定，承运人享有此种请求权，不影响其根据海上货物运输合同对托运人以外的人所承担的责任，但承运人向托运人以外的第三人承担损害赔偿责任后，可以向托运人追偿。

2. 及时办理货物运输手续

《海商法》第六十七条规定："托运人应当及时向港口、海关、检疫和其他主管机关办理货物运输所需要的各项手续，并将已经办理各项手续的单证送交承运人；因办理各项手续的有关单证送交不及时、不完备或者不正确，使承运人的利益受到损害时，托运人应当负赔偿责任。"托运人承担这种赔偿责任，不以托运人、其受雇人或代理人有过错为条件，即托运人承担严格责任。

3. 妥善托运危险货物

托运人装运危险货物，必须事先同承运人达成协议。并且，《海商法》第六十八条规定：托运人对其托运的危险货物，应当按照有关海上危险货物运输的规定，妥善包装（危险品应附有危险品标志和标签），并将其正式名称和性质以及应当采取的预防危害措施书面通知承运人。如果托运人擅自装运危险品或者虽然按照与承运人达成的协议可以装运危险品，但未做这种通知或者通知有误，承运人可以在任何时间、任何地点、根据情况需要，将货物卸下、销毁或者采取其他措施使之不能为害，而不负损害赔偿责任。托运人对承运人因此受到的损失，应负赔偿责任，而不论托运人、其受雇人或代理人是否有过错，即托运人承担严格责任。如果承运人知道危险货物的性质，并已同意装运，则在该危险货物对船舶、人员或者其他货物构成实际危险时，仍可根据情况需要，将其卸下、销毁或者使之不能为害，而不负损害赔偿责任，但不影响共同海损分摊。即如承运人采取这种措施构成共同海上行为，承运人仍应按照共同海损分摊这种措施造成的损失。

4. 支付运费及其他费用

托运人应当按照约定向承运人支付运费以及亏舱费、滞期费、共同海损分摊费、承运人为货物垫付的必要费用和其他应由其支付的费用。

托运人按照约定向承运人支付运费，是其最主要的合同义务。但是，如果海上货物运输合同规定“运费到付”的，支付运费义务就是由收货人来承担的。具体而言，支付运费的义务由托运人还是收货人承担，取决于海上运输合同的约定以及托运人和收货人的约定。《海商法》第六十九条第 2 款规定：“托运人与承运人可以约定运费由收货人支付；但是，此项约定应当在运输单证中载明。”司法实践中，提单或其他运输单证中载明“运费到付”，视为满足前述“此项约定应当在运输单证中载明”的规定。如果收货人不支付运费，托运人支付约定运费的义务并不免除，即承运人仍有权向托运人提出运费要求。这是因为《合同法》第六十五条规定：“当事人约定由第三人向债权人履行债务的，第三人不履行债务或履行债务不符合约定，债务人应当向债权人承担违约责任。”

需要指出的是《海商法》第四章关于托运人的义务的规定，并没有区分该法第四十二条规定的两种托运人。然而，两种托运人取得托运人地位的原因并不同。第一种托运人，即与承运人订立海上货物运输合同的人，因其与承运人订立海上货物运输合同而成为托运人；第二种托运人，即将货物交给与海上货物运输合同有关的承运人的人，因其将货物交给承运人而成为托运人。因此，二者的义务应当有所区别。第一种托运人应当承担与承运人约定的或法律规定的所有义务，但第二种托运人的义务应当与其将货物交给承运人有关，包括对货物进行妥善包装和正确申报货物、及时办理货物运输手续、妥善托运危险货物，但不承担提供承运人与第一种托运人约定的货物、支付承运人与托运人约定的运费及其他费用的义务，因为这两项义务系根据承运人与托运人之间的约定而产生的。第二种托运人承担与其将货物交给承运人有关的义务，并不免除第一种托运人应承担的义务。这种处理方法与《海商法》中承运人与实际承运人的规定相类似。从而，可以将第一种托运人称为托运人，而将第二种托运人称为实际托运人或发货人。

5. 托运人及其受雇人、代理人的赔偿责任

《海商法》第七十条规定：托运人对承运人、实际承运人所遭受的损失或者船舶所遭受的损坏，不负赔偿责任；但是，此种损失或者损坏是由于托运人或者托运人的受雇人、代理人的过失造成的除外。托运人的受雇人、代理人对承运人、实际承运人所遭受的损失或者船舶所遭受的损坏，不承担损害赔偿责任，但是，这种损失或者损坏是由于托运人的受雇人、代理人的过失造成的除外。这一规定表明，对托运人及其受雇人、代理人的责任归责原则实行的是过错责任原则，但托运人、其受雇人或代理人有过错的举证责任由承运人承担。作为该原则的例外，如托运人违反前述《海商法》第六十六条、第六十七条和第六十八条规定的义务，致使承运人受到损失，托运人承担损害赔偿责任不以其本人或其受雇人、代理人的过错为条件，而是承担严格责任。托运人及其受雇人、代理人承担损害赔偿责任时，不享有赔偿责任限制的权利。

6. 收受货物的义务

在货物运抵目的港后，收受货物既是托运人(或收货人)的一项义务，同时也是一项重要权利。当然，根据有关国际货物买卖合同的法律，托运人收取货物以后，还可以行使对货物的检验权，货物有瑕疵，还可以行使损害赔偿请求权甚至是退货权。

(五)托运人的主要权利

托运人的权利主要表现为要求承运人按照海上货物运输合同的约定，将货物运至卸货港并交给收货人以及承运人违约并造成其经济损失时，依照合同约定或者法律规定，向承运人或者实际承运人请求损害赔偿的权利。除此之外，托运人具有以下权利。

1. 要求承运人签发提单或者其他运输单证

《海商法》第七十二条第1款规定：货物由承运人接收或者装船后，应托运人的要求，承运人应当签发提单。因此，货物由承运人装船后，托运人有权要求承运人签发已装船提单；如果货物已由承运人接收，但尚未装船，托运人有权要求承运人签发收货待运提单，待货物装船后再换发已装船提单。但是，原则上托运人无权要求承运人签发与承运人实际接收或实际装船的货物情况不符的

提单。否则,承运人有权拒绝按照托运人的要求签发提单。例如,如果托运人要求承运人签发预借提单或倒签提单,对外表不良的货物签发清洁提单,在运费没有支付的情况下签发运费预付提单,承运人有权拒绝签发。

《海商法》第四十二条规定了两种托运人。任何一种托运人均有权依照该法第七十二条的规定,要求承运人签发提单。但是,如两种托运人同时要求承运人签发提单,承运人应将提单签发给第二种托运人,即将货物交给承运人的人。如承运人与托运人约定签发海运单等提单以外的其他运输单证,则托运人有权要求承运人签发这种运输单证。

2. 要求承运人中止运输、返还货物、变更卸货港或者收货人

《合同法》第三百零八条规定:"在承运人将货物交付收货人之前,托运人可以要求承运人中止运输、返还货物、变更到达地或者将货物交给其他收货人,但应当赔偿承运人因此受到的损失。"中止运输或者返还货物产生合同解除的效力,变更卸货港或者收货人属于合同的变更。根据这一规定,托运人行使上述权利的唯一条件是承运人尚未将货物交付收货人。同时,托运人行使上述权利,对承运人承担的唯一后果是赔偿承运人因此受到的损失。在《合同法》中,托运人仅限于与承运人订立运输合同的人。因此,《海商法》第四十二条规定的第二种托运人不具有上述权利。

在国际海上货物运输中,托运人行使上述权利之时,如果提单已经转移至第三人,则承运人需受提单的约束,对提单的持有人负有凭提单在提单载明的卸货港交付货物的义务。此时,托运人行使上述权利,将使承运人无法履行对第三者提单持有人的义务,其结果是对赔偿提单持有人不能凭提单在提单载明的卸货港提取货物所遭受的损失承担损害赔偿责任。虽然,承运人在赔偿提单持有人的损失后,可依《合同法》第三百零八条的规定向托运人追偿,但如托运人丧失赔偿能力或者没有足够的赔偿能力,承运人将因此受到损失。即使承运人获得赔偿,也往往给其带来到外国诉讼等不便。因此,有必要对托运人行使上述权利做出进一步的限制,例如规定托运人行使上述权利,需以交回所有提单为前提;如提单已经转移至第三者,托运人的上述权利将丧失;托运人行使上述权利之时,需按照承运人的要求向承运人提供担保,以保障承运人因此可能受到的损失得到赔偿。

《合同法》之所以赋予托运人上述权利,与国际贸易法上卖方所享有的"中

途停运权”有很大关系，是为了使卖方所享有的中途停运权在运输合同项下也能够得以实现，并使其能够直接约束承运人。不过，与中途停运权具有较为严格的限制条件相比，《合同法》第三百零八条赋予托运人的权利要宽松得多。

3. 在目的港提取货物的权利

承运人有将货物安全运抵目的港并交给托运人或收货人的义务，相应地，托运人就享有在目的港提取货物的权利，其实这也是其义务。因为，托运人在行使提取货物这一权利时，也要按照合同的约定，在指定的港口或码头或船边，在约定的时间点或时间段内去提取货物。否则，也会构成违约，要向承运人一方承担责任。《海商法》第八十六条规定：在卸货港无人提取货物或者收货人迟延、拒绝提取货物的，船长可以将货物卸在仓库或者其他适当场所，由此产生的费用和风险由收货人承担。

4. 损害赔偿请求权

当承运人违约并造成托运人的损失时，依照合同的约定或者法律的规定，托运人有向实际承运人或者承运人请求损害赔偿的权利。承运人可能给托运人造成损失的情形主要有：承运人单方面解除海上货物运输合同；违反适航义务、管货义务，或合理速遣等法定义务使货物遭到损害或灭失；违反合同的约定使货物遭到灭失或损害；因货物的迟延交付使托运人或收货人遭受经济损失等。

（六）实际承运人及其受雇人、代理人的权利义务

《海商法》第四十二条将“实际承运人”（actual carrier）定义为接受承运人委托，从事货物运输或者部分运输的人，包括接受转委托从事此项运输的其他人。例如，与船舶所有人订有定期租船合同或者航次租船合同的承租人，又与货主订立海上货物运输合同，用承租的船舶运输货主的货物，则该承租人是海上货物运输合同的承运人，船舶所有人即为实际承运人；无船经营人以自己的名义，一方面与集装箱班轮公司订立海上货物运输合同，另一方面又与货主订立海上货物运输合同，对于后一合同而言，无船承运人是承运人，集装箱班轮公司是实际承运人。

根据《海商法》第六十一条的规定，承运人可将全部或者部分货物运输委托实际承运人完成，而无须事先征得托运人的同意，也无须事后通知托运人，但承

运人仍然需对全部货物运输负责；承运人应当对实际承运人及在受雇或者受委托范围内行事的实际承运人的受雇人或者代理人的行为负责，但承运人就货物在运输过程中发生的灭失、损坏或者迟延交付对索赔人做出赔付后，可向实际承运人追偿。但是，如海上货物运输合同中明确约定，某一特定区段的货物运输由承运人以外的指定的实际承运人完成，则双方可进一步约定，承运人对货物在实际承运人掌管期间发生的事故引起的灭失、损坏或者迟延交付不负责任，而由实际承运人负责，请求人只能向实际承运人索赔。

实际承运人对其实际完成或承运人委托的运输区段负责。根据《海商法》第六十一条的规定，对货物在实际承运人掌管期间发生的事故引起的灭失、损坏或者迟延交付，当请求人对实际承运人提出请求时，虽然两者之间无运输合同关系，但实际承运人仍可援引承运人的抗辩理由和责任限制；如请求是对实际承运人的受雇人、代理人提出，则同承运人的受雇人或代理人一样，其亦可援引承运人的抗辩理由和责任限制。这一规定同样体现了合同相对性原则的突破。

《海商法》第六十二条规定：如果承运人和实际承运人负有连带责任，请求人有权向其中任何一方请求赔偿全部损失。承运人或实际承运人在赔付后，可按各自责任的大小，向对方追偿。第六十五条规定：请求人从承运人、实际承运人及其受雇人或代理人得到的赔偿总额以承运人的赔偿限额为限，除非被请求人中有的丧失了赔偿责任限制的权利。

（七）收货人的权利和义务

1. 收货人权利和义务的法定性

《海商法》第四十二条将收货人定义为“有权提取货物的人”。原则上，收货人由托运人指定。在承运人按照托运人的要求签发提单或其他运输单证的情况下，应按照运输单证关于收货人的记载确定收货人，即确定提货权的依据是运输单证的记载。其中，如签发的是记名提单，提单上记名的收货人是收货人；如签发的是指示提单，需按照提单的背书情况确定收货人；如签发的是不记名提单，提单持有人是收货人。此外，在签发提单的情况下，收货人提取货物需向承运人或其代理人提交提单；在签发海运单的情况下，收货人提取货物需出示身份证明。

除 FOB 等价格条件下托运人与收货人为同一人的情形外，收货人不是海上货物运输合同的当事人。根据合同相对性原则，海上货物运输合同不能约束收货人。但是，海上货物运输合同具有涉他性，承运人需按照托运人的要求将货物交给收货人，从而客观上需与收货人发生关系。因而，法律有必要规定收货人的法律地位，明确其对承运人的权利义务。法律做出的这种规定需遵循保护善意的第三者收货人利益、维护提单的可转让性的原则。

《海商法》第七十八条规定：承运人同收货人、提单持有人之间的权利、义务关系，依据提单的规定确定。同时，根据该法第四十四条和第四十五条的规定，承运人的义务是最低限度的义务和责任，其规定的承运人的权利是最大限度的权利。因此，如提单规定的承运人的义务低于《海商法》的规定，或者提单规定的承运人的权利超过《海商法》的规定，提单的这种规定便无效，不能约束收货人，从而使收货人的利益在此法律强制性规定范围内得到保护。

2. 收货人的主要权利

收货人是指有权提取货物的人。有权提取货物的人包括提单指明的收货人、可转让提单项下的背书人、通过合法手续获得提单的提单持有人以及根据与提单相似的法律文件有权提取货物的人。《海商法》中无收货人的具体规定，因此，在航运实践和司法实践中必须适用国际通用的商业惯例和实践。作为货方当事人之一，收货人的权利和义务内容可以比照托运人来考虑，但是毕竟收货人不是签订海上货物运输合同的当事人，因此，有些托运人的权利和义务，还无法赋予收货人。收货人的权利必须来自运输合同、提单或与提单相似的法律文件。参照托运人的权利内容，收货人的主要权利表现为提取货物的权利以及在承运人不履行法定义务造成损失时的损害赔偿请求权。

3. 收货人的主要义务

(1) 支付运费及其他费用。

根据《海商法》第六十九条第 2 款的规定，如托运人与承运人约定运费由收货人支付，并且此项约定在提单或者其他运输单证中载明，则收货人具有支付到付运费的义务。此外，根据《海商法》第七十八条的规定，如果提单上载明了装货港发生的船舶滞期费、亏舱费和其他与装货有关的费用由收货人承担，则收货人具有支付这些费用的义务。卸货港发生的船舶滞期费、货物应当分摊的共同海损以及不应当由承运人承担的与卸货有关的费用，承运人可以要求收货人承担。但是,收货人支付运费和其他费用,应以收货人向承运人主张提货权为前提。反之,如果收货人不向承运人主张提货权,则不具有支付运费和其他费用的义务。

(2)在目的港提取货物的义务。

根据《合同法》第三百零九条的规定,货物运抵卸货港后,经承运人通知,收货人应及时在船边或者承运人指定的码头仓库或者其他地点提取货物。如收货人逾期提货,应向承运人支付货物保管的费用。《海商法》第八十六条规定:如果收货人在卸货港不提取货物,或者迟延提货,船长可以将货物卸在仓库或者其他适当场所,由此产生的风险和费用由收货人承担。此外,根据《合同法》第三百一十六条规定,收货人不明或者收货人无正当理由拒绝受领货物时,承运人可以提存货物。

当承运人向收货人交付的货物灭失或损坏时,收货人应向承运人提交灭失或损坏的书面通知(notice of loss or damage)。对此,《海商法》第八十一条规定:如货物存在明显灭失或者损坏,收货人应在承运人向其交付货物时,将灭失或者损坏的情况书面通知承运人。如货物灭失或者损坏的情况不明显,收货人应在货物交付的次日起连续 7 日内,或者集装箱货物交付的次日起连续 15 日内,向承运人提交这种书面通知。收货人也可向船长、承运人的其他受雇人或代理人提交这种书面通知,或者向交付货物的实际承运人提交。

如收货人不提交这种书面通知,视为承运人已按照提单或其他运输单证的记载交付货物,以及货物状况良好的初步证据(prima facie evidence),但不影响收货人事后提供确实充分的证据,证明承运人向其交付货物的当时,货物存在灭失或损坏。如货物交付时,收货人已经会同承运人对货物进行联合检查或者检验的,则无须就所查明的灭失或者损坏的情况提交书面通知。收货人在目的港提取货物前或者承运人在目的港交货前,均可申请检验机构对货物状况进行检验。如经检验货物存在灭失或损坏,并且承运人应对灭失或损坏或者虽然存在灭失或损坏的情况,但承运人对灭失或损坏免责,则检验费用由申请检验的一方承担。收货人和承运人应对检验相互提供合理的便利条件。

需要指出的是,收货人承担支付运费和其他费用、及时收受货物的义务,应以收货人向承运人主张提货权或损害赔偿请求权为前提。反之,如收货人不向承运人主张提货权或损害赔偿请求权,则不承担义务。同时,作为货方当事人,与托运人一样，在目的港提取货物既是收货人的权利也是其义务，当承运人没有按照合同约定将货物运抵目的港、迟延运抵目的港或者按时运抵目的港但货物有损失，影响了收货人提货权的正常行使，收货人可以享有要求损害赔偿的权利。同样，如果承运人正常履行了交货义务，但收货人未按约定的时间、地点和方式来提取货物，由此给承运人带来的损害，收货人也应赔偿。

第三节 国际货物多式联运合同

一、国际货物多式联运合同的含义和特征

根据《海商法》第一百零二条第 1 款的规定，国际货物多式联运合同，是指多式联运经营人以两种以上的不同运输方式，其中一种是海上运输方式，负责将货物从接收地运至目的地交付收货人，并收取全程运费的合同。

《联合国国际货物多式联运公约》第一条规定：国际多式联运是指按照多式联运合同，以至少两种不同的运输方式，由多式联运经营人将货物从一国境内接管货物的地点运至另一国境内指定交付货物的地点。

从 20 世纪 50 年代集装箱货物运输方式问世以来，海上集装箱货物成为海上货物运输的主力军，也逐渐促进了多式联运合同的发展。集装箱货物运输有效率高、周转速度快、劳动强度低等优势，因此，集装箱货物运输在海运中得到广泛的应用。

多式联运合同的特点包括：

1. 以一个多式联运经营人作为承运人

《海商法》第一百零二条第 2 款规定：多式联运经营人是指本人或者委托他人以本人名义与托运人订立多式联运合同的人。

2. 存在一个通过若干个区段的承运人运输行为组成的多式联运合同

此合同明确规定多式联运经营人和托运人之间的权利、义务和责任，并由此出现了一份运输单据，适用一次托运过程，一次收费，并由多式联运经营人对全程运输负责。但是，该运输合同关系却是通过若干个区段承运人分别适用两种以上的不同运输方式，其中一种是海运，连贯运输来实现的。

3. 是涉及不同国家的国际货物运输合同

多式联运合同是跨越国界的国际货物运输合同，即货物的接收地和交付地

处于不同的国家。

4. 使用一份全程多式联运单据

该单据是由多式联运经营人在收到货物时签发给收货人的，用以证明多式联运合同以及货物已经由多式联运经营人接管并负责按照合同条款交付货物的单据。它虽然具有与提单相同的功能，但内容却存在很大差别。当第一程运输为海运时，多式联运单据通常表现为多式联运提单。

5. 运输责任比其他海上货物运输合同复杂

多式联运合同的运输责任的复杂性主要体现在责任划分和责任制度的适用上。从责任划分角度说，既有多式联运经营人应向收货人就全程运输负责，又有多式联运经营人与各区段的承运人之间的责任划分。从责任制度角度讲，由于多式联运合同项下的货物交接已从传统的钩到钩、港到港扩展到仓到仓、门到门，故涉及海上运输、铁路运输、公路运输、航空运输以及内河运输等不同的运输方式，各自采取不同的运输责任制度，所以，适用传统的提单运输的不完全过失责任制是难以统一的。

二、国际货物多式联运单据

国际货物多式联运单据，指由多式联运经营人或其代理人签发给托运人的，表明其收到货物并与之成立国际货物多式联运合同关系，保证凭此在目的地向单证持有人交付货物的单据。如果第一程运输是海运，则单据表现为多式联运提单。多式联运单据是国际货物多式联运合同的证明，也是多式联运经营人在货物接收地接收货物和在目的地交付货物的凭证。

国际货物多式联运单据的主要内容有多式联运经营人的名称及其营业所所在地、托运人和收货人的名称、接收货物的地点和日期、有关货物的情况、运费数额及其支付方式、运输将要经由的路线和换装方式、单证签发日期和地点等。

三、国际货物多式联运经营人及其责任承担

多式联运经营人是多式联运的承运人，指本人或者委托他人以本人名义与托运人订立多式联运合同的人。

按照法律和多式联运单据，多式联运经营人对全程运输负责，即不管货物

的灭失和损坏发生在哪个运输区段，多式联运经营人都应负赔偿责任。但是，按照不同的法律规定，多式联运经营人所负责任的形式是不同的。多式联运经营人的责任承担形式主要有责任分担制和单一责任制两种。其中，单一责任制又分为网状责任制和统一责任制。

（一）责任分担制

多式联运经营人和各区段承运人仅对自己的运输负责，各区段适用的责任原则、赔偿责任限制等按适用于该区段的法律予以确定。

（二）单一责任制

1. 网状责任制

网状责任制就是由多式联运经营人对全程运输负责，其在各区段中所应承担的责任按适用于该区段的法律予以确定的一种形如网状的责任制度。在这一制度下，不论多式联运是由多少种运输方式组合而成，当货物遭受损失时，货方只需向多式联运经营人请求赔偿，多式联运经营人按照各区段所应适用的法律做出赔偿之后，再转向区段承运人进行追偿。

在实行网状责任制的情况下，不论货物损失发生在哪一运输区段，托运人或收货人既可以向多式联运经营人索赔，也可以向损害发生区段的区段承运人索赔。但是不论向谁索赔，确定赔偿责任所适用的法律均为适用于该区段的国际公约或国内法。

《海商法》第一百零五条规定："货物的灭失或者损坏发生于多式联运的某一运输区段的，多式联运经营人的赔偿责任和责任限制，适用调整该区段运输方式的有关法律规定。"可见，我国采用的是网状责任制。

2. 统一责任制

统一责任制是指不论损害发生在哪一区段，多式联运经营人或者各区段承运人均按照多式联运法律对多式联运经营人责任的规定，承担相同的赔偿责任。

在网状责任制下，当货运事故发生后，收货人只需向多式联运经营人索赔，有利于货主。但由于各区段适用的法律不同，自己无法判断出能否获得赔偿以及能够获得多少赔偿。为了弥补这个不足，产生了统一责任制。不管将来在哪个区段发生问题，根据合同统一适用的法律，货主都能知道自己能否获得赔偿以及能获得多少赔偿。因此，统一责任制解决了网状责任制无法解决的货方风险的不确定性问题以及货物发生隐蔽性损害或者当损害逐渐发生时所出现的法律适用上的困难。

当然，统一责任制也存在一些问题，如实行统一责任制不可避免会造成多式联运法律与各区段调整单一运输方式的国际和国内立法之间的冲突；另外，如果根据多式联运法律某一区段承运人应承担的赔偿限额高于按照其区段立法的责任限额的话，往往在多式联运经营人赔偿货方损失之后，向区段承运人追偿时会遇到困难。

因此，很多多式联运立法都会对统一责任制进行适当的有利于多式联运经营人的修正，规定在这种责任制下，由多式联运经营人对全程运输负责，关于各区段运输产生的责任原则上按照适用于该多式联运合同的法律统一规定，但在赔偿责任限额上，则应优先按照适用于该区段运输的法律，确定多式联运经营人的赔偿责任限额。

三、有关国际货物多式联运的国际公约

（一）1980年《联合国国际货物多式联运公约》

该公约于1980年5月在日内瓦召开的国际多式联运会议上通过，其规定的生效条件是30个国家参加，迄今尚未生效。

该公约共40条，其实质部分由总则、单据、联运人的赔偿责任、发货人的赔偿责任、索赔与诉讼、补充规定、海关事项及最后条款八部分组成。其主要内容包括：

1. 公约的适用范围

公约第二条和第三条规定：适用于两个国家之间的，但合同中规定的多式联运经营人接管货物或交付货物的地点位于缔约国境内的多式联运合同。即公约适用于货物起运地和目的地位于缔约国境内的国际货物多式联运合同。

2. 多式联运的管理

公约不影响有关调整和控制运输业务的国际公约或国内法的适用，不能与这些国际公约或国内法相抵触。同时，它不影响缔约国在国家一级对多式联运业务和多式联运经营人的调整控制的权力。此外，还规定多式联运经营人除遵

守本公约的规定外，还应遵守其业务所在国的法律。

3. 多式联运经营人的赔偿责任

这是公约的核心内容，具体内容包括：

(1) 责任形式

公约关于多式联运经营人的责任形式是修订后的统一责任制。

(2) 责任期间

公约规定的多式联运经营人的责任期间是从接收货物时起至交付货物时为止的一段期间。

(3) 责任原则

同《汉堡规则》一样，公约为多式联运经营人确立的责任原则是推定过错责任原则，即只要货物的灭失、损坏或迟延交付发生在多式联运经营人的责任期间内，首先推定是由多式联运经营人或受雇人或代理人的过错所致，除非多式联运经营人能证明本人、其受雇人或代理人或为履行合同而聘用的其他人为避免事故的发生以及在事故发生后为避免损害结果的出现，已经采取了一切所能采取的合理措施。

(4) 责任限制

根据在多式联运中是否包含了海运或河运的运输方式，多式联运经营人可按公约的规定享有不同的责任限制的权利。公约规定，如果合同包括海上或者内河运输，对货物赔偿责任限制按灭失或损害的货物的每件货其他货运单位，特别提款权或者按货物毛重计算，每公斤 2.75 特别提款权，二者之中以较高者为准。这一限额比《汉堡规则》提高了 10%。如果不包括海上或内河运输，赔偿限额为每毛重公斤不超过 8.33 特别提款权。对于迟延交付责任的赔偿限额，则不做上述区分，一律为迟延交付货物应付运费的 2.5 倍，但不超过合同规定的应付运费的总额。

4. 索赔与诉讼

(1) 关于货物灭失、损坏或迟延交付的通知

公约规定，如果货物存在明显的灭失或损坏，收货人应在货物交付给他的下一个工作日之前，向多式联运经营人提交一份说明灭失或损坏的一般性质的书面通知；如果货物灭失或损坏不明显，则应在货物交付给收货人后的连续 6 日内向多式联运经营人提交此种通知。对于迟延交付造成损失的通知，则应在

交货之后连续60日内提交。而多式联运经营人对于其所遭受的灭失或损坏，则应在事故发生后连续90日内，向发货人提交说明此种灭失或损坏的一般性质的书面通知。

(2)诉讼时效

公约规定的诉讼时效期间为2年，自多式联运经营人交付货物或应该交付货物之次日起计算。也适用于仲裁。

5. 管辖权

原告可以选择在有管辖权的法院起诉。并规定，下列地点所在国法院有管辖权：被告主要营业所在地，如无主要场所，则在其经常居住地；合同订立地，且该合同是通过被告在该地的营业所、分支机构或代理机构订立；货物接收地或交付地；合同约定的并已在多式联运单据中载明的其他地点。

6. 仲裁

多式联运合同的当事人可以达成协议，将争议交付仲裁，申请仲裁的一方有权选择仲裁地点，但只能在上述有管辖权的法院所在国选择。

(二)1973年《联运单证统一规则》

《联运单证统一规则》是由国际商会于1973年制定，1975年修订的。该规则是民间规则，不具有强制性，但其经常被国际多式联运合同当事人协议采用，因此地位十分重要。主要内容包括：

1. 多式联运经营人的责任形式

该规则为多式联运经营人确立的责任形式为经修正的网状责任制。对于发生在多式联运经营人责任期间内的货物灭失或损坏，如果能够确定这种灭失或损坏发生的运输区段，多式联运经营人的赔偿责任依据适用于该区段的国际公约或国内法予以确定；在不能确定货物灭失或损坏发生的区段时，即对于隐藏的货物损失，其赔偿责任按完全的过错责任原则确定。在此责任形式下，多式联运经营人的赔偿责任限额为毛重每公斤30金法郎，但经过多式联运经营人的同意而申报了超过此限额的价值并已在运输单证上载明者不在此限。

2. 多式联运经营人的责任期间

该规则规定多式经营联运经营人的责任期间为从接收货物到交付货物的整个期间。

3. 多式联运经营人对货物迟延交付的责任

该规则承认了多式联运经营人迟延交付的责任，同时又将承担责任的条件限制在明确迟延交付发生区段的情况下。

4. 货物灭失或损坏的通知与诉讼时效的规定

如果货物的损失明显，收货人应该在收货之前或当时，将货物损失的一般情况以书面形式通知多式联运经营人；若损坏不明显，则应在 7 日内提交此种通知，否则，即构成多式联运经营人已按照单证记载的情况完成货物交付的初步证据。关于诉讼时效问题，该规则规定的诉讼时效期间是 9 个月，自货物交付或应交付之日或收货人有权视货物灭失之日起计算。

（三）1991 年《多式联运单证规则》

该规则由联合国贸发会议和国际商会于 1991 年联合制定，作为民间规则，供当事人约定适用。主要内容包括：

1. 多式联运经营人的责任形式

规则对多式联运经营人实行经修正的统一责任制，即在对多式联运经营人的赔偿责任基础和赔偿责任限制的一般性规定之外，又规定了若干修正。

2. 多式联运经营人的责任基础

与《汉堡规则》相同，对于多式联运经营人的责任基础采用推定过失责任制。

3. 多式联运经营人的赔偿责任限制

规则规定，多式联运经营人对货物灭失或损坏的赔偿责任限额原则上为每件或每单位 666.67 特别提款权或者每毛重公斤货物 2 特别提款权，以二者中较高的为准。另外，如果联运不涉及海上或内河运输，则责任限额为每毛重公斤货物 8.33 特别提款权为限。但是，如果损害发生区段强制适用的国际公约或国内法规定了更高的责任限额，则适用该限额。

4. 多式联运经营人的责任期间

从接收货物时起至交付货物时止的整个运输期间。

5. 多式联运经营人对货物迟延交付的责任

按照该规则，只有当合同载明了交货期限，并且托运人对货物如期交付的预期利益已经声明时，多式联运经营人才负责赔偿因迟延交付货物造成的损失。

6. 货物灭失或损坏的通知与诉讼时效

当货物的损坏不明显时,收货人应当在交货之后连续 6 日内提交书面通知。就货物灭失或损坏提起诉讼的时效期间为 9 个月,自货物交付之日起计算。但双方另有协议者不在此限。

第五章　海上运输单证

国际海上货物运输合同中，从合同订立至合同履行完毕，在承运人、托运人、港口、海关、检疫检验部门之间，会产生很多货运单证。例如，订舱单、托运单、收货单、提单、场站收据、装箱单、设备交接单、提货单等。但是作为承运人收到货物的凭证或者将货物装船的证明，主要的运输单证包括提单、海运单等。

第一节　提　　单

一、提单的含义和作用

（一）提单的含义

关于提单的概念，《海牙规则》和《维斯比规则》都没有规定，而《汉堡规则》则将长期海运实践中形成的并被世界各国普遍接受的三个作用概括为提单的概念。《汉堡规则》第一条规定：提单是指一种用以证明海上货物运输合同和货物由承运人接管或装船，以及承运人据以保证交付货物的单证。单证中关于货物应交付指定收货人或按指示交付，或交付提单持有人的规定，即构成了这一保证。我国《海商法》第七十一条完全采用了《汉堡规则》关于提单的定义，"提单，是指用以证明海上货物运输合同和货物已经由承运人接收或者装船，以及承运人保证据以交付货物的单证。"

提单（bill of lading）简称为 B/L，是国际结算中的一种最重要的单据。它既是重要的国际海上货物运输单证，又是重要的国际货物贸易单证。提单是托运人按事先与承运人达成的国际海上货物运输合同，将货物交给承运人接收或者由承运人装船后，应托运人要求，由承运人、船长或者承运人的代理人签发的。提单也可以被视为一种承运人和托运人之间处理运输中双方权利和义务的依据。虽然一般情况下它不是由双方共同签字的一项契约，但是提单中的货运项目都是公开的,如船名、开航日期等项目,这些货运项目是构成契约的主要项目。由于在托运人或其代理人向承运人定舱时即认为契约成立,所以,虽然条款内容是由承运人单方拟订,托运人也应当认为双方已认可,即成为运输契约。

(二)提单的作用

根据上述提单的概念,提单具有如下方面的法律作用:

1. 提单是承运人与托运人之间达成的国际海上货物运输合同的证明

根据航运实践及《合同法》理论,提单是由承运人单方制定,并在承运人接收货物后才签发,然而,在提单签发之前,承运人和托运人之间的合同已经成立,签发提单只是承运人履行合同的一个环节、一项合同义务。提单不论在托运人手中,还是转移或者转让至第三方收货人,始终只是承运人与托运人之间达成的合同的证明。因此,提单不是运输合同本身,而只是国际海上货物运输合同的证明。其体现在两个方面:第一,提单证明了海上货物运输合同的存在,即合同成立在先,提单签发在后;第二,提单不仅证明在承运人和托运人之间存在合同,它还是承运人与托运人之间达成的合同内容的证明。英国 The Ardennes 案中,法官认为:"提单本身不是承运人与托运人之间的货物运输合同,尽管它被认为是合同条款切实存在的证明。"因此,提单是确定承运人和托运人权利和义务的依据,提单中载明了一般海上货物运输合同所应具备的各项重要条款,这些内容从法律上讲,只要不违反国家和社会公共利益、不违背法律的强制性规定,就应对托运人和承运人具有约束力。除承运人与托运人事先另有相反约定或者托运人证明该内容不是其真实的意思表示外,均属于承运人与托运人之间达成的合同的内容。各船公司、航运组织、货主组织或者货主的提单格式事先印刷和公开,托运人在与承运人达成合同时,知道或可以知道提单上条款的内容,而且提单上有关货物的事项通常由托运人或其代理人提供。因此,如托运人在与承运人达成合同时,对提单条款没有提出异议,应视为托运人同意接受,除非托运人证明其与承运人另有相反约定,或者在与承运人达成协议时不能事先知道提单条款内容,因而提单的内容不是其真实的意思表示。

提单作为航运实践中的普遍使用的一种运输单证,在实务中也存在不签发提单的情形。《海牙规则》第三条规定:承运人、船长或者承运人的代理人在接受并掌管货物之后,应托运人的要求签发提单。我国《海商法》第七十二条也有类似的规定。可见,承运人签发提单的前提是“应托运人的要求”,如果托运人没有签发提单的要求,承运人并不是在任何情况下都必须签发提单。在这种情况下,海上货物运输合同的内容则通过其他的运输单证或者口头形式予以确定。尤其是在集装箱班轮运输中,在提单签发以前,承运人、托运人之间并没有签订正式的海上货物运输合同,因此,尽管提单本身不是海上货物运输合同,但提单上的内容对确定承运人与托运人的权利、义务起着非常重要的作用。

另外,为了保护善意第三人即提单受让人的利益,也为了维护提单的可流通性,《海商法》第七十八条规定:承运人同收货人、提单持有人之间的权利、义务关系依据提单的规定确定。也就是说,当提单流转到运输合同当事人以外的收货人或提单持有人手中时,提单可以成为运输合同本身,来约束承运人和除托运人之外的提单受让人。

2. 提单是承运人接收货物或者已将货物装船的证明

承运人、船长或者承运人的代理人向托运人签发提单,表明承运人已接收提单上记载的货物或者已将该货物装于提单上载明的船舶。具体而言,如果签发的是已装船提单,则表明承运人已将提单上记载的货物装于提单上载明的船舶;如果签发的是收货待运提单,则表明承运人已接收提单上记载的货物,但货物尚未装船。提单上关于货物情况的记载具有货物收据的性质,可以作为证据使用。因此,提单具有货物收据的作用。

《海商法》第七十七条具体规定了提单的这种证明效力。提单作为承运人收到货物的证据,其证据效力应从两方面考虑:第一,对于托运人来说,提单只是承运人收到货物的初步证据,不具有绝对效力。所谓“初步证据”(prima facie evidence)是指对于提单上所记载的货物信息,如果一方提出相反的证据表明实际装载货物的情况不同于提单上记载的内容,则可推翻提单记载内容的证据效力。初步证据是英美证据法上的概念,是相对于“最终证据”或者“绝对证据”(conclusive evidence)而言的概念。最终证据是指提单上记载的货物信息视为承运人已经按照提单记载而实际装载货物的证明,不允许承运人提出反证推翻单证中所记载的货物的信息。在航运实践中,承运人对托运人货物的了解往往是由托运人书面提供的,如果承运人有充分理由证明货物在装船时就存在缺陷,或者是因托运人欺诈所致,则承运人在赔偿收货人的损失后,还可以向托运人追偿。第二,对于提单受让人而言,提单是承运人按提单记载收到的货物的最终证据，具有绝对效力，即使货物实际并未装船，承运人也不能免除其对提单受让人的责任，除非提单受让人已得知货物未实际装船后仍然受让提单。即使承运人收到的货物确实与提单记载不符是由于托运人申报错误所致，承运人也不得以此对抗善意第三人，而只能就货物的灭失或损坏向第三人赔偿之后，再向托运人追偿。这是因为提单受让人在受让提单时，无机会检查实际装船的货物，只能完全相信承运人在提单中的记载。

所谓善意（act in good faith），是指提单持有人在受让提单时，不知道提单上与货物有关的记载与承运人实际收到的货物并不相符，而是信赖提单记载的真实性，并基于此而行事。由于提单上的记载对于承运人具有法律拘束力，对于其本人在接收货物时无法确定的货物信息，承运人自然不希望在提单中加以记载。由此在航运实践中，便产生了提单中所谓的“不知条款”（unknown clause）。所谓“不知条款”是表明承运人对所收到的货物的数量或者质量等不知的条款。该条款的效力在一定程度上得到了法律的承认。根据《海商法》第七十五条，“不知条款”只有当承运人有合理的根据怀疑提单记载的货物情况与实际接受或者已装船的货物不符，或者无适当的方法进行核对，并且在提单上批注怀疑的根据或者无法核对时，才发生效力。如提单上订有有效的“不知条款”，或者承运人（或者其代签发提单的人）知道提单记载的货物情况与实际接收或者装船的不符，并在提单上批注不符之处，则提单即使转移或者转让至善意的第三者收货人，在该条款或者批注表明的范围内，也不能作为承运人已按其上记载的内容接收货物或者将货物装船的证据。既不具有初步证据效力，也不具有绝对证据效力。但是，在该条款或批注表明的范围外，提单上货物情况记载的证据效力不受影响。

3. 提单是承运人保证据以交付货物的凭证

承运人在目的港将货物交付给凭提单有权提取货物的人是其根据海上货物运输合同应该承担的一项重要义务。而交付货物的依据就是提货人持有的有效提单。另外，根据提单的不同种类，承运人交货的要求也不同。《海商法》第七十一条规定：“提单中载明的向记名人交付货物，或者按照指示人的指示交付货物，或者向提单持有人交付货物的条款，构成承运人据以交付货物的保证。”即如果是记名提单，承运人应向记名的收货人交付货物；如果是指示提单，承运人应按指示人的指示交付货物；如果是不记名提单，承运人应将货物交给提单持有人。承运人应凭提单交付货物,即承运人交付货物时,应将货物交给根据提单有权提货的人,即收货人,并收回提单。如果签发了几份正本提单(original bill of lading),承运人应收回其中的一份正本提单,其余的正本提单在承运人凭收回的一份正本提单交付货物后便自动作废,除非合同中约定承运人凭全套正本提单交付货物或者收货人凭全套正本提单提取货物。在托运人要求变更目的港交货时,托运人也必须向承运人交回全套正本提单。根据该条的规定,原则上,承运人是见单才放货的,即收货人应凭提单提取货物。如收货人向承运人要求提货时不提交提单,承运人有权拒绝向其交付货物。

但是在海运实践中,承运人无单放货的情况非常常见。尤其在国际油轮或其他散装液体货物运输、国际集装箱货物运输或近距离国际海上货物运输下,由于提单的流转速度常常低于货物运输的速度,经常出现要求提货人凭副本提单(copy of bill of lading)加保函(letter of undertaking)提货的情况。由于《海商法》规定的提单仅指正本提单,因而副本提单并不具有提单的作用。因此,承运人凭副本提单加保函交付货物不符合《海商法》第七十一条的规定,是一种违法行为。根据2009年最高人民法院颁布的《关于审理无正本提单交付货物案件适用法律若干问题的规定》,承运人应对持有提单并根据提单有权提货的人(收货人)因此遭受的损失承担损害赔偿责任,除非承运人证明无单放货属于下述情形:

(1)提单持有人同意无提单放货;

(2)提单载明的卸货港所在地法律强制性规定货物必须交付给当地海关、港口当局或其他有关当局,并且承运人已将货物交付该当局;

(3)货物运抵目的港后超过法律规定期限无人向海关申报,被海关提取并依法变卖处理;

(4)法院依法裁定拍卖承运人留置的货物;

(5)承运人按照记名提单托运人的要求将货物返还给了或者将货物交给了其他收货人;

(6)提单持有人索赔的1年诉讼时效已经届满。

但是,在承运人无单放货后,提单持有人与无正本提单提取货物的人就货款支付达成协议,在协议款项得不到支付时,提单持有人就其遭受的损失仍有权要求承运人承担。向承运人实际交付货物并持有指示提单的托运人,即《海商法》第四十二条定义的第二种托运人,即使提单上没有载明其托运人身份,亦有权要求承运人承担其因无单放货所受损失的赔偿责任。

提单持有人就其因承运人无单放货所遭受的损失,可以要求承运人承担违约责任或侵权责任。提单持有人可以要求承运人与无正本提单提取货物的人承担连带赔偿责任,但提货人承担的是侵权责任。承运人的赔偿额按照货物装船时的价值加保险费和运费,即 CIF 价格计算。但如提单持有人已从买方得到部分货款,承运人的赔偿额中应扣除该部分货款。

关于提单的作用,在英美海商法著作和判例中,普遍认为提单是“Document of Title”,并认为提单的这一作用是承运人凭提单交付货物或者收货人凭提单提取货物的基础。《布莱克法律辞典》将“Document of Title”解释为,一种包括提单在内的书面单证,它赋予持有人收取、占有和处置该单证及其上载明的货物的权利。根据这种解释,其可以理解为货物所有权凭证。在英国,“Document of Title”被解释为货物的占有和控制的凭证,其转让产生货物占有的转移的后果。并且认为提单构成了“Document of Title”,该提单必须是可转让的指示提单或者不记名提单。其转让要产生货物所有权转让的后果,应该满足三个条件,即提单的转让人对货物具有所有权、货物在运输过程中以及转让人具有转移货物所有权的意图。《海牙规则》也有类似的规定。英国和其他少数国家的法律赋予提单这一作用是为了在传统的单证贸易中,保障提单的流通转让性,使提单具有结汇、质押等作用。

目前,我国学术界对“Document of Title”的含义理解存在多种解释,法律也没有赋予提单这一作用,司法实践中虽然出现过“物权凭证”表述,但缺乏明确的法律依据。国际上自《汉堡规则》出台以后,趋向于将海上货物运输合同中承运人的权利义务与货物所有权的归属脱钩。有理论认为,当提单作为货物运输单证在运输领域流转时,提单不具有物权性,而提单作为贸易单证或质押单证时,其物权性才显现出来。《担保法》第七十五条将提单列为权利质押客体之一。据此,提单所体现的提货权利,即提单持有人依据提单并提交提单而向承运人请求交付货物的权利,可以作为质押的客体。

然而,承运人交付货物时是否也需要凭正本记名提单,各国的法律规定有一定的差异。按照美国 1916 年《联邦提单法》第 9 条(b)款和第 22 条的规定,承运人有理由将货物交付给托运人在记名提单上记名的收货人。承运人像记名提单的记名收货人交付货物时，不负有要求记名收货人出示或提交记名提单的义务。但如果货主行使了中途停运权，承运人仍向记名收货人放货则应承担责任。可见，在美国，承运人在记名提单下可以不凭提单交货，同时，法律赋予了货主的中途停运权，以平衡双方当事人的利益。

二、提单的种类

（一）记名提单、不记名提单与指示提单

根据提单“收货人”一栏记载的不同，可将提单分为记名提单、不记名提单和指示提单。

1. 记名提单（straight B/L）

记名提单是指提单正面收货人一栏中载明特定收货人名称的提单。承运人在目的港应向特定的提单记名人交付货物。记名提单除可从托运人转移至其上载明的收货人外，一般不能用以流通转让。《海商法》第七十九条规定：记名提单不得转让。但有的国家却规定，除非提单上明文规定禁止背书，否则，仍可背书转让，或者经司法程序，如法院做出裁定后，可以转让。这种提单由于其流通性受到很大限制，传统上一般只是在贵重物品、赠品、展览品等运输中不发生所有权转移的货物时采用。但是，在现代航运实践中，记名提单的使用情况逐渐增多。国际集装箱运输中，船公司签发非无船承运人的提单多为记名提单。

2. 不记名提单（bearer B/L）

不记名提单又称空白提单（blank B/L，open B/L），指提单正面收货人一栏内，不载明具体的收货人或者“由某人指示”或“凭指示”，通常只注明“持有人”（bearer）或者“交与持有人”（to bearer）字样的提单。这种提单无须背书而通过交付即可转让。这种提单具有很强的流通性，但容易因遗失或者被盗而给货物买卖双方带来风险，实践中极少采用。《海商法》第七十九条规定：不记名提单无须背书，即可转让。

3. 指示提单（order B/L）

指示提单是指提单上收货人一栏载明“由某人指示”（order of）或者“凭指示”（to order）字样的提单。前者称为记名指示，通常载明由托运人指示或者银行指示，承运人应按记名的指示人的指示交付货物。后者称为不记名指示，视

为由托运人指示。

不论是哪一种形式，指示人通常是以背书(indorsement)的方式确定收货人，将凭提单提取货物的权利或指定收货人的权利授予背书人。背书分为记名背书(special indorsement)和空白背书(indorsement in Blank)。记名背书系指示人在提单背面写明被背书人名称的背书，表明承运人应将货物交给被背书人或按其进一步的指示交付货物。记名背书可以多次，但背书应当连续，即转让提单的背书人与受让提单的被背书人在提单上的背书依次前后衔接。空白背书系指示人在提单背面不写明被背书人，而只有指示人签章的背书。经空白背书后的指示提单的效力与不记名提单相同，承运人应将货物交给出示提单并请求提货的人。指示提单经指示人背书后发生转让，实现提单的流通，在当今国际货物买卖中得到普遍应用。如指示人不做任何背书，则意味着指示人保留凭提单提取货物的权利，有权提货的仍是指示人本人。

(二)已装船提单和收货待运提单

根据提单签发时货物是否已装船，提单分为已装船提单和收货待运提单。

1. 已装船提单(shipped B/L，on board B/L)

已装船提单是指货物装船后签发表明货物已装船的提单，提单上通常载明装货船名和装货日期。目前绝大多数提单为已装船提单。有的提单正面载有"……上述货物已装于上列船上……"(shipped on board the vessel named above...the goods specified herein)的字样。表明这种提单是已装船提单。国际货物买卖合同和信用证一般都规定，卖方须提供已装船提单。

2. 收货待运提单(received for shipment B/L)

收货待运提单也称备运提单，是指承运人、船长或者承运人的代理人在收到托运人交运的货物后，但在装船之前签发的表明货物已由承运人占有但尚未将货物装船的提单。这种提单上没有船名和装船日期的记载。收货待运提单只能说明货物已在承运人保管和控制之下，何时装船，装什么船，完全由承运人决定，收货人何时能收到货物不得而知。买方无法预计货物到达的时间，不利于货物的转卖。而且由于提单没有载明装货船名，即使承运人违约，买方也无法向法院申请扣船。因此，在国际货物买卖中，买方和银行一般不接受这种提单。但在集装箱货物运输中，尤其是承运人在内陆站(inland depot)接收货物时，这种提单的应用较为普遍。货物装船后，托运人凭收货待运提单向承运人、船长或者承运人的代理人换取已装船提单，或者提单签发人在这种提单上加注船名和装船日期，使之成为已装船提单。

（三）清洁提单与不清洁提单

根据提单上有无货物不良状况批注，提单可分为清洁提单和不清洁提单。

1. 清洁提单（clean B/L）

清洁提单是指货物交运时货物和（或）包装表面状况良好（in apparent good order and condition），承运人未对货物的表面状况或其他方面加以批注的提单。货物表面状况主要是指包装情况，没有包装的是指货物本身的外表情况。托运人交运货物后，由承运人在装船时对货物表面状况进行检查，决定是否附加批注。《海商法》第七十六条规定："承运人或者代其签发提单的人未在提单上批注货物表面状况的，视为货物的表面状况良好。"货物外表状况良好，一般指承运人凭目力或通常的方法所能观察到的货物情况。因此，货物外表状况良好并不排除货物内容存在凭目力或通常方法不能发现的缺陷。

2. 不清洁提单（unclean B/L，foul B/L）

不清洁提单是指具有表明货物和（或）包装的外表状态不良批注的提单。实践中，在接收托运人提供的货物时，如货物或者包装状态明显具有缺陷，即通常所说的货物外表状态不良，大副在签发大副收据时（mate's receipt），应对此如实做出记载，即批注（remarks）或保留（reservations），如内装货物外露（content exposed）、包破（bags torn）、生锈（rust damage）、污损（stained）等，承运人、船长或者承运人的代理人根据大副收据签发提单时，将这种批注转移至提单上，提单便成为不清洁提单。承运人在目的港交货时，对于货物的损害，只要不超过批注的范围即不负赔偿责任。

当货物的外表状态不良时，买方购买到的货物很可能不是完好无损的货物，从而可能使其利益受到损害。因此，国际货物买卖合同和信用证一般都规定，卖方必须提供清洁提单，即卖方应保证货物外表状态良好。但实践中，当托运人提供的货物或者其包装状态明显具有缺陷，且无法更换包装或者修复货物时，托运人（卖方）为顺利结汇，通常向承运人出具保函（letter of indemnity，LOI），据此要求承运人签发清洁提单。

保函中规定,因承运人、船长或者承运人的代理人未将大副收据上的批注转移至提单上而仍签发清洁提单,使承运人对第三者提单持有人的损失承担损害赔偿责任,托运人或其他提供保函的人赔偿承运人因此遭受的损失。显然,承运人接受保函而签发清洁提单,可能损害第三者收货人的利益,有违民事活动诚实信用的基本原则,甚至构成与托运人串通,对善意的收货人进行欺诈的行为。因此,承运人在赔偿收货人的损失后,根据保函向托运人或者其他提供保函的人追偿时,有时难以得到法律的保护。但在实践中,包装货物外表状态不良通常表现为货物包装有轻微的缺陷,不影响货物质量,并且,在托运人不能及时更换或者修复包装时,承运人接受保函并签发清洁提单,对于买卖合同的履行以及避免船舶延误有积极作用,同时又不会损害或者严重损害收货人的利益。因此,关于这种保函的效力,国际上趋向于:

(1)承运人接受保函并签发清洁提单,只要不构成对依赖提单记载的第三者提单持有人欺诈的行为,则保函在承运人与托运人或其他提供保函的人之间有效,即承运人在赔偿收货人的损失后,可依据保函向托运人或其他提供保函的人追偿;

(2)保函对于第三者提单持有人不发生效力,即承运人不能用保函对抗第三者提单持有人根据清洁提单提出的损失索赔,而应承担无限额的赔偿责任,除非承运人接受保函而签发清洁提单得到了第三者提单持有人的同意;

(3)如承运人接受保函而签发清洁提单,构成承运人与托运人或其他提供保函的人对第三者提单持有人进行欺诈,则保函在承运人与托运人或其他提供保函的人之间也无效,承运人对第三者提单持有人承担责任后,不能依据保函向托运人或其他提供保函的人追偿。

我国《海商法》中没有规定,但司法实践采用上述原则。同时,为了解决批注问题,有的国际货物买卖合同和信用证规定,买方仍接受对具有表明货物包装有轻微缺陷的批注的提单,因而卖方仍可凭以结汇,因为现代商品包装日趋完善,包装的轻微缺陷不致影响货物的内在质量。

(四)直达提单、海上联运提单和多式联运提单

根据运输方式不同,提单可分为直达提单、海上联运提单和多式联运提单。

1. 直达提单(direct B/L)

直达提单是指规定货物从装货港装船后,中途不经换船而由一艘船直接运输至目的港卸船交于收货人的提单。只要提单上没有规定在中途换船或者改换其他运输方式运至目的港,这种提单即为直达提单。但是,直达提单不排除船舶中途挂靠港口。

2. 海上联运提单(ocean through B/L)

海上联运提单是指规定货物从装货港装船后,在中途港卸船,交由其他船舶接运至目的港的提单。签发这种提单的承运人称为联运承运人。即所有实际承运货物的船舶的所有人或经营人或其中一程船舶的所有人或经营人,也可能不实际从事货物运输,而将全程货物的运输委托给他人实际运输。联运承运人可能是实际从事全部或部分运输的人,除联运承运人外的实际从事运输的人又称为实际承运人(actual carrier),其中第二程或第三程实际接运货物的人又称为接运承运人(on - carrier)。联运承运人和接运承运人之间的关系适用《海商法》的有关规定。

有的海上联运提单规定,联运承运人对货物自接受时起至目的港交付时止,对全程运输负责。当货物在运输中发生损害时,请求人既可向联运人索赔,而不论损害发生在那一运输阶段,亦可向损害发生区段的实际承运人索赔。联运承运人在赔偿受害人后,根据与实际承运人之间达成的协议向实际承运人追偿。这种海上联运提单又称为纯海上联运提单(Pure Ocean Through B/L)。有的海上联运提单规定,联运承运人仅对自己的船舶完成的一段运输负责。如联运承运人从事第一程货物运输,则在规定的港口,以托运人的代理人的身份将货物交由实际承运人运输而不再占有货物后,联运承运人对货物不再负责,但应将货物以适当的条件交由适当的实际承运人接运,并应从实际承运人那里得到已装船提单,并将实际承运人的名称、接运船舶的名称和预计到达目的港的日期通知托运人或收货人。实际承运人对发生在他从事的运输区段的货物灭失或损坏负责。

海上联运与转船(transhipment)这两个术语在航运实践中经常通用,但二者是两个不同的概念。海上联运是根据联运承运人与托运人事先达成的协议或者得到托运人的默许,由联运承运人使用其所经营或所有的两艘或多艘船舶连续完成运输或者将全程运输或部分区段的运输委托给一个或多个实际承运人连续完成。转船通常是指由于船舶在运输途中遭遇风险或者其他意外情况而不得不终止运输时，承运人将货物转装至其所有的其他船舶或者委托他人用船舶运输至目的港。在需要转船并由他人的船舶接运时，作为承运人承担的管货义务，承运人应选择适当的接运承运人，并尽快安排转船。即海上联运和转船主要表现为原因上的不同。由于承运人可免责的原因需要转船时，转船产生的额外费用由托运人或者收货人承担，但承运人仍然应对货物全程运输负责。

3. 多式联运提单

多式联运提单（combined transport B/L, multimodel transport B/L, intermodel transport B/L）是指多式联运经营人将货物以包括海上运输在内的两种或者多种运输方式，从一地运至另一地而签发的提单。这种提单多用于国际集装箱货物多式运输。

（五）无船承运人提单和船长提单

随着国际集装箱货物运输和无船承运业务的发展，实践中就同一货物的运输出现了根据签发人的不同，而对提单进行区分的无船承运人提单和船长提单。

1. 无船承运人提单

无船承运人提单是指作为承运人的无船承运人或其代理人签发给托运人的提单，通常称为“house B/L”。此种提单通常是按照托运人要求签发的指示提单，用于托运人（货物卖方）根据信用证结汇的情形。

2. 船长提单（master B/L）

船长提单是指载货船舶的所有人、经营人、承租人或其代理人签发给无船承运人的提单。这种提单虽然实践中通常称为“船长提单”，但并非都是由载货船舶的船长签发。相对于作为托运人的无船承运人而言，与其订立海上货物运输合同的载货船舶的所有人、经营人、承租人是承运人；相对于与无船承运人订立海上货物运输合同的托运人而言，载货船舶的所有人、经营人、承租人是实际承运人。这种提单不用于货物买卖和信用证结汇，而主要用于载货船舶的所有人、经营人、承租人在目的港凭以交付货物，而没有转让的必要，因而多为记名提单，以保障交易的安全性。通常，货物运抵目的港之前或之后，无船承运人凭船长提单到船舶所有人、经营人或承租人在目的港代理人那里换取以货物买方或其货运代理人为收货人的提货单,货物买方或其货运代理人凭无船承运人提单到无船承运人的交货代理人那里换取提单,并凭该提货单提货。

(六)特殊提单

在国际航运实践中,根据航运习惯做法或商业运作的需要经常出现下列提单。

1. 倒签提单(anti – dated B/L)

倒签提单是指承运人在货物装船后,应托运人的要求签发的,以早于货物实际装船日期为签发日期的提单。在海运市场上,提单签发日期应为提单项下货物的实际装船完毕日期,货物装船日期晚于信用证规定的日期的,会导致银行拒绝结汇。因此,当货物实际装船日期晚于信用证规定的装船期限时,托运人就可能要求签发这种提单,使其能顺利结汇。

托运人要求签发倒签提单时,常常应承运人的要求出具保函,托运人或其他出具保函的人据此保证,承运人因为签发倒签提单而对第三者提单持有人受到的损失承担损害赔偿责任后,赔偿承运人因此受到的损失。但同托运人出具保函要求签发清洁提单一样,承运人接受保函而签发这种提单需要承担较大的风险。这是因为承运人签发这种提单有违民事活动诚实信用的基本原则,甚至构成与托运人串通,对善意的第三者提单持有人进行欺诈的行为,使货物买方丧失根据信用证拒付货款和解除买卖合同的权利。如因此造成第三者提单持有人的损失,承运人需承担损害赔偿责任,除非承运人签发这种提单得到第三者提单持有人的同意。承运人在赔偿收货人的损失后,如签发倒签提单并不构成对善意的第三者提单持有人进行欺诈,则可根据保函向托运人或其他出具保函的人追偿;如构成欺诈,则承运人根据保函向托运人或其他出具保函的人追偿时难以得到法律的保护。

2. 预借提单(advanced B/L)

预借提单是指承运人在接收货物后尚未装船或尚未装船完毕,应托运人的要求签发的已装船提单。签发这种提单,往往是在信用证规定的装船日期和交单结汇日期即将届满时,应托运人的要求而签发的,具有预先借用的作用。但是,此种提单也是不合法的,其法律后果与倒签提单相同,可能构成承运人和托运人的恶意通谋。而且,承运人承担着货物装船之前灭失或损坏的风险。因此，承运人签发这种提单时也要谨慎从事。

3. 租约提单(B/L under C/P)

租约提单又称租约下的提单或根据租船合同签发的提单(B/L issued under C/P)，指对于根据租船合同所运输的货物所签发的提单。租约提单通常在背面订有“并入条款”(incorporation clause)，表明承运人、托运人和收货人的权利义务依据所并入的租船合同确定。

4. 舱面货提单(on Deck B/L)

舱面货提单又称甲板货提单，指对装于船舶露天舱面或者甲板的货物签发的、并注明“舱面上”或者“装于舱面上”(stowed on deck)字样的提单。与装在舱内的货物相比，装于舱面的货物在海上运输中具有特殊的风险。根据《海商法》第五十三条规定，承运人根据其与托运人达成的协议，或者符合航运惯例，或者符合有关法律、行政法规的情况下，将货物装载在舱面上，对由于此种装载的特殊风险造成的货物灭失或者损坏，不负赔偿责任。因此，当依照所适用的法律或者有效的提单条款，承运人对货物因装载在舱面的特殊风险而造成的灭失或损坏不负责任时，承运人签发舱面货提单可以使托运人或收货人知道货物装载于舱面，并在海上货物运输保险中投保这种特殊风险。

5. 包裹提单(parcel B/L)

包裹提单是指对承运的礼品、样品、行李等货物签发的提单。有些船公司对作为包裹运输的货物的体积、价值有一定的限制。这种提单一般为直达提单并载明不可转让。

6. 交换提单(switch B/L)

交换提单又称为转换提单，指承运人在中途港或其他地点收回在装货港签发的提单而另行换发的以该中途港或其他港口为装货港的提单。在装货港签发的提单可称为被转换的提单。被转换的提单上有时载明“在××港换发提单”或Switch B/L的字样。交换提单通常是托运人为了规避装货港所在的国家或地区与卸货港所在的国家或地区之间的贸易限制，或为了获得关税等贸易上的利益，而要求承运人签发的。交换提单上载明的装货港并非货物的实际装货港，有时只是船舶中途挂靠的港口，甚至是与本航次没有任何关联的地点。托运人的名称和地址亦可能不真实。因此，承运人签发交换提单有违民事活动诚实信用的基本原则，并由此承担相应的法律后果，包括可能出现的民事责任和刑事责任。

7. 最低运费提单(minimum freight B/L)

最低运费提单是指对按照货物班轮运输费率本(tariff)中规定的最低运费额收取运费的货物签发的提单。如货物按重量或者体积计算的运费达不到费率本中规定的最低限额,即签发这种提单。

8. 合并提单(omnibus B/L)

合并提单是指对装货港、卸货港和收货人相同的两票或者多票货物合并签发的提单。通常,当某一票货物的运费低于费率本规定的最低限额时,托运人为了节省运费而请求将该票货物与其他货物在一张提单上签发。

9. 并装提单(combined B/L)

并装提单是指对品质、装货港和卸货港相同,并且装在同一舱内的属于两个或多个收货人的两票或者多票散装液体货物中的每一票货物签发的提单。并装提单上通常订有并装条款,规定货物的底脚耗损与自然耗损由各收货人分摊,并由主要收货人确定每一收货人应分摊的数额。

10. 分提单(separate B/L)

分提单是指根据托运人的要求,将同一票货物分成两票或多票而对每一分票货物所签发的提单。

11. 简式提单(short form B/L,simple B/L)

简式提单指背面没有载明承运人、托运人和收货人权利义务条款,而规定依据其他提单格式或者文件(标准运输条件或租船合同)予以确定的提单。有的简式提单背面没有任何条款,有的只注明有关承运人、托运人和收货人的权利义务以通常使用的提单,即全式提单(long form B/L)为准。租约提单也是一种简式提单。采用这种提单的主要目的是简化提单。提单采用电子数据交换方式时,即在电子提单或电子运输记录的情况下,为便于提单的传送而均采用简式提单。

三、提单的内容

海上运输中使用的提单通常都是由各运输公司制定的,没有统一的标准,但内容和形式大同小异。提单一般包括正面记载事项和背面记载事项两个部分。一般而言,提单正面记载事项是提单需要记载的基本事项,而背面条款则是运输合同的主要内容。

(一)提单正面记载事项

为发挥提单的作用,保障收货人的利益,海上货物运输的国际公约和各国海商法都对提单记载的事项做出了规定。根据《海商法》第七十三条的规定,提单正面应当记载11项内容。但是,只要符合《海商法》第七十一条提单定义的规定,提单缺少其中一项或者几项内容,不影响提单的性质。因此,总的来说,这些事项的规定为提示性规定。

1. 船名(name of vessel)

船名即船舶名称。船名使船舶特定化。除承运人与托运人事先约定承运人可用其他船舶代替外,承运人应使用约定的船舶运输货物。当由于承运人应负责的原因而使货物发生损害,收货人或者其他有权索赔损害的人申请法院采取海事请求保全而扣押船舶时,船名使这种保全有确定的对象。英美法系"对物诉讼"(Action in rem)中,船名使诉讼有确定的被告。

2. 承运人(carrier)

承运人是提单所证明的海上货物运输合同的一方当事人,指与托运人订立海上货物运输合同的船舶所有人、经营人、承租人或无船经营人。提单上记载承运人的名称,使第三者收货人明确根据提单向谁主张权利、对谁履行义务。实践中,有的在提单中载明承运人的名称和地址;有的在提单签署一栏中载明承运人的名称;有的在提单背面订有承运人定义条款并明确承运人的名称;但也有的不在提单中载明承运人的名称,造成第三者收货人识别承运人的困难。如提单不载明承运人的名称,通常根据提单签署一栏的记载识别承运人。提单格式上载明某一航运公司,通常只是表明该格式由该航运公司制定,但不能作为该航运公司是承运人的重要证据。

3. 托运人(shipper)

托运人是提单所证明的海上货物运输合同的另一方当事人。提单记载托运人的名称,使承运人明确与谁有着海上货物运输合同的权利和义务关系,并当提单系指示提单且由托运人指示或者未载明由谁指示时,使船长、承运人及其代理人明确应按谁的指示交付货物。

4. 收货人(consignee)

收货人是根据提单有权在卸货港提取货物的人。收货人一栏的记载有多种形式,使提单有记名提单、指示提单和不记名提单之分。

5. 通知方(notify party)

通知方是货物运抵目的港之前或者之后,承运人或其代理人发出船舶到港通知的对象,即承运人应向提单上这一栏中所载明的人发出船舶到港的通知。即通知方实际上是被通知方,一般为卸货港收货人的货运代理人。提单上载明通知方,便于承运人或其卸货港代理人及时与收货人联系。除书面单独通知外,根据卸货港的习惯做法,承运人可以采用在当地报纸或者其他媒体上刊登船期公告的方式通知船舶到港的情况,视为已通知到载明的通知方。通知方不是合同当事人,不享有合同约定的权利,亦不承担义务。

6. 装货港(port of loading)、卸货港(port of discharge)

装货港是承运人将货物装船起运的港口,是收货人根据提单上注明的货物装船日期,或者提单签发日期,计算船舶预期到达卸货港时间的依据。卸货港是承运人将货物卸船并交于收货人的港口。如货物是选港货(optional cargo),则提单上载明两个或者两个以上的备选卸货港,供收货人选择。如系海上联运提单,通常注明货物转运港(port of transhipment),最终卸货港称为目的港(port of destination)。装货港、卸货港,海上联运提单中的货物转运港与目的港以及多式联运提单中的货物接收地和目的地,都是合同的履行地,可能影响到对合同争议有管辖权的法院及争议适用的法律的确定。

7. 货物名称、标志、包件的数量和种类、重量或者体积(description, marks, number and kind of package or pieces, weight or measurement of goods)

货物的名称表明货物的内容。标志是货物特性的代号,影响到货物的积载及在卸货港正确、迅速地交付货物。标志不清或者不当,容易造成货物混票。包件的种类,对包装的货物而言是指货物包装的类型,如箱、桶、包等;对非包装的货物是指货物的形态,如捆、台、卷等。包件的数量、重量或者体积亦表明货物的数量,是承运人交接货物、计算运费以及当货物发生灭失或损坏时,确定承运人赔偿限额的依据。这些内容通常由托运人填写或者以其他方式提供。不少提单注有"由托运人提供的事项"(particulars furnished by shipper)的字样。托运人应保证其填写或者以其他方式提供的上述内容与其所提供的货物相符。

如有不符,由此造成的损失或者引起的责任由托运人承担。由于货物的买方通常在货物装船前或当时不能对货物进行查验,而只能依赖提单的记载情况支付货款,为维护提单的效力,保护收货人的利益,承运人有权在接收货物时查验货物的实际状况,同时负有向收货人保证提单记载内容真实性的义务。

8. 运费及其他费用(freight and charges)

提单除注明运费数额外,通常还注明运费支付地点及支付方式。支付方式是指运费是预付还是到付。其他费用指在装货港发生的、应由托运人承担的亏舱费、滞期费、过驳费等。如收货人在卸货港提货前不付清提单上注明的到付运费和其他费用以及在航行过程中和卸货港发生的,并应由其承担的诸如共同海损分摊费用、滞期费、过驳费等,又不提供适当担保的,承运人对其货物具有留置权。

9. 提单的签发(issue of B/L)

提单的签发包括提单的签发人、签发的日期、地点和份数等内容。提单的签发地点(place of issue)通常是装货港,有时是船公司所在地或者其他地点。提单的签发人是承运人、其代理人或载货船舶的船长。根据《海商法》第 72 条的规定,载货船舶的船长签发提单视为代表承运人签发,而无须承运人事先明确授权,即船长签发提单的权利由法律所赋予。实践中,提单通常由承运人在装货港委托的代理人签发,并注明作为代理人为显名的承运人(for and on behalf of the carrier...as agent)签发。代理人为承运人签发提单,必须具有这种授权,否则无权代理。如提单上没有注明作为代理人为承运人签发或者虽然注明作为代理人为承运人签发,但没有显示承运人的名称,其效力根据《合同法》第四百零二条和第四百零三条关于隐名代理的规定确定。提单的签发日期(date of issue)是货物由承运人接收,或者装船的日期的证明,除非提单上另行载明了承运人接收货物或者货物装船的日期。在国际货物买卖和信用证结汇中,除提单载明货物装船日期外,通常将已装船提单的签发日期视为货物装船完毕的日期。因此,提单的签发日期影响到买卖合同的履行与托运人的结汇。货物由承运人接收或者装船后,如托运人要求,承运人、其代理人或载货船舶的船长有义务及时签发运费到付提单。如托运人交运多票货物,经托运人要求,承运人、其代理人或载货船舶的船长有义务在每票货物装船后,及时为该票货物签发已装船提单,而不能推迟至全部货物均装船后签发。

提单的签发份数按托运人要求而定,通常为一套正本提单(original B/L),一式三份,每一份具有同等的法律效力。提单上注明全套正本提单的份数。通常,提单上印明,承运人或者其代理人已签发内容和日期相同的各份提单,其中经一份完成提货手续后,其余各份便失效。在卸货港,承运人回收一份正本提单并向记名提单上记名的收货人、指示提单的被背书人或不记名提单的持有人交付货物后,其交付货物的义务即告履行。如两个或两个以上提单持有人同时要求提取同一货物,承运人应将货物交给有权提货的人。倘若不能确定谁有权提货,应暂不交付,待通过司法途径确定有权提货的人后再行交货。法律上或航运实践中通常所说的提单是指正本提单,一般注有"正本"(Original)字样。与正本提单相对应的是副本提单。副本提单上一般注有"副本"(Copy)"不能流通"(Non - negotiable)的字样,未经过签署,而且一般无背面条款。副本提单按承运人自身需要编制,用于船公司统计营运情况、卸货港代理人联系安排泊位以及船长掌握所运货物情况等,但不具有法律规定的提单的作用,即海上货物运输合同的证明、承运人接收货物或将货物装船的证明以及承运人保证据以交货的凭证的作用。

10. 货物外表状态(cargo's apparent order and condition)

提单上一般印明,"上列外表状态良好(除另有说明者外)的货物已装在上列船上……"承运人接收货物或者将货物装船时,如发现货物外表状况不良,并在提单上加以批注或保留,则表明货物外表状况不良;反之,如提单上无这种批注或保留,表明货物外表状况良好,这种提单即为清洁提单。

(二)提单背面条款

各种提单格式的背面条款多少不一,内容不尽相同,但通常都订有下列条款。

1. 定义(definition)条款

该条款中通常将托运人、发货人(consignor)、收货人、受货人(receiver)、提单持有人和货物所有人统称为"货方"(merchant),其目的是试图使提单所证明的海上货物运输合同约束上述所有的人。但是,这些人的法律地位并不相同,其与承运人之间的权利、义务关系也不同。发货人是将货物交给承运人的人,因而根据《海商法》第四十二条托运人的定义,属于托运人范畴,与托运人具有相同的法律地位，具有托运人的法定权利和义务。受货人是在卸货港从船边、码头仓库或其他约定地点实际提取货物的人，有可能是收货人本人，也可能是收货人或其代理人。在后种情况下，其代理人提货行为的法律后果归于收货人。提单持有人是合法持有提单的人，从承运人或代其签发提单的人签发提单到交付货物之前或之时收回提单，在此期间，提单持有人通常是从托运人到银行再到收货人。根据《海商法》第七十八条的规定，提单持有人与收货人一样，其与承运人之间的权利、义务关系依据提单的规定确定，但提单的规定不得减轻承运人应承担的法定义务和责任或者在法定权利之外增加其权利。货物所有人是对货物具有所有权的人。海上运输的国际贸易货物的所有权从卖方（托运人）转移至买方（收货人）。货物所有人的权利和义务与提单的规定无直接的关联。该"货方"定义条款不能突破法律所规定的范围，使本来不受提单以及适用于提单的法律约束的人受到提单以及该法律的约束，从而减轻承运人应承担的法定义务和责任或者在法定权利之外增加其权利。

2. 管辖权(jurisdiction)与法律适用(applicable law)条款

在诉讼法上，管辖权指法院受理案件的范围和处理案件的权限。该条款指明，因提单产生的一切争议应在什么地方的法院解决。一般规定在承运人所在国法院解决，即规定承运人所在国法院对提单产生的争议案件有管辖权。有时，该条款还规定法院解决争议应适用的法律。提单管辖权条款的效力在各国不尽相同。有的国家将其作为协议管辖处理，承认其有效；但更多的国家以诉讼不方便或者该条款减轻了承运人应承担的法定义务和责任或者在法定权利之外增加其权利等为理由，否认其效力，并依据本国诉讼法主张本国法院对提单产生的争议案件有管辖权；有的国家（我国）采取对等原则，确定其是否有效。在我国海事司法实践中，对于提单上订明的外国法院管辖权条款，我国法院在受理提单争议案件后，如被告（通常为承运人）不能证明存在该外国法院尊重提单上订明的中国法院管辖权条款的先例，我国海事法院对该案件行使管辖权。

3. 首要条款(paramount clause, clause paramount)

该条款是指提单中指明提单受哪一国际公约或者哪一国内法制约的条款。通常规定提单受《海牙规则》《海牙－维斯比规则》或者采纳上述规则的国内法，如英国《1971年海上货物运输法》、美国《1936年海上货物运输法》(*Carriage of Goods by Sea Act*, COGSA 1936)的制约。可见，首要条款在某种意义上试图扩大国际公约或者国内法的适用范围。关于该条款的效力，一般认为，如提单属于该条款规定的国际公约或者国内法的强制适用范围，则提单中的各项规定不得与之相违背；如提单不属于该条款规定的国际公约或者国内法的适用范围，则该条款对提单的影响就如同该国际公约或者国内法的规定，作为提单条款而被列入提单。

4. 承运人责任(carrier's responsibility)条款

该条款主要规定承运人在货物运输中应承担的责任及其免责事项，但如提单已订有首要条款，就无须另订承运人责任条款。

5. 责任期间(period of responsibility)条款

《海牙规则》和《海牙－维斯比规则》没有规定承运人的责任期间，而只是规定规则强制适用的期间，即从货物装上船之时起至卸离船舶之时止。因而，提单中通常订有该条款，一般规定承运人的责任自货物装上船之时开始至货物卸离船之时为止，承运人对货物装船前和卸船后发生的灭失或者损坏不负责任。但是，有的提单，尤其是班轮运输提单，规定从承运人接收货物至装船之时或者从卸船之后至交付期间，承运人对货物的灭失或损坏的责任按照提单或适用于该提单的法律规定。

6. 运费及其他费用(freight and other clauses)条款

该条款通常规定，托运人或者收货人应按提单正面记载的金额、支付方式、货币名称支付运费，并支付提单正面记载的和货物装船后至交货期间发生的，并应由货方承担的其他费用，包括与货物有关的各种税款。该条款还通常规定，如运输易腐烂、低值货、活牲畜、甲板货以及卸货港承运人无代理人的货物，运费及有关的费用应当预付。这是因为，易腐烂、活牲畜、甲板货由于其货物性质或者运输过程中的风险而容易遭受灭失或者损害，低值货由于价值低廉而可能不足以抵偿运费，承运人难以通过在卸货港行使对货物的留置权保障承运人对运费的请求权，从而要求运费预付。卸货港承运人无代理人时，给承运人收取到付运费带来不便，从而要求运费预付。

该条款还通常规定，货方负有支付运费的绝对义务。即使船舶或者货物在航行过程中灭失或者损害，货方仍应向承运人支付全额运费。如货物灭失或者损害的责任在于承运人，则货方可将其作为损害的一部分，向承运人索赔。

7. 装货、卸货和交货(lading,discharging and delivery)条款

该条款指对托运人在装货港提供货物和收货人在卸货港提取货物的义务所做的规定。该条款通常要求托运人或者收货人应以船舶能够装载和卸载的速度,不间断地并且如经承运人要求,不分昼夜、星期日与节假日,提供或者提取货物。否则,对引起的一切费用,如装卸工人待时费、船舶的港口费用以及滞期费等,均由托运人、收货人承担。有的还进一步规定滞期费的计算办法。如收货人不及时提取货物,承运人可将货物卸于码头或者存入仓库。货物卸离之后的一切风险和费用由收货人承担。承运人承担货物装卸费用,但货物装船之前和卸船之后的费用由托运人、收货人承担,除非港口习惯与此相反。双方当事人另有约定时,则以约定为准。提单中还通常规定,当按照港口习惯或者受港口条件限制,船舶到达港口时,不能或者不准进港靠泊装卸货物,其责任又不在承运人时,在港内或者港外货物过驳费用(lighterage),由托运人、收货人承担。

8. 留置权(lien)条款

该条款规定承运人可因托运人、收货人未付运费、亏舱费、滞期费及其他应付款项以及应分摊的共同海损,对货物及其有关单证行使留置权,并有权出卖或者以其他方式处置货物。如出卖货物所得价款不足抵偿应收款项及出卖费用,承运人有权向托运人、收货人索赔差额。但是,根据《海商法》第七十八条规定,承运人有权留置的货物必须是负有支付这种款项义务的人所有的货物。《海商法》和我国其他法律没有规定承运人可对提单或其他运输单证进行留置。

9. 货物灭失或者损坏的通知、时效(notice of loss or damage,time bar)

如提单未订有首要条款或者首要条款所指的国内法对此没有规定,则通常订有这一条款并规定:根据运输合同有权收取货物的人,除非在卸货港将货物灭失或者损坏的一般情况,在货物向其移交之前或者当时,书面通知承运人或者代理人,否则,这种移交应作为承运人已按提单规定交付货物的初步证据;如灭失或者损坏不明显,则应在交货后 3 天之内提交通知。但是,如在交付时已对货物的状况做联合检验或检查,则无须提交书面通知。对于货物的灭失或者损坏,除非在自交付货物或者本应交付货物之日起 1 年内提起诉讼,否则,承运人和船舶均被免除其对货物的灭失或者损坏的一切赔偿责任。所谓船舶被免除赔偿责任,是指不能对船舶提起英、美法系法律规定的对物诉讼。

10. 赔偿金额(amount of compensation)条款

在未订明适用《海牙规则》《海牙－维斯比规则》或者相应的国内法的提单中,通常订有此条款,规定当承运人对货物灭失或者损坏负有赔偿责任时,承运人对每件或者每一其他货运单位的货物的赔偿不超过一定的限额。但是,提单上规定的这种赔偿责任限额不得低于强制性适用的国际公约或者国内法规定的限额,否则便属无效。该条款通常还规定,如托运人在货物装船前,书面申报了高于规定限额的货物价值并已在提单上注明或者与承运人另外约定了高于规定限额的限额,则承运人对货物的灭失或者损坏,按灭失或者损坏的货物的实际价值或者另外约定的限额进行赔偿。

11. 危险货物(dangerous goods)条款

该条款通常规定,托运人如事先未将危险货物性质以书面形式告知承运人,并在货物外包装外表按有关法规予以标明,则不得装运具有危险性、易燃性、放射性以及其他有害性质的货物。否则一经发现,承运人有权将其变为无害、抛弃或者卸船或者以其他方式予以处置。托运人应对未按上述要求装运危险品而使承运人遭受的任何灭失或者损害负责。对托运人按上述要求装运的危险品,当其危及船舶或者货物安全时,承运人仍有权将其变为无害、抛弃或者卸船或者以其他方式予以处置,但因此构成共同海损时,应由各受益方分摊共同海损。如提单上订明适用《海牙规则》《海牙－维斯比规则》或者相应的国内法,便无须订立此条款。有的提单规定,当托运人装运的货物系有关法律所禁运的物品(contrband)时,承运人亦有权将其抛弃、卸船或者以其他方式予以处置。

12. 舱面货(deck cargo)、活动物(live animal)条款

《海牙规则》《海牙－维斯比规则》或者相应的国内法不适用于活动物和在运输合同中注明装于甲板且实际装于甲板的货物。因此,提单上一般均订有这种条款。有的规定,活动物、甲板货的收受、搬移、运输、照料和卸载,均由货方承担风险,承运人对该种货物的灭失或者损害不负责任。有的只是规定,承运人对因货物装于舱面造成的灭失或者损坏以及活动物的生病或者死亡不负责任,即承运人对因运输这种货物的特殊风险造成的损害不负责任。但对其他原因造成的损害应按货物损害的实际情况确定承运人是否负责。

有的提单对植物也做与舱面货、活动物相同的规定。有的还规定,食品、水

果、蔬菜、易腐烂货物、易碎品和无包装货物的运输均由托运人、收货人承担风险。如提单适用《海牙规则》《海牙－维斯比规则》或者相应的国内法,因其适用于这些货物的运输,这种规定有可能因减轻承运人的义务和责任或者增加承运人的权利而被视为无效条款。

13. 集装箱货物(cargo in container)条款

集装箱货物运输是在《海牙规则》后出现的。《海牙－维斯比规则》除就集装箱货物发生灭失或者损坏时如何确定承运人的责任限制做了规定外,对集装箱货物运输并未做专门规定。因此,提单上一般都订有集装箱货物条款,通常规定承运人可以将货物装于集装箱进行运输,并且,不论是承运人装箱还是托运人自行装箱,承运人均可将集装箱装于舱面(甲板)。如货物由托运人自行装箱,则对由于装箱方式不当或者货物不适合集装箱运输,或者由于其装箱之前或者装箱当时通过合理检查可以发现的集装箱本身的缺陷所造成的货物灭失或者损坏,承运人不予负责;承运人因托运人的这种过失而遭受损害或者承担对第三者的赔偿责任时,可向货方索赔或者追偿。托运人自行装箱时,应检查承运人提供的集装箱,如未指出集装箱的缺陷,则视为集装箱完好并可供适用。

14. 冷藏货物(refrigerated goods)条款

该条款通常规定,承运人在冷藏货物装船之前,应获得验船师或其他检验人员签发的、表明冷藏舱室和冷藏机适合货物运输的证书。冷藏货物装船之前,托运人应将货物的性质以及应保持的温度范围通知承运人。当船舶在卸货港备妥交付货物时,收货人应立即提取货物。否则,承运人有权将货物卸岸而由货方承担风险和费用。

15. 选港(option)条款

选港条款又称选港交货(optional delivery)条款,通常规定只有当承运人与托运人在货物装船前已经约定并在提单上载明时,收货人方可选择卸货港。收货人应在船舶驶抵提单中载明的备选港口中第一个港口若干小时之前,将其选定的卸货港书面通知承运人在上述第一个港口的代理人。否则,承运人有权将货物卸于该港或者其他备选的任一港口,运输合同视为已经履行。也有的提单规定,如收货人未按上述要求选定卸货港,承运人有权将货物运过提单载明的港口的选择范围至船舶最后目的港,而由托运人、收货人承担风险和费用。当船舶承运选港货物时,一般要求收货人在所选定的卸货港卸下全部货物。

16. 转运、换船、联运与转船(forwarding, substitute of vessel, through carriage and transhipment)条款

该条款通常规定,如有必要,承运人可任意将货物交由属于其自己的其他船舶或者属于他人的船舶,经铁路或者以其他运输工具,直接或间接地运往目的港,将全部或者部分货物运过目的港,转船、驳运、卸岸、在岸上或者水面上储存以及重新装船起运,其费用由承运人承担,但风险由货方承担,承运人的责任仅限于其自己经营的船舶所完成的那部分运输。从字面上看,这种条款赋予持有人较大的权利,但各国法院对这种条款一般都做严格的限制性解释。如承运人依据这种条款所做的行为违反与托运人事先的约定,或者减轻承运人根据强制性适用于提单的国际公约或者国内法所承担的义务和责任,便是无效条款。

17. 共同海损(general average)条款

该条款通常规定共同海损的理算地点和理算规则。大多数提单都规定,共同海损依据《约克—安特卫普规则》进行理算。有的提单只规定共同海损理算应依据的规则,而不规定理算的地点。

18. 新杰森(New Jason)条款

该条款又称修改后的杰森条款。内容是当船舶因船长、船员或引船员的过失发生事故而采取救助措施时,即使救助船与被救助船同属于一个船公司,被救助船仍须支付救助报酬,而且,该项救助报酬可以作为共同海损费用,由各受益方分摊。有的提单将该条款与共同海损条款合并规定。

19. 双方有责碰撞(both to blame collision)条款

该条款又称美国碰撞条款。其内容为因共同侵权发生两船碰撞,致使货物遭受损害,法律规定互有过失的责任方对此还要负连带责任。

20. 地区(local)条款

该条款规定有关运往美国或者从美国运出的货物,提单应受《1936 年美国海上货物运输法》的约束。其中,承运人和船舶对货物的灭失或者损坏的赔偿责任限额为每件货物或者每一习惯运费单位 500 美元,但托运人在货物装船前已经申报了货物的性质和价值,并在提单上注明的除外。

提单背面条款和其他内容,只有当不违背强制性适用于提单的国际公约或者国内法律,不与承运人和托运人事先或者另行达成特别的协议相抵触以及不违背托运人的真实意思表示时,才能成为承运人和托运人之间海上货物运输合

同内容的证明，对托运人具有约束力。当提单转移或者转让至第三者收货人后，提单背面条款和其他内容是确定承运人与收货人之间权利义务关系的依据，但不得与强制性适用于提单的国际公约或者国内法律相违背，包括不得减轻承运人根据此种强制性适用于提单的国际公约或者国内法律应承担的义务和责任或者增加其权利，否则，提单背面条款和其他内容便将无效。但是，提单某一条款或内容的无效，并不影响其他条款或内容的效力。此外，当提单条款和其他内容构成格式条款时，其效力需满足《合同法》中关于格式条款效力的规定。

第二节 海 运 单

一、海运单的概念及其产生

海运单（sea waybill，SWB）又称运单（waybill，W/B），是指证明海上货物运输合同和货物由承运人接管或装船，以及承运人保证据以将货物交给指定的收货人的不可转让的运输单证。

海运单产生于 20 世纪 70 年代，是借鉴航空货物运输中的空运单（air waybill）而产生的货物运输单证。随着航运技术和港口设施的发展，尤其是集装箱海上运输在全球海运市场的普及，提高了船舶运输速度和装卸效率，缩短了海运货物在途运输的时间，尤其是航程较短的时候，以至于货物已经到达目的港，而收货人尚未收到提单，因此不能及时换取提货单提取货物。为此，收货人经常凭担保函请求提货。如承运人不接受收货人自己出具的担保函，而只接受银行或者其他资信情况良好的第三人出具的担保函，收货人需支付担保金额的利息或者手续费。承运人凭担保函交货后，如出现合法的提单持有人请求提货，通常需承担无单放货的责任。并且如承运人接受资信情况不良的收货人或者第三人的担保函，往往在赔偿提单持有人的损失后，难以向托运人或者担保人追偿。此外，在海运欺诈比较猖獗的今天，一些行骗者往往利用提单流转过程作案。总之，传统的提单由于通过邮寄方式转让或转移速度慢的缺陷，在现代国际海上运输中的使用面临着挑战。自此，海运单应运而生，在国际集装箱货物运输以及货物在运输过程中不需要转卖等情况下已被不同程度地使用。2006 年国际商会第 600 号出版物，即《国际商会跟单信用证统一惯例》第二十一条“不可流通的海运单”亦规定在跟单信用证项下可使用海运单结汇。国际商会《2010 年国际贸易术语解释通则》规定的运输单证也可以是海运单。在美国,根据经 1998 年修订的《1916 年波莫兰提单法》(*Pomerence Bills of Lading Act*,1916)的规定,在公共承运人签发不可转让(记名提单)提单的情况下,收货人提取货物无须出示该提单,因而此种记名提单与海运单具有相同的性质。

与传统提单相比,海运单保留了提单所具有的合同证明和货物收据的作用,却不再具备物权凭证的功能。海运单的生命力在于其不可流通性,收货人在目的港提货时无须出示海运单,而只要证明其收货人的身份,承运人就可以将货物交付给他。显然,相对于提单,海运单具有迅速交货的优势,从而可以有效避免使用提单时的无单放货问题。此外,由于海运单的这一特点,即使非法得到海运单也无法凭以提货,从而不具有因被窃或者遗失使承运人、托运人或者收货人利益造成损害的风险。但是,海运单丧失了可转让性,在货物运输途中,不能凭以实现货物单证贸易,也不能作为权利质押的标的物,因此,其缩小了在货物运输法中的适用范围,即它不能适用于货主有转卖货物意图的场合。

与提单相比,海运单具有以下特点:

1. 海运单具有不可转让性。

2. 海运单不具有物权凭证功能。

因为海运单不具有物权凭证的功能,因此不能通过转让海运单来转让货物。

3. 海运单不具有提货凭证功能。

收货人只需凭合法的身份证明,即可向承运人要求提货;承运人在交货时,也无须收回海运单,只要查明收货人是否是海运单上记名的收货人,或者是否是托运人指示其交货的人即可。

二、海运单的形式与内容

同传统的提单一样,作为一种运输单证,海运单也包括正面记载内容和背面记载内容。海运单正面通常注有“不可流通”的字样,记载托运人和收货人的名称和通知方的地址、船名、装卸港口、货物标志、品类、数量等托运人提供的事项,运费及其他费用以及海运单签发的时间、地点和签发人等。海运单背面通常订有货方定义,承运人责任期间,义务与免责、装货、卸货与交货、运费及其他费用、留置权、共同海损、新杰森条款、双方有责碰撞条款、首要条件、法律适用和仲裁等条款。有的海运单背面没有承运人责任、义务与免责的条款，而在正面或者背面订有“参照条款”(Reference Clause)，规定这些事项适用承运人标准运输条件(carrier's standard condition of carriage)或者承运人的普通提单或者其他文件中的规定，从而达到简化海运单条款的目的。

三、海运单的流转与货物交接

同提单一样，海运单在承运人接收货物或者将货物装船后，应托运人要求，由承运人、其代理人或载货船舶的船长签发。托运人凭海运单及其他单证，根据货物买卖合同和信用证到银行结汇。装货港的承运人或者其代理人将海运单的内容通过数据电文方式传送给目的港承运人的代理人。船舶到达目的港之前或者之后，目的港承运人的代理人向海运单上载明的收货人或者通知方发出到货通知。收货人凭到货通知并出示其身份证明，到目的港承运人的代理人那里领取提货单，在码头仓库、船边或者其他地点接取货物。

四、海运单的主要法律问题

海运单虽然同提单相似，具有证明海上货物运输合同和承运人接收货物或将货物装船，以及承运人保证据以将货物交给记名的收货人的作用，但它同提单有着本质的不同，即它不具有可流通性，而除记名提单外的提单可通过背书或者交付而进行转让。因而，海运单的产生带来了一系列的法律问题。这些问题的存在直接影响着海运单的使用。为此，1990 年 6 月，国际海事委员会第 34 届大会在巴黎通过了《国际海事委员会海运单统一规则》(*CMI Uniform Rules for Sea Waybills*)，试图解决和统一海运单带来是主要法律问题。但是，这一民间规则不具有强制性的约束力，只规定在运输合同中被双方当事人协议采纳时才能适用，而且，当其与强制适用的国际公约或者国内法相抵触时，便不发生效力。因此，这一规则实施的效果有着很大的局限性。2008 年《鹿特丹规则》较好地解决了这些问题。

(一)海运单的法律适用

海运单的适用问题，主要是指《海牙规则》《海牙 - 维斯比规则》或者与之相应的国内立法是否适用于海运单。

有观点认为:《海牙规则》《海牙－维斯比规则》对海运单不适用。这是因为《海牙规则》《海牙－维斯比规则》第二条规定:除第六条另有规定外,每一海上货物运输合同的承运人,对货物的装载、搬移、积载、运输、保管、照料和卸载,应按本规则的规定,承担责任和义务,并享受权利和豁免。但是《海牙规则》《海牙－维斯比规则》第一条规定:"运输合同"仅适用于提单或类似的物权凭证所包含的运输合同。而海运单既非提单,又非货物物权凭证,因而,《海牙规则》《海牙－维斯比规则》对海运单不适用。另一种观点认为:《海牙规则》《海牙－维斯比规则》在一定条件时对海运单仍然适用。具体而言,根据《海牙规则》《海牙－维斯比规则》第六条,只有在满足下列三个条件时,承运人才不受《海牙规则》或《海牙－维斯比规则》的约束:第一,签发不可流通的货物收据,并注明"不可流通"的字样;第二,不涉及普通商业性的货物运输;第三,货物的性质或状况表明,有订立特别协议的需要。因此,虽然海运单是第一个条件中所指的不可流通的货物收据,但如第二个和第三个条件不满足,《海牙规则》或《海牙－维斯比规则》对海运单仍然适用。

《国际海事委员会海运单统一规则》第四条规定:"海运单所包含的运输合同,应受强制适用于由提单或类似的物权凭证所包含的运输合同的国际公约或国内法的约束。"根据这一规定,《海牙规则》《海牙－维斯比规则》或与之相应的国内立法应适用于海运单。但是,这一民间规则难以改变《海牙规则》《海牙－维斯比规则》或与之相应的国内立法的适用范围。

我国《海商法》第四章的规定适用于所有国际海上货物运输合同,而提单只是国际海上货物运输合同的一种证明。因此,除有关提单的规定外,第四章的其他规定应适用于海运单所证明的国际海上货物运输合同。

(二)收货人的权利和义务

在提单情况下,当提单从托运人转移或者转让至第三者收货人后,法律赋予收货人凭提交提单向承运人主张提取货物的权利。同时,《海商法》规定承运人与收货人之间的权利义务依据提单的规定确定。因此,收货人可依据其持有的提单向承运人主张权利,包括当货物灭失或者损害时向承运人索赔的权利,并依据提单承担义务。在海运单情况下,收货人在卸货港提取货物不凭海运单，而且可能自始至终不持有海运单。因而，涉及收货人向承运人主张权利、承担义务的依据问题。《国际海事委员会海运单统一规则》采用代理原则并在第三条中规定：托运人不仅为其自身利益，同时作为收货人的代理人，并为收货人的利益而订立运输合同，并向承运人保证他具有这种权限。据此，收货人被视为海运单所证明的运输合同的当事人之一，从而可依据海运单向承运人主张权利，并承担义务，但收货人承担的义务不应超过当运输合同为提单或者类似的物权凭证所证明时所应承担的义务范围。作为民间规则，不但法律效力具有很大局限性，而且托运人与收货人之间代理关系的产生基于委托人的委托和代理人接受委托。在当今国际贸易和航运实践中，托运人与收货人之间缺乏这种明确的委托关系，也很难从货物买卖合同中得出推断。因此，收货人的法律地位需由法律做出规定。

（三）货物控制权

在海运单情况下，托运人是唯一有权向承运人就货物的交付等运输合同事宜发出指令的人。这一权利在《国际海事委员会海运单统一规则》第六条中被称为货物控制权。该条规定：除所适用的法律另有规定外，托运人有权在海运单上载明的收货人在目的港请求提货之前的任何时候变更收货人，但应以书面形式或者其他承运人能接受的方式将变更事宜通知承运人，并偿付承运人因此而支付的额外费用；托运人可以在承运人接收货物之前，将上述对货物的支配权转让给收货人，并在海运单上注明。这种货物支配权及其转让的规定，在一定程度上可以起到弥补海运单不具有可流通性的不足的作用。这是因为，如货物支配权转让给收货人，便可实现货物在运输过程中从海运单上记名的收货人转卖给收货人另行指定的收货人，其效果相当于实现了海运单的一次转让。

第三节　电子提单

一、电子提单的概念及其产生

电子提单（electronic bill of lading）是电子运输单证的一种形式，指通过电子传送的有关海上货物运输合同的数据。电子提单与传统的提单不同，它不再是一种纸面单证，而是一种无纸单证，是按一定规则组合而成的一系列有关海上货物运输合同的电子数据，其传输途径也不是传统的通讯方式，而是通过电子数据交换进行传送的。

电子提单与其他形式的电子运输单证一样，是当代电子计算机技术和电子通信技术发展的产物。《海牙规则》《海牙－维斯比规则》和《汉堡规则》建立在传统纸面提单之上。纸面单证具有流转速度慢、成本高的不足，尤其是由于传统提单通过邮寄方式流转的速度往往跟不上现代集装箱货物、散装液体货物的运输速度，短距离运输货物的运输速度，导致实践中出现了大量的无单放货的纠纷。同海运单一样，电子提单的出现主要也是为了解决传统提单在流通中的不足，以满足集装箱货物等运输方式对航运单证流转的速度和途径提出的新要求。另外，电子提单采用密码进行流转，能够有效地防止海运单证的欺诈，但其流转的前提是建立在托运人、承运人、承运人的代理人、收货人和银行之间的计算机网络系统上。

电子提单产生的时间并不长。由于资金、技术和法律的原因，目前在世界上的应用尚不普及。但是，我国和世界上一些发达国家已建立起很多电子商务网络，有的建立联结政府与运输相关企业的多用户系统，有的趋向于把船公司、大货主、银行、运输代理行联成计算机通信网络，以实现国际间货物流转的全过程使用无纸单证的目的。电子提单在将来的海上货物运输，尤其是集装箱货物运输中，有着广阔的应用前景。随着计算机通信网络技术和电子商务的飞速发展，取代纸面单证已成为必然趋势，使用以电子数据为介质的电子提单和其他电子运输单证。是运输单证现代化的根本出路所在。在国际贸易和信用证领域，国际商会《2000 年国际贸易术语解释通则》和《国际商会跟单信用证统一惯例》已明确规定允许使用电子提单。

二、电子提单的操作过程

电子提单的流转通过电子数据交换（EDI）实现。实现电子提单的流转，必须将承运人、承运人的代理人、托运人、收货人和银行各自的计算机联成网络。计算机将货物运输合同中的数字、文字、条款等按特定的规则转化为电讯，并将这些电讯组合成传递单位（unit of despatch），借助于电子通信设备从一台计算机送至另一台计算机。

电子提单的具体操作过程是：

(1)托运人通过向承运人发送订舱电讯进行订舱。

(2)承运人如接受订舱,向托运人发送接收订舱以及有关运输合同条件的电讯,由托运人加以确认。

(3)托运人按照承运人接受订舱的电讯的要求,将货物交给承运人、代理人或其指定的人。承运人、其代理人或其指定的人收到货物后,向托运人发送收获电讯,其内容包括:托运人的名称,货物的说明,对货物外表状态等所做的保留(批注),收货的时间与地点,船名、航次等船舶的情况以及以后与托运人进行通信的密码,托运人一经确认,对货物具有控制和转让权。

(4)承运人在货物装船后,发送电讯通知托运人,并按托运人提供的电子通讯地址抄送给银行。

(5)托运人根据信用证到银行结汇后,发送电讯通知承运人,货物的控制和转让权即转移至银行,承运人便销毁与托运人通讯的密码,并向银行确认其控制货物,提供给银行新密码。

(6)收货人向银行支付货款后,取得对货物的控制和转让权。银行向承运人发送电讯,通知货物支配权已转移至收货人,承运人即销毁与银行通讯的密码。

(7)承运人向收货人发送电讯,确认其控制着货物,并将货物的说明、船舶的情况等通知收货人,由收货人加以确认。

(8)承运人向目的港代理人发送电讯,将货物的说明、船舶的情况等通知该代理人,由其在船舶到达目的港之前或者之后,向收货人发送到货通知电讯。

(9)收货人根据到货通知电讯,凭其身份证明,到承运人在该港的代理人那里获得提货单提货。

《国际海事委员会电子提单规则》规定:电子提单流转过程中电子数据交换所依据的规则为《联合国管理、商业和运输电子数据交换规则》(*United National Rules for Electronic Data Interchange for Administraton*, *Commerce and Transport*, UN/EDIFACT)和《1987年远距传送数据交换行为统一规则》(*Uniform Rules of Conduct for Interchange of Trade Data by Teletransmission*, 1987, UNCID)。

三、电子提单的法律适用问题

电子提单的出现在克服了传统纸质提单的一些缺点的基础上,也带来了一系列的法律问题,大致可分为两个方面:第一,电子数据的书面效力、电子签名和电子数据的认证等电子单证本身的法律问题;第二,电子提单发挥传统提单的作用和海上货物运输对电子提单的适用问题,前者是电子商务的一般法律问题,后者属于海上货物运输法需要解决的法律问题。电子提单的应用很大程度上取决于这些法律问题的解决。

联合国国际贸易法委员会(UNCITRAL)专门设立了电子商务工作组并通过了 1996 年《电子商务示范法》(*Model Law on Electronic Commerce*)和 2000 年《电子签字示范法》(*Model Law on Electronic Signature*),供各国在制定国内立法时参考。1990 年在巴黎召开的国际海事委员会第 34 届大会上,通过了《国际海事委员会电子提单规则》,试图解决上述问题。但是,与《国际海事委员会海运单规则》一样,这是一个民间规则,不具有强制约束力,只有当事人协议采用时才适用。该规则规定了电子提单中传输的特定运输条件和条款,是其证明的运输合同的组成部分;规定了电子提单应受适用于传统提单的国际公约和国内法的制约;规定了电子提单下的货物支配权可以从托运人移转给银行,保留了传统提单的流通功能;同时,还规定了电子提单的流转过程。

2005 年 4 月 1 日起实施的我国《电子签名法》规定了电子签名和电子数据认证的法律效力。《合同法》第十一条规定:书面形式是指合同书、信件和数据电文(包括电报、电传、传真、电子数据交换和电子邮件)等可以有形地表现所载内容的形式,从而赋予电子数据书面效力。原交通部先后颁布了《国际海上集装箱运输电子数据交换管理办法》《国际海上集装箱运输电子数据交换电子报文替代纸面单证管理规则》《国际海上集装箱运输电子数据交换协议规章》《国际海上集装箱运输电子数据交换报文传递和进出口业务流程》等部门规章,为我国国际海上集装箱运输中电子提单的使用与管理提供了一定的法律依据。英国 1992 年《海上货物运输法》可适用于电子提单;澳大利亚 1998 年《海上货物运输法》、南非 2000 年《海运单证法》也对电子提单的适用做出了规定。

2008 年 12 月 11 日,第 63 届联合国大会第 67 次会议审议通过了联合国贸法会提交的《联合国全程或部分海上国际货物运输合同公约》,将公约定名为《鹿特丹规则》。《鹿特丹规则》明确将运输单证区分为可转让运输单证和不可转让运输单证,并用专章规定了上述单证的内容、证据效力、单证签发等相关事项。考虑到不同法域国家对于运输单证的称谓可能存在差异,《鹿特丹规则》未再使用提单这一术语。此外,考虑到电子商务的发展以及 1990 年《国际海事委员会电子提单规则》的局限性,《鹿特丹规则》分别对可转让电子运输记录和不可转让电子运输记录;电子运输单证的签发、转让等做了界定,填补了以往公约在这一问题上的空白。但是该公约目前还未生效,但其中关于电子提单的相关规定,可以作为各国制定国内法的参考。

第六章 船舶租用合同

海上运输通常采用两种运输方式:一种是定期船运输(liner shipping),又称班轮运输;另一种是不定期船运输(tramp shipping),又称租船运输。班轮运输前文已经叙述,不再重复。对于批量较大、货价较低的大宗散货,例如原油、粮食、矿砂、煤炭等货物而言,货主往往采用租船运输的方式。二者具有不同的货运程序、营运方式、合同内容及特点。

第一节 租船运输的概念和种类

一、租船运输的概念

租船运输与班轮运输不同,没有既定的船期表,也没有固定的航线及挂靠港,更没有固定的挂靠顺序,而是根据货源情况,安排船舶就航的航线,组织货物运输,特别是整船运输的船舶运营方式。即通过船舶出租人和承租人之间签订运输合同或船舶租用合同进行货物运输的基本营运方式。在这种运输方式下,船舶出租人将整船或部分舱室出租给承租人使用。使用的期限可以限定为一个或几个具体航次,也可以是约定数月或数年,甚至是船舶出租人将一艘不配备船员的船舶出租给承租人使用。具体使用的时间、方式、航行区域范围以及如何结算并附带相关营运费用等,完全依据出租人、承租人双方在合同中约定的具体内容确定。从这个意义上说,租船运输是不定期运输,甚至是全球运输。

虽然从最终的形式上看,班轮运输与租船运输都是为了满足货物运输的需要而采取的具体运营方式,但租船运输仍具有自己的特点。

1. 租船运输之下,没有既定的船期表,也没有固定的航线和挂靠港口,而且完全按照合同的约定,安排船舶就航的航线,组织货物运输。

即船舶航线完全依据货源情况确定,甚至可能是全球航线,而且航线的长短也是根据运输航次的长短确定的。承租人租用船舶或使用的期限也是根据合同约定予以确定和安排的。因此租船运输方式下没有固定的装卸港,也没有固定的挂靠港口,更没有固定的航线和船期。

2. 租船运输特别适合于大宗散货的整船或包船运输。

大宗散货一般包括粮食、化肥、石油、煤炭、钢材、矿砂、木材等。这类货物的特点是批量大、价格低廉、不需要包装或需要比较简单的包装。而班轮运输往往适合批量小、种类繁多、价格较昂贵的件杂货物运输。例如纺织品、服装、日用品、食品、电子仪器、机器配件、工业产品等。这类货物往往需要适于海上货物运输的包装,即使使用集装箱运输,也需要一定强度的外包装。

3. 出租人、承租人在参考市场价格基础上,对运价或租金率在合同中予以明确。

班轮运输下,货物的运费通常根据班轮公司颁布或备案的运价成本确定,即依据该票货物运输航线及货物种类、等级等因素确定的基本运价与货物数量乘积之和予以计算。有的情况下,除了上述基本运费外,根据航线特点、货物情况等,班轮公司还可能临时加收一定的附加运费,例如超重附加费、超长附加费、燃油附加费、选港附加费等。集装箱货物运价,根据不同班轮公司承运的航线不同而有所区别。但是对于同一班轮公司的同一航线运送的集装箱货物而言,不论该单货物卸载的港口顺序如何,均根据同样的费率予以计算。而租船运输的出租人可以根据承租人的需要,提供整船或部分舱位,安排特定航线或约定期限内的航线。运价或租金率完全由出租人、承租人在参考当时国际航运市场价格的基础上协商确定,并在租船合同中予以明确。同时对运费或租金的方式、时间、地点,甚至支付货币的币种、受益人等都在租船合同中明确下来。

4. 船舶营运中的相关费用及其风险由谁负责或负担,视租船合同的类别及合同条款而定。

例如,航次租船中,双方通常需要对装货费、卸货费、平舱费、积载费、绑扎费等的支付做约定;定期租船除上述费用之外,还需要对船员工资、燃油费、港口使用费、代理费等做约定;光船租船则还需要对船舶保险费、维修费等做约定。总体来说,从航次租船到定期租船,再到光船租船,出租人负担的费用相对越来越少,而承租人的风险和支付的费用越来越大。班轮运输下,通常不需要对上述费用的支付及其负担做出约定。一般来说,承运人负责包括装货、卸货和理舱在内的作业，有时还负责仓库至船边或相反方向的搬运作业，并负担全部费用。

5. 出租人与承租人之间通过签订运输合同或船舶租用合同明确双方的权利、义务。

如果货物转船后，船长或承运人签发提单给承租人，则提单对于承租人和出租人而言，仅起到货物收据的作用，确定出租人、承租人双方权利义务的依据只能是运输合同或船舶租用合同，而不是提单。但是，如果承租人通过背书把提单转让给第三方，此时提单不仅是收货人凭以提货的凭证，并且当提单在承租人以外的第三人手中时，对于作为承运人的出租人和第三人而言，提单还起到海上货物运输合同证明的作用，即承运人与持有提单的第三人（非承租人）之间的权利义务的内容根据该租船合同下签发的提单条款予以确定。

6. 根据有关国际公约（如《海牙规则》《海牙－维斯比规则》《汉堡规则》《鹿特丹规则》）的规定，当租船合同下签发的提单调整并约束承运人和非承租人的提单持有人之间的关系时，公约的各项规定适用于此种提单。

二、租船运输的种类

租船运输的基本运营方式包括航次租船、定期租船和光船租赁。

（一）航次租船（voyage charter）

1. 航次租船的概念、特征

航次租船又称"航程租船""程租船"，是出租人负责提供一艘船舶或部分舱室，在约定的港口之间运输约定的货物，进行一个航次或数个航次的租船方式。与其他租船运输基本运营方式相比，其具有如下特点。

（1）出租人负责配备船长、船员，负担船长、船员工资、航行补贴、伙食费等。

航次租船下出租人仍有配备船长、船员的义务，通过配备船长、船员达到控制和占有船舶的目的，并进行日常营运。

（2）出租人负责营运安排和调度工作，并负担船舶的燃料费、修理费、港口费用、淡水费、物料费、船舶折旧费、维修费、船舶保险费等大部分营运费用。

出租人负责营运安排是指出租人负责在合同约定的装、卸港进行装卸作业并运送合同约定的货物，并不意味着出租人可以随意安排航线及营运工作。只是强调在符合合同约定的情况下，出租人仍需对船舶管理、航行等具体事项负责。

(3)按照装载货物的数量或船舶吨位的总和以及合同约定的运价计收运费。

根据具体货物不同，装载货物的数量，可以是货物的载重量，也可以是货物的容积数。运费通常应包含船舶营运的日常费用或支出，此外合同还需对运费支付的方式、时间、地点、币种等各项内容做出明确规定。

(4)租船合同中需明确有关货物装卸等相关费用由出租人还是承租人负担。

航次租船合同中通常都对装卸货物的费用以及与装卸有关的其他费用，例如积载、平舱、绑扎、垫舱等项费用由出租人或者承租人负担问题做出明确规定，有的还对因此产生的风险负担问题做出规定。这类费用通常不被认为包括在日常营运费中，因此也就不能被涵盖在运费中。需要在合同中予以特别确定，是否由出租人负担需视合同的具体规定。

(5)需订明可用于装卸的时间、计算方法并规定速遣费、滞期费的计算标准。

通常这项规定也是航次租船合同中的重要条款之一。而班轮运输一般不需明确装卸时间以及滞期、速遣问题，因为班轮公司会依据船期表安排每个运输环节，而且通常是作为承运人的班轮公司委托装卸港港口经营人统一进行装卸港的各项作业活动。因此该内容也是班轮运输和航次租船运输显著不同的特点之一。

2. 种类

航次租船主要包括单航次租船(single trip charter)、往返航次租船(return trip charter)连续单航次租船或连续往返航次租船(consecutive single voyage charter or continuous return voyage charter)。所谓单航次租船是指出租人和承租人只洽租一个单程航次，由出租人提供特定的船舶，将约定货物从约定的一港运至另一港的租船方式。往返航次租船是根据出租人和承租人之间的约定，同一艘船舶在完成一个单航次之后，紧接着在上一个航次的卸货港(或其邻近港口)装运约定的货物，运回原装货港(或其附近港口)卸货后，航次才告终止的租船方式。连续单航次租船或连续往返航次租船是指同一艘船舶在同方向、同航线上,连续完成规定的两个或两个以上的单航次或往返航次的一种租船方式。

实践中存在一种包运合同(contract of affreightment,COA)运输,在形式上与连续单航次类似。所谓包运合同是指根据承运人与托运人之间达成的协议,承运人负责将约定名称和数量的货物包运至指定的港口,并由托运人支付总运费的海上货物运输合同,又被称之为“海上货物运输总合同”。承运人、托运人在议定合同时,只是约定承运货物的名称、数量、承运的期限、运费及船舶的类型和特征等主要内容。至于具体的航次、每次运量多大以及用什么样的船舶,通常由承运人决定,托运人一般不予干涉。当然,当承运人确定使用某一艘或某几艘船舶从事货物运输时,应事先通知货方,以便货方备货并及时安排货物装运。只要承运人在规定期限内,将指定的包运货物从一港运至另一港,即有权收取包运运费(lump sum freight)。包运运费又称为“总笔运费”“一揽子运费”等。从合同内容上看,包运合同属于海上货物运输合同的一种,而连续单航次租船则是航次租船的一种方式。如果包运合同的全部履行是通过同一艘船舶完成的,从形式上看,其与连续单航次租船合同没有实质上的不同。实践中也常有人认为这种情况下的航次租船合同就是包运合同。但是,如果包运合同的履行是通过两艘或两艘以上的船舶完成的,则二者仍然存在区别。

2008 年的《鹿特丹规则》首次在国际海运公约层面规定了批量合同的概念。从包运合同与批量合同的定义来看,二者非常相似。但是比较而言,包运合同是一个较为广义的概念。按照履行方式的不同,包运合同既可以针对集装箱货物用于班轮运输,也可以针对大宗散货,采用航次租船的非班轮运输方式。由于《鹿特丹规则》规定的批量合同仅限定在班轮运输之下,因此批量合同可以包含在包运合同的范围内。

(二)定期租船(time charter)

定期租船又称“期租船”“期租”,是出租人负责提供一艘配备船员的船舶,并出租给承租人使用一定时期,由承租人支付租金的租船方式。承租人可以将期租进来的船舶用于班轮运输,还可以将船舶再次以航次租船或定期租船等方式转租出去,另作其他用途。但无论如何,转租的船舶应符合原定期租船胡同中约定的用途。其特点包括:

1. 由船舶出租人负责提供一艘船舶,并负责配备船长、船员,同时负担船长、船员的工资、航行补贴、伙食费用等。如果船长、船员因听从承租人指示，承担了超出与船舶出租人之间订立的雇佣合同或劳务合同规定范围以外的营运工作，则应由承租人负担其劳务费或件费用的支付。

2. 承租人负责船舶的调度安排、货运工作以及相关费用。除船舶修理费、物料费、润滑油费、船舶折旧费、船舶保险费等由船舶出租人负担外，其他有关的营运费用，如燃料费、港口费用等均由承租人负担。一般来说，期租下出租人仅负责船舶航行的安全及船舶管理工作，至于具体货运安排，由承租人负责。此外，相应的营运费用如何分担，要看定期租船合同中的明确约定。通常在一定时期相对固定不变的费用由出租人负担，如船员工资、保险费、折旧费等；相对变化的，并且随每个不同航次发生变化的费用由承租人负担，如燃油费、港口使费等。

3. 租金率根据船舶装载能力、租期长短以及航运市场价格等方面因素，由出租人和承租人在合同中明确约定。同时定期租船合同中还需要对租金支付的时间、方式、地点、币种以及停租等方面的内容进行约定。

4. 合同中需订明淡水费的分担。船上锅炉用水的费用，主要是用于船舶营运，通常由承租人负担，而船长、船员生活用的淡水费通常由出租人负担。

5. 合同中常订有关于交、还船的规定。定期租船的特点是出租人将船舶租给承租人使用一段期间，因此合同中常约定租期。而租期的起算和止算又与交、还船舶有着密切的联系，因此交、还船的规定通常是定期租船合同中的重要条款之一。该条款通常需要对交、还船舶的状态、时间及地点等内容进行明确约定。

20 世纪 70 年代以来，航运实践中又出现了一种租船方式，即航次期租（time charter on trip basis or time chartertrip，TCT），它综合了定期租船以及航次租船的内容及特点。形式上仍以一个航次为限，但是承租人并不支付运费，而是支付租金。租金则按该航次使用的实际时间及日租金率计算。当装货港或卸货港条件较差，或航线的航行条件较差，或者出租人对于该航次中约定的装、卸货港口情况并不是特别了解，比较难于确定完成一个特定航次所需时间的情况下，如果采用航次期租，对出租人比较有利，可以避免因为不测而使航次时间延长造成船期损失。航次期租最初产生的时候，其合同内容主要以定期租船合同为主，结合部分航次租船合同的内容，因此航次期租合同通常被认为是定期租船合同的一种。但是目前航运实践中,越来越多的航次期租合同是在航次租船合同基础上,适当增加一些定期租船内容,此类航次期租合同更偏重于航次租船合同。因此,对于航次期租合同的定性应当综合考虑该合同中的具体条款和内容予以判断,而不能单纯地从合同名称本身进行判断。

(三)光船租赁(demise charter)

光船租赁又称“船壳租船”“光租”“光船租船”,是指船舶出租人提供一艘不包括船员在内的空船出租给承租人使用一定时期,并由承租人支付租金的一种租船方式。其特点有:

1. 出租人只提供一艘空船(bare boat)。空船是符合合同约定的并且没有配备船长、船员的适航船舶,包括船上附属设备、仪器及其他相关的船舶证书或文件。

2. 承租人负责配备船员、任命船长,并负担船长、船员的工资、奖金、补贴及伙食费等。这是光船租赁与其他几种租船方式的最大不同,承租人通过配备的船员占有、控制和使用船舶,俨然是船舶所有人,通常又被称为二船东(disponent owner)。

3. 承租人负责船舶调度和营运安排,并负担除船舶保险费以外的一切营运费用。船舶保险应由谁投保并由谁支付相应的保险费,应依据双方的约定并在合同中订明。由于出租人只保留了船舶所有权中的处分权和部分收益权,而将船舶的占有权、使用权和收益权转移给承租人,因此承租人除了安排货物运输工作外,还需承担船舶的日常维修保养、定期检验及船舶修理等义务。

4. 合同中通常应订明光船租赁前存在的船舶担保物权及光船租赁期内产生的船舶担保物权引起的费用、风险和责任承担等问题。通常出租人应向承租人保证,在船舶光租给承租人之前,船舶上没有附着类似船舶优先权、船舶抵押权等船舶担保物权;一旦已经存在上述船舶担保物权,出租人应当履行告知义务,以便承租人确定是否仍然光租该船舶。同时承租人保证在整个光船租赁期间,出租人的利益不受租期内因承租人原因而可能产生的船舶担保物权的影响,如承租人因拖欠配备的船员工资而产生船舶优先权。此外,光船租赁期间,出租人在船舶上设定抵押的权利也要受到限制,只有征得光船租赁承租人同意,出租人才可以设定船舶抵押。

5. 合同中需要订明超出一定数额的设备或仪器的变更费用如何分担。由于光船租赁期限往往比较长，因法律变更或其他合理理由，需要对船舶上的一定设备或仪器进行修理、添置或者改造。如果变更费用数额较大的话，合同中常订明在出租人与承租人之间如何负担的内容。例如“9·11”事件之后，《国际船舶及港口保安规则》(ISPS)被列入《国际海上人命安全公约》(SOLAS)强制予以实施。根据ISPS规则，船舶应当配备满足公约要求的保安设施。因此，如果光船租赁期间，ISPS规则强制生效，则对添加该保安设施的费用如何分担的问题，需要在光船租赁合同中予以明确。

在20世纪80年代，作为船舶融资的一种手段，国际上出现了一种新的光船租赁方式，即光船租购(bareboat charter by hire purchase)。光船租购融合光船租赁和船舶买卖于一体，通过光船租赁的方式，最终达到船舶买卖的目的。原因在于船舶的购买和经营需要巨额投资，而船公司一下子拿不出这么多资金，所以通过光船租购方式，可以像光船租赁承租人一样占有、使用和管理船舶，丝毫不影响船公司(光船承租人)对该船舶的控制和经营。同时该公司将巨额的购船款分成若干个小额的款项，随同每一期的光船租金同时支付，从而减轻一次性支付购船款的压力。这样当光船租赁期限届满时，购船价款也全部支付完毕，船舶买卖合同即时发生效力，船舶所有权随之转移。而在光船租赁期间，一旦承租人不按时支付租金，出租人(船舶所有人)可以通过光船租购，定期按时获得租金收益及分期收回船舶价款，而船舶买方(光船承租人)完全可以通过配备船员获得占有、使用、控制船舶的权利，并没有因为不享有船舶所有权而影响对船舶的控制和使用，因此对船舶买卖双方都有保障。

第二节　租船合同的概念、种类和性质

一、租船合同的概念

租船合同(Charter Party，C/P)是承租人以一定的条件向出租人租用一定的船舶或舱位，以运输旅客或货物，就相互间的权利、义务做出明确规定的合同。Charter Party一词源自中世纪时期的拉丁词charta partiri，charta的意思是“纸张”，partiri的意思是“部分”。在当时charta partiri只有一页纸，通过骑缝将该单证从上至下分成两份内容完全相同的部分，每个当事人各执一份。当他们各

执其中的一份,骑缝相对时,构成一张完整无缺的文件。1681 年法国《海事条例》第一次在国内法中对租船合同予以规定,后来这个词逐渐演变成这种特定的航运文件,即特指租船合同。

租船合同又称为“租约”(charters),一般认为包括航次租船合同、定期租船合同、光船租赁合同,其显著特点是这些合同都带有“Charter Party”一词。然而,我国《海商法》将航次租船合同列入第四章“海上货物运输合同”,定期租船合同和光船租赁合同则列入第六章“船舶租用合同”。第六章的英文翻译为 Charter Parties,其有别于国际上对 Charter Party 一词的通常理解。其原因在于我国对航次租船合同、定期租船合同、光船租赁合同的性质存在不同的理解和解释。

二、航次租船合同

(一)概念

《海商法》第九十二条规定:“航次租船合同,是指船舶出租人向承租人提供船舶或者船舶的部分舱位,装运约定的货物,从一港运至另一港,由承租人支付约定运费的合同。”与海上货物运输合同定义相比,二者的共同点在于,都是装运约定的货物,经海路从一港运至另一港,完成运输的对价是收取运费。二者的差别表现在:第一,航次租船合同下,合同当事人的名称为出租人和承租人,而不是海上货物运输合同中的承运人和托运人;第二,航次租船合同下出租人提供的是整艘船舶或船舶的大部分舱位。我国法律并未界定承租人和出租人的含义。虽然出租人的英文表述是 shipowner,但是出租人未必是该艘船舶的真正所有人。出租人是指向承租人提供船舶之人,而且该船舶是适于约定货物运输的适航船舶,船舶上已经配备适职人员,因此船舶出租人既可以是船舶所有人,也可以是船舶经营人,甚至船舶承租人。而承租人的英文为 charterer,即租用船舶或船舶部分舱室以满足货运要求之人,因此,承租人可以是货方,也可以是从事船舶经营或营运之人。如果是后者,该承租人还可以以“出租人”的名义再与其他人(一般是货主)订立航次租船合同。但无论承租人是否是真正的货主,根据航次租船合同,承租人都有向出租人提供约定货物的义务。

在我国租船实务中,航次租船合同通常由双方当事人在往来洽谈的传真文件上进行签字盖章。《合同法》已经确认了传真的书面效力。但是实务中常常会因为谁有权签字及盖何种印章等问题产生纠纷。

（二）性质

由于在航次租船合同之下，船长、船员的聘用以及配备的权利由船舶出租人控制，所以用人权仍在船舶出租人手中。而船舶的营运安排及调度工作，也由船舶出租人负责。即出租人是通过船长、船员的聘用和控制从而实际占有和控制船舶，他只是将整艘船舶或部分舱室出租出去，完成一港至另一港之间的货物运输，并对因此付出的劳务有权收取运费。综上，航次租船合同属于海上货物运输合同，尽管合同名称含有“租”的字样，合同当事人的称谓也不再是托运人与承运人，但航次租船合同不是财产租赁合同。因此，航次租船合同适用的法律，应该是有关调整海上货物运输方面的法律。但是，鉴于航次租船合同当事方能够比较充分地发挥“订约自由”的权利，对合同内容进行平等协商，这一点不同于提单所证明的海上货物运输合同。所以我国《海商法》对航次租船合同做出有别于其他海上货物运输合同的特别规定。所谓特别规定是指充分尊重航次租船合同订约双方的意愿，只是在个别条文中予以强制规范。第四十七条和第四十九条关于承运人的规定强制适用于航次租船合同的出租人，其他规定全部为非强制性规定，仅在航次租船合同当事方没有约定或者没有不同约定时，适用《海商法》中的相关规定。

（三）特点

1. 承租人不负责船舶的经营和管理及其费用。

在航次租船合同期间，承租人不负责船舶的经营和管理，船舶由出租人通过其任用的船长和船员占有并由其经营和管理，除非出租人不是船舶所有人、光船承租人和经营人，而是作为承租人以定期租船或者航次租船的形式与第三者出租人订立租船合同，又以航次租船形式将船舶转租给承租人。在后者情况下，船舶由该第三人经营和管理。除合同可能约定货物装载、积载、平舱、绑扎、垫舱物料、卸载等费用由承租人承担外，其他的船舶营运费用，如燃料费、港口费以及船舶的维持费用，包括船员工资、伙食、船舶维修保养、保险、检验等费用，承租人均不承担。这是航次租船合同区别于其他定期租船合同和光船租赁合同的最大特点。

2. 合同中约定货物的名称或种类、数量及装卸港口。

航次租船合同中订明货物名称的，属特定货物，合同没有特别约定不得随意更换；合同仅约定货物的种类，则表明是种类货，在该种类货物范围内，承租方可任意更换。货物数量通常是指散装货物的数量，允许有一定的增减量。关于装卸港口涉及货物的选港和安全港口问题。

3. 出租人向承租人提供船舶的全部舱位或部分舱位用于运输货物，运费绝大多数情况下按所运货物的数量计算。

通常合同中并不明确约定承租人租用的具体舱位，而只是约定由承租人提供并由出租人运输的货物的名称和数量，运费按所运货物的数量计算。出租人提供船舶的全部舱位运输承租人的货物时，有时运费按整笔运费（lumpsum freight）计算，称为整笔运费租船或包船。此时，不论承租人装运多少货物，均须支付合同中约定的运费数额，但承租人装运的货物数量不得超过船舶的载货能力。

4. 出租人除对船舶负责外，还应对货物负责。

出租人不但应谨慎处理使船舶适航、维持船舶的有效状态，还应妥善和谨慎地装载、搬移、积载、照料、保管、运送、卸载所运的货物，但约定由承租人负责货物装载、积载或者卸载时除外。

5. 合同中约定用于货物装卸的期限和装卸时间的计算办法，并计算滞期费和速遣费。

如承租人未能在合同规定的装卸期限内完成装货和卸货作业，需向出租人按照约定的费率支付滞期费。反之，如承租人在合同规定的装卸期限内提前完成装卸作业，出租人向承租人按照约定的费率支付速遣费。这一特点使得航次租船合同区别于其他海上货物运输合同和其他租船合同。

三、定期租船合同

（一）概念

《海商法》第一百二十九条规定：定期租船合同是指船舶出租人向承租人提供约定的由出租人配备船员的船舶，由承租人在约定的期间内按照约定的用途使用，并支付租金的合同，又称为“期租合同”。它也是由出租人提供约定的船舶，并且该船舶上配备船长和船员。但是不再限于仅仅将货物从一港运至另一港，而是将该特定船舶交给承租人使用一段期间，该期间内承租人不能随心所欲支配船舶，必须按照合同约定的用途使用船舶，否则出租人有权拒绝将船舶继续交给承租人使用。承租人根据约定使用船舶期间，应当根据合同约定的时间、方式等按时支付租金。我国台湾地区的学者通常将其称为“期间雇船契约”或“论时租用契约”。

（二）性质

关于定期租船合同的性质，国内外学者一直存在不同看法。

1. 海上货物运输合同

其理由是，定期租船合同主要是关于海上货物运输的规定。在定期租船合同下，船舶的占有权、航行与管理权仍在出租人手中，就如同其他承运人一样。尽管定期租船合同中经常存在“在承租人的指示和命令之下”的表述，但是该表述仅仅表明在船舶营运方面承租人享有指示和命令的权利，而选用什么样的船员以及当承租人提出更换失职船员时，是否最终撤换船员的权利仍由出租人行使。因此，船舶的实际控制和占有的权利并没有因为定期租船合同的存在，而转移至承租人，定期租船合同仍然属于海上货物运输合同。英国学者 John Wilson 即持此种观点。

2. 财产租赁合同

理由主要包括：首先，在定期租船合同下，承租人有权就船舶的营运向船长、船员发出指示，只要没有违反合同的约定，船长、船员应当予以服从。可见，船舶的营运权已转移给承租人。其次，承租人向出租人支付的不再是运费而是租金。再次，我国《海商法》将定期租船合同作为船舶租用合同的一种区别于海上货物运输合同。在船舶租用合同就有关事项没有规定或者规定不明时，应适用第六章“船舶租用合同”；如果第六章亦无规定，可以适用《民法总则》；如果《民法总则》亦无规定，依照《海商法》第二百六十八条适用国际惯例。

此外，我国《合同法》第二百一十二条规定：财产租赁合同是出租人将租赁物交付承租人使用、收益，承租人支付租金的合同。该合同不仅明确了财产使用权，而且明确了承租人的收益权。在租赁合同中，租赁物的所有人或经营人为出租人，使用他人财产的人为承租人或租赁人。租赁合同的概念来源于大陆法系，虽然通常情况下，财产使用收益权的转移是通过财产占有的转移实现，但是如果出租人未转移财产的占有,并且出租人的占有使用与承租人的占有使用并不矛盾时,并不影响租赁关系的成立。

定期租船合同仅有少量的几个条款涉及海上运输及其责任,主要原因是目前大多数承租人将船舶定期租进来,主要还是用于货物运输。既可以运输承租人自己的货物,承租人也可以承揽运输其他人的货物,或者将船舶用于货物运输之外的其他用途。但无论如何,承租人应该并且只能按照定期租船合同约定的用途使用。因此,当期租船舶用于货物运输时,在定期租船合同中订明与此相关的事项也是很自然的事情。就其中的货物运输内容而言,实际上仍然是财产租赁合同内容的延伸,因为除了个别条文之外,定期租船合同的主要条款及其内容与财产租赁合同的内容几乎完全一致。也不能因此影响或削弱定期租船合同具有财产租赁合同的特性。

3. 混合合同

其理由是,随着生产力的发展,经济关系日益复杂,出现许多集几种经济关系为一体的混合合同,对此种合同绝不能简单地将其归为一种单一的有名合同,必须根据合同条款确立的权利义务来认识合同的性质。具体又分为以下两种观点。

(1)海上货物运输合同与财产租赁合同混同

主要理由包括:在定期租船合同情况下,船舶在租期内仍由出租人通过其雇佣的船长、船员予以占有。因此与一般财产租赁合同之下需要转移标的物的占有和使用存在明显区别。而且绝大多数情况下,定期租船合同主要是关于货物运输方面的规定,如船舶载货能力,约定允许承租人装运货物的种类和使用船舶从事的运输区域,出租人对货物灭失或者损坏承担责任等,因此定期租船合同具有海上货物运输合同的某些特征。但是,在定期租船合同下,船舶在租期内由承租人按照约定的用途使用。因此,在标的物的使用方面,定期租船合同与财产租赁合同具有一定的相似之处。特别是承租人定期租用船舶不是为了运输货物,而是作其他用途,如作为仓库时,定期租船合同就完全不具有运输合同的特征。因此也决定了定期租船合同不能归属于某一单纯的有名合同的特点。

(2)财产租赁合同与劳务合同混合合同

其认为,在定期租船合同下,虽然出租人把船舶出租给承租人使用,但是船舶所有权仍归属于出租人，承租人仅在约定的期限内取得船舶使用权、经营权和部分支配权。在约定的租赁期间内，出租人负责船舶及其机器设备的维修保养及其产生的费用。例如，船舶维修和保养费用，机器所使用的润滑油，舱面及机房的备件和补给及船舶管理费等；而承租人则应承担与船舶营运有关的一切费用，诸如燃油费、港口费、拖轮费、引航费、运河费、装卸费等。待租赁期限届满时，承租人应返还与交船时相同状态的租赁船舶，这明显具有财产租赁合同的特征；而在另一方面，出租人应承担费用，负责配备租赁船舶的船员。在租赁期内，出租人配备的船员应对船舶的航行安全负责，但就船舶的营运和使用，则应根据承租人的指示行事，于是就产生了合同当事人在提供劳务过程中各自权利义务的法律关系。

（三）特点

1. 出租人负责配备船长和船员，负责船舶的航行和内部管理事务，并负担船舶固定费用和船员工资、伙食及其他相关费用。

出租人负责配备船长和其他船员是定期租船合同与光船租赁合同的主要区别。但是，如果出租人不是船舶所有人、光船承租人或经营人，而是作为承租人以定期租船的形式与作为船舶所有人、光船承租人或经营人的第三人订立租船合同，又以定期租船的形式将船舶转租给承租人，则由该第三人负责配备船长和其他船员，负责船舶的航行和内部管理事务，并负担船舶固定费用和船员工资、伙食及其他相关费用。

2. 承租人负责船舶的营运和使用，并负担船舶营运费用。

在定期租船期间，船舶由承租人按照约定的用途使用，即船舶的使用权从出租人转移至承租人。这是定期租船合同与航次租船合同的重要区别。

3. 租金按租用船舶的时间和约定的租金率计算。

四、光船租赁合同

（一）概念

光船租赁合同，又称光租合同，是指船舶出租人向承租人提供不配备船员的船舶，在约定的期间内由承租人占有、使用和营运，并向出租人支付租金的合同。

（二）性质

光船租赁合同属于典型的财产租赁合同。因为在整个租期内，船舶的占有、控制、使用及配备船长、船员的一切权利均转移给承租人。即承租人租赁进来一艘空船，通过配备船长、船员，达到占有、使用船舶的目的，并通过船舶营运，最终达到收益的目的。尽管光船租赁合同之下，船舶的占有、使用和部分收益的权利已经转移至承租人，但是船舶的处分权仍保留在出租人手中。因此，其与一般的财产租赁合同并无不同，本应受民法调整，但光船租赁合同的标的是船舶的使用，而船舶又是比较特殊的财产，所以仍在《海商法》调整范围之内。但是《海商法》关于光船租赁合同的规定属于非强制性条款，《海商法》仅在光船租赁合同没有规定或者与《海商法》没有不同规定时适用。鉴于《海商法》规定较少，因此，光船租赁合同还可以适用我国《合同法》有关财产租赁合同的相关规定。

（三）特点

1. 船舶在租期内由承租人配备的船员所占有，并由承租人使用和经营。

船长和其他船员由承租人配备，是光船租赁合同与定期租船合同的主要区别。在租期内，船舶的占有权和使用权从出租人转移给承租人，但船舶的处分权仍属于作为船舶所有人的出租人。光船租赁合同的这一特点决定其性质属于财产租赁合同。因而，除《海商法》第六章“光船租赁合同”另有规定外，《合同法》中“租赁合同”和总则的规定也适用于光船租赁合同，承租人按照合同对船舶具有的这种占有、使用和收益的权利，称为船舶租赁权或光船租赁权。

2. 光船租赁关系属于债权债务关系，但具有某些物权的特点。

合同成立后，承租人在租期内的光船租赁权受到法律的保护，排斥出租人和第三人的不法侵犯。即使出租人将船舶让与第三人，原光船租赁合同继续有效，新船舶所有人必须尊重承租人对船舶的租赁权，即《合同法》第二百二十九条规定的“买卖不破租赁”原则。然而，我国《船舶登记条例》第六条规定：光船租赁权的设定、转移和消灭，应当向船舶登记机关登记；未经登记的，不得对抗第三人。

第三节　租船合同的订立及标准合同范本

一、租船合同的订立程序

在租船市场上，租船交易是通过出租人与承租人之间签订租船合同而实现的。然而，租船运输往往随着货源情况确定具体租船运输方式。对于租船交易双方而言，像班轮运输那样能够顺利、方便地找到交易对方，无异于大海捞针一般。而且很多租船交易并不都是出租人与承租人亲自到场直接洽谈的，因此租船实务中，出租人和承租人往往通过租船经纪人签订租船合同。

所谓租船经纪人是在租船业务中代表出租人或承租人进行磋商租船业务的人。其可以接受出租人的委托，也可以接受承租人的委托。虽然双方可以各自委托一个租船经纪人，但由于习惯，租船合同通常约定经纪人的劳务报酬都是由出租人承担，而且经纪人只不过充当中间人的身份，最后是否能够订立租船合同的决定权并不掌握在经纪人手中，所以实践中双方共同委托一个租船经纪人的情况就经常发生。租船经纪人是船舶经纪人的一种，由于船舶经纪人的主要业务是从事租船合同的洽谈以及租船业务的安排，因此实务中租船经纪人和船舶经纪人的名称可以互用。当然，有的船舶经纪人还从事船舶买卖、拖航、船舶代理、融资管理等方面的业务。为了更好地服务客户，一些大的船舶经纪公司还有专门人员对市场现状及未来走势进行理论研究和分析，并定期向其客户提供相关的市场报告。

租船经纪人一般都与出租人或者承租人或者双方保持经常联系。他们能够经常掌握货源的信息途径和船公司运力情况，了解租船市场行情的变化，对于租船业务积累了较丰富的经验。通过租船经纪人进行交易，不但能够及时、迅速，而且交易条件比较合理。能够满足出租人、承租人双方的需要，同时还可以减少许多事务上的烦琐手续。所以实践中使用船舶经纪人进行交易已成为一种航运习惯，并且几乎有关租船合同的谈判和协商，都是通过租船经纪人进行的。租船经纪人接受出租人或承租人的委托，代办租船交易的谈判和签订租船合同之后得到的报酬，称为佣金（commission，brokerage），通常佣金为运费或租金的 1.25% 或其他倍数，一般每个租船经纪人最多可以获得的佣金不超过 2.5%，而且一般都由出租人支付。有时候在租船合同约定的佣金条款中，还会包括一种回扣佣金或称洽租佣金(address commission),其是指出租人为了表示此次签约的成功以及为了同货主继续保持合作关系,而返还给承租人的一种具有回扣性质的费用。与通常的市场运价或租金率相比较,租船合同中明确规定支付回扣佣金的,实质上相当于一定程度上降低了运价或租金率。

由于租船经纪人对于租船交易达成,租船合同双方进行合同内容的洽谈、协商方面扮演着“润滑油”“调节剂”的角色,因此租船经纪已经作为一种行业,成为国际航运中不可缺少的一个环节。但是我国租船实务中,个别租船经纪公司直接以一方当事人身份签订租船合同,并且由于自身无法提供船舶或者货物,再通过“背对背”合同与其他能够提供船舶的出租人或能够提供货物的承租人再签订租船合同,从而赚取两个租船合同之间存在的运费或租金差价。事实上,尽管该租船经纪公司名义上或者公司名称上冠以“经纪人”的称谓,但实际上该公司已经超越了租船经纪人的范畴,不再单纯是“中间人”,而应当分别在两个不同租船合同中承担合同当事人的责任和义务。订立租船合同的程序如下。

(一)询价(inquiry)

承租人根据自己货物对运输的需要或自己对船舶的要求,将自己所要运输货物的种类、数量、装货港、卸货港、装船期限以及计划运价,或将自己所需要的船舶的详细说明,提交给租船经纪人,要求安排适当的船舶。租船经纪人根据其对船公司运力情况的了解,有针对性地将这些货运要求转向一个或几个出租人提出,要求出租人在规定时间内答复是否可提供满足货方要求的合适船舶以及是否同意承租人所提出的各项条件。

(二)报价(offer)

出租人接到承租人的询价后,经过成本估算,或者对比其他的询价条件,在对自己有利的条件下,通过经纪人向承租人提出自己所能提供船舶的情况和能够接受的合同条件。根据报价的具体要求和内容又可分为“硬性报价”和“条件报价”。

1. 硬性报价

硬性报价是指报价条件不可改变的报价,常常附有有效期间。这样承租人必须在有效期内，对出租人的报价做出接受或不接受的答复。超过有效期间，这一报价即告失效。这种报价对出租人也有约束，即在有效期内出租人不得再向其他承租人报价，也不得撤销或更改已经提出的报价条件。如果承租人对硬性报价完全接受，则直接进入接受订租、签订订租确认书的程序。由于这种报价方式缺乏灵活性，实践中比较少见。

2. 条件报价

条件报价是指接受方可以改变报价条件的报价。出租人可以与承租人反复磋商，修改报价条件，出租人也可以同时向几个承租人报价。条件报价一般不附有效期限。报价的内容除了对询价做出答复以外，主要是关于运价、租金率的高低、有关费用的承担、所选定的租船合同范本以及对范本条款的具体修订和补充方面的规定。

（三）还价（counter offer）

承租人针对条件报价中不能接受的内容和条款提出修改或增减内容，或提出自己的条件。还价意味着对出租人报价的拒绝和新的一轮询价的开始。当出租人接到承租人的还价后，可以再次做出答复，表明是否接受承租人的全额或部分还价条件，并根据自己能够接受的条件，再次做出新的报价。上述所有报价、还价、新的报价、再还价等过程，相互的信息通畅都是通过租船经纪人传递和转达的。

（四）报实盘（firm offer）

在一笔交易中，还价与再还价可能要反复几次，经过几轮磋商和沟通，出租人、承租人双方的意见趋向一致，出租人可以报实盘，要求承租人决定是否成交。报实盘时出租人要列举双方在整个谈判过程中同意的主要内容，既要把双方已经同意的合同条款和内容在实盘中加以明确，又要对尚未最后敲定的条款加以列明。如果在实盘中规定有效期限，则承租人是否接受实盘必须在有效期限内做出答复，否则实盘所报的条件即告失效。同样在有效期限内，出租人不能撤销所报实盘，也不得同时向两个承租人报实盘。如果未规定期限，则承租人应该在合理的时间内做出答复。

（五）接受订租（acceptance）

承租人接到出租人所报的实盘，在有效期内或者合理期限内，对实盘中所列各项条件明确表示承诺或同意，并对实盘中尚待敲定的事项加以确认并有待于双方进一步协商。这个阶段通常会制作 Recapitulation 文件，即将过往协商阶段双方明确同意或承诺的全部内容予以列明和总结，实践中简称 Recap 文件。

（六）签订订租确认书

出租人接到承租人对实盘的承诺后，即根据双方约定的主要条款和内容编制订租确认书（fixture note）。订租确认书要列明出租人、承租人双方在实盘中共同承诺的主要条款及内容，经出租人、承租人或其代理人签字盖章后，每一方各留一份备查，同时各方开始履行合同的准备工作。除双方另有约定外，租船合同即告成立。订租确认书无统一格式，但其内容应详细列明出租人和承租人在洽租过程中双方承诺的主要条款。

租船实务中，订租确认书上常见的附生效条件的条款根据英国判例法，其条件成就的要件各不相同。"Subject to Contract"是指有待于将来正式合同的订立。尽管在租船业务磋商中该条款并不是普遍采用的一种条款，但通常用来表述磋商阶段双方尚没有即刻订立合同的意愿，直至双方订立正式的租船合同，订租确认书中规定的内容才对租船合同双方产生约束力。"Subject to Details 或 Subject Details、Sub - Details"是指有待于另订的细节，表明双方虽然签署了订租确认书，并就基本条款达成一致意见，但该确认书尚不能合法地约束当事双方，直至双方已就全部细节达成一致意见。这是租船实务中最常见的一种表述。此外，双方当事人还需本着诚实信用原则对细节问题进行深入磋商，任何当事方不得擅自以"细节尚未确定"为由否认合同的效力。因为有些合同细节有的属于当事方可控制的事项，有的属于当事方无法控制的事项，根据每个具体的合同，这些细节的内容也不尽相同。如果出租人、承租人事后就全部细节问题进行了磋商并达成一致意见，尽管事后未必签署正式合同书，租船合同仍然成立并生效。此外，如果双方当事人未就细节问题进行磋商，但已经采取实际行动，促使未商定的细节条件成就，则订租确认书仍对合同双方产生约束力。但是，美国判例对此采不同观点。根据美国判例，如果双方当事人已经就合同基本内容(essentials)达成一致意见,尽管订有 Subject to Details,并且双方未就细节达成任何共识,租船合同仍然成立。但是究竟哪些内容构成"基本条款",哪些仅属于"细节"有待于法院或仲裁机构解释。若某一事项被法院认定为 Essentials,则即使属于细节中的一部分在双方没有进一步磋商达成一致意见时,合同仍不成立。

"有待于船舶检验"(Subject to Survey)、"有待于政府同意"(Subject to Government Permission)、"有待于托运人同意"(Subject to Shipper's Approval)也是航运实务中经常遇见的条款。这些表述说明:第一,当事双方之间尚不受租船合同的约束,即租船合同尚未生效;第二,一旦约定的生效条件中的内容得到满足,则租船合同生效,并立即对双方当事人起约束作用。"Subject Stem"这个术语仅限于承租人(货方)对于货物情况的确认。即一旦使用该术语,表明需要给承租人一段时间考虑并确认依据洽租的船舶是否能够被货主接受以便在约定受载期内装运约定数量的货物。

如果订租确认书中表明租船合同有待于具体细节的商定条款,则在上述细节内容被商定并在出租人、承租人之间达成一致意见后,出租人、承租人通常会再次签署一份订租确认书,并在该确认书上载明"出租人接受承租人上一次最后还价的全部内容,并在此确认有待于细节洽定的订租确认书的全部内容"(Owners accept charter's last in full and confirm hereby the fixture subject to details)或载明"承租人再次确认有待于细节洽定的订租确认书的全部内容"(Charters reconfirm the fixture subject to details)。上述被确认的合同细节内容将对租船合同双方具有约束力。

(七)编制、审核、签订租船合同(making,checking,signing C/P)

在各方签订了订租确认书之后,出租人根据经确认的订租确认书内容以及双方选择的某个租船合同格式范本,开始编制正式的、完整的租船合同,并通过经纪人送交承租人。承租人收到后应该仔细审核该合同内容是否与原协议内容相符。如果没有异议,即可签署,否则应要求出租人及时修改不符之处。在租船实践中,有时为了简化程序,各当事方签订订租确认书后,不再编制正式的租船合同,而把订租确认书作为履行合同的最终依据。因此,订租确认书内容正确与否,是否能够真实地反映双方当事人的意图就显得十分重要。

为了规范中国租船市场，中国国际商会制定了《航次租船合同确认书》(2000年标准格式)，供航次租船合同当事人选择使用。其特点是：

1. 该确认书采用中、英文两种文本，由当事人根据情况决定采用何种文本。

2. 对同一事项，确认书有多个条款予以规定并供当事人选择使用，未选中的部分内容可以划掉或删除；已经选择的条款也可根据具体情况进行修改和补充。

3. 允许当事人在确认书规定条款以外增加特别条款。

4. 关于法律适用和争议解决问题，该确认书明确规定应适用中国法律并根据中国法律解释，同时规定租船合同自签订确认书时成立。因确认书产生的或与之有关的任何争议应提交中国海事仲裁委员会在北京仲裁。

5. 如果确认书中的条款与1976年金康租船合同或1994年金康租船合同条款发生抵触时，确认书中的条款优先适用。

二、主要的租船合同范本

(一)种类

为了简化和加速签订进程和节省为了签订租船合同而花费的费用，也为了维护各自的利益，在国际租船市场上，一些航运垄断集团、大的船公司或大的货主都制订一些规范化的租船合同格式。这些事先印刷好的租船合同格式，大都以英文为通用语言，但是并不意味着必然适用英国法，当事双方仍然可以在合同中约定适用的法律。这些租船合同格式中罗列事先拟就的主要条款，并且通常为了便于双方通过电报、传真等方式对这些格式进行删减，每一个租船合同都为格式的名称编了代码名称，为每项条款编了代号，并在每行内容前(或后)编了顺序号。实践中一份经过协商并签署的完整租船合同文本由双方选定的某个标准合同范本中的印刷条款(Pre - printed clauses)、附加条款(rider clauses)或补充条款(additional clauses)共同组成。

大约在19世纪，出租人和承租人就开始考虑起草一些标准的租船合同格式。最初这些合同格式都是由代表某一方利益的合同当事一方起草，后来发展为由承租人和出租人共同起草合同格式。最早出现标准合同格式的是那些比较特殊的贸易运输，如1862年成立的地中海及黑海运输委员会，针对从黑海和地中海运出的谷物贸易，起草并制订了几种标准合同格式供当事人选择使用。

20世纪起重大作用的则是英国航运公会和波罗的海国际航运公会等国际航运机构。标准租船合同格式（standard C/P Form）通常是指由英国航运公会（chamber of shipping of the United Kingdom）文件委员会、波罗的海国际航运公会（the Baltic and international maritime council，BIMCO）文件委员会、纽约土产交易所（New York produce exchange，NYPE）和日本海运集会所（Japan shipping exchange inc）文件委员会等机构制定的被公认并且被广泛使用的合同格式。其条款用语比较缜密，相对合同各方比较公正。

1. 经同意的文本

"经同意的文本"（agreed document）是指BIMCO或者英国航运公会或者法国船东中央委员会或者代表船东利益的其他机构与代表承租人利益的一个或多个集团或机构之间协商订立的租船合同。除非得到上述全部机构的同意，否则不得对这种类型的租船合同内容进行修改或删减，主要强制适用于某些特殊类型的海运贸易。主要包括BIMCO于1956年制订的斯堪的纳维亚航次租船合同（Scandinavia voyage charter，SCANCON）、标准矿石租船合同（standard ore charter party，OREVOY）、1971年制订的煤炭航次租船合同（coal voyage charter，POLCOALVOY）、1973年制订的木材租船合同（wood charter party，NUBALTWOOD）。

2. 经采纳的文本

"经采纳的文本"（adopted document）是指代表船东利益的某个机构，例如，BIMCO与代表承租人利益的其他机构之间如果订立了经同意的文件，获得代表船东利益的其他机构，如英国航运公会，则英国航运公会就会对上述经同意的文件采取"采纳"的态度，该租船合同即成为"经采纳的文本"。这种租船合同一经被某个机构"采纳"，则此种租船合同对于该机构下属的会员公司而言，是强制适用的。租船实践中，某个代表船东利益的机构如国际油船船东协会（INTERTANKO）就特定航线运输与代表承租人利益的机构达成租船合同，尽管不属于"经同意的文本"，但还是有可能被BIMCO所采纳。日本海运集会所制订的煤炭租船合同（coal charter party，NIPPONCOAL）被BIMCO所采纳；用于LNG以外的其他液化气租船合同（gas voyage charter party，GASVOY）被英国航运公会所采纳；BIMCO制订的标准矿石租船合同被英国航运公会及英国国家船舶经纪人和代理人协会联合会（federation of association of national ship brokers and agents,FONASBA)所采纳,散装化学品船舶统一定期租船合同(uniform time charter party for vessel carrying chemical in bulk, BIMCHEMTIME)被INTERTANKO以及英国航运公会所采纳。

3. 经推荐的文本

“经推荐的文本”(recommended document)是指未经过代表出租人和承租人的利益机构之间进行协商确定的租船合同,而仅仅由代表一方利益的机构制定并推荐出租人和承租人使用。此种文本对制定机构下属会员公司不具有强制性,合同条款和内容可以进行修改和删减。如美洲威尔士煤炭租船合同(Americanized Welsh coal charter, AMWELSH1993)、北美化肥租船合同(North American fertilizer charter party, FERTIVOY88)、澳大利亚小麦租船合同(Australian wheat charter, AUSTWHEAT)得到BIMCO的推荐。GENCON合同、黑的路查特航次租船合同(Hydrocharter voyage charter party, HYDROCHARTER)则由BIMCO制订并推荐使用;全球航次租船合同(universal voyage charter party, NUVOY-84)得到BIMCO和英国航运公会的一致推荐。

租船实务中,所有文本都属于“经批准的格式”(Approved Forms)或“正式格式”(Official Forms)。非标准租船合同格式(Non-standard C/P Form)虽然不属于标准的租船合同格式,但该合同的格式也有一定的规律,并且被广泛采用。厂商租船合同格式(Private C/P Form)是指由某个大货主特别是具有垄断性质的财团或机构,仅就某一种特定的货物或贸易制定的并只在自己租船时使用的合同格式。常常存在于矿砂、化肥、原油、粮食等干散货贸易中。

(二)标准的租船合同格式

1. 标准的航次租船合同格式

(1)统一杂货租船合同(uniform general charter),租约代号“金康”(GENCON),由BIMCO于1994年做最新定稿,是一个适于各种货物、各种航线的应用较广泛的标准合同格式。

(2)威尔士煤炭租船合同(chamber of shipping Welsh coal charter party)由英国航运公会制,定经1912年、1924年两次修改,是专门用于煤炭运输的标准格式。

(3)谷物泊位租船合同(baltimore berth grain charter party - steamer(Form

C)),租约代码为“巴尔的摩 C 式”由纽约的北美粮食出口协会、伦敦的北美托运人协会以及纽约土产交易所联合制定,现在普遍采用的是 1974 年版本,广泛用于从北美和加拿大向世界各港整船运输谷物的标准格式。

(4)澳大利亚谷物租船合同(Australian grain charter party),代码名称 AUSTRAL,是专门用于整船谷物运输的标准格式。

(5)C(矿石)7 租船合同(C(Core)7mediterran iron ore charter party)为第一次世界大战期间,英国政府制定的关于进口铁矿石运输的航次租船合同。

(6)油船航次租船合同(tanker voyage charter party),租约代码“阿斯巴坦可瓦依”(ASBATANKVOY),1977 年由美国船舶经纪人和代理人协会(Association of Ship Brokers and Agents(USA),ASBA)制定,专门用于油船航次租船。

(7)美洲威尔士煤炭租船合同(Americanized Welsh coal charter),租约代码名称为“艾姆威尔士”(AMWELSH),由 ASBA 修改制定,不仅广泛用于美国港口装运煤炭的租船运输,还大量地用于美洲湾、美国西海岸港口装运石油焦炭的租船运输,现在普遍采用的是 1993 年格式,该格式受到 BIMCO 和 FONASBA 的推荐和采纳。

(8)1990 年澳大利亚小麦租船合同(Australian wheat charter 1990),租约代码名称“奥斯威特”(AUSTWHEAT),由 BIMCO 推荐使用,主要用于在澳大利亚各港装运小麦驶往世界各地的航次租船合同。

(9)1982 年多用途船舶租赁合同(multi - purpose charter party 1982),租约代码“马蒂弗姆”(MULTIFORM),由 FONASBA 于 1982 年制定,1986 年修订,主要用于集装箱运输,已得到世界主要航运大国的批准。

(10)斯堪的纳维亚航次租船合同,租约代码“斯堪康”(SCANCON),由 BIMCO 于 1956 年制定,1963 年、1993 年两次修改,主要用于斯堪的纳维亚地区的杂货航次租船。

(11)普尔煤炭航次租船合同(coal voyage charter),租约代码“普尔可瓦依”(POLCOALVOY),由 BIMCO 于 1971 年制定,1976 年、1997 年两次修改,主要用于煤炭运输。

(12)波罗的海谷物航次租船合同(BIMCO grain voyage charter party)由 BIMCO 于 2003 年最新制定修改了以往谷物租船合同格式的不足,代码“格林康”(GRAINCON)。

（13）北美谷物航次租船合同（North American grain charter party），租约代码“诺格林”（NORGRAIN），由 ASBA1973 年制定，1989 年修订，得到 BIMCO 和 FONASBA 的共同推荐，专门用于美国和加拿大出口谷物。

（14）北美化肥航次租船合同，租约代码“弗提瓦依”（FERTIVOY），由 BIMCO 于 1978 年制定，1988 年修订，专门用于化肥运输。

（15）化肥航次租船合同（fertilizer voyage charter party），租约代码“弗提康”（FERTICON），由英国航运公会在 1942 年制定，1950 年、1974 年和 2007 年三次修订，专门针对化肥运输。

2. 标准的定期租船合同格式

（1）统一定期租船合同（uniform time charter），代码名称“波尔的姆 1939”（BALTIME 1939），由代表船东利益的 BIMCO 于 1909 年制定，经过多次修订，现行使用较多的是 1974 年或 2001 年的格式，得到英国航运公会文件委员会以及日本航运交易所文件委员会的采纳，其条款内容比较维护船舶所有人的利益。

（2）定期租船合同（time charter party），代码名称“土产格式”（Product Form），由谷物、粮食等方面的大交易商作为成员的 NYPE 于 1913 年制定并经美国政府批准，现行使用的是 1946 年的格式，该合同格式比较维护承租人的利益。1993 年 BIMCO、ASBA 和 FONASBA 完成了对 NYPE1946 格式的最新修订，即 NYPE1993 格式，目前广泛使用于我国定期租船实务中。为了应对新的时代风险和解决纠纷，2015 年 BIMCO、ASBA 和 SMF（新加坡海运基金，Singapore Maritime Fund）联合发布了 2015NYPE 格式合同。此外，1982 年 ASBA 吸收了 BALTIME 和 NYPE 的优点制定了一个合同格式，代码名称为 FONASBATIME，1986 年进行过修改，不适用于集装箱运输，航运大国多数已经承认，但实践中采用的较少。

（3）通用定期租船合同（general time charter party），租约代码“金的姆”（GENTIME），由 BIMCO 于 1999 年制定，主要适用于干散货定期租船，也可用于集装箱船舶的定期租用。其更加注意兼顾出租人和承租人利益的平衡，吸收了实践中当事人经常补充的一些附加条款，合同格式的结构更加合理，逻辑性更强，权利义务更明晰。

（4）1980 年中租格式（time charter party 1980），代码名称“中租 1980”，中国租船公司 1980 年制定，其条款对船舶所有人比较苛刻。

(5)BIMCO针对一些特殊类型的船舶制定了专门的定期租船合同格式,如针对散装化学品船舶的Bulk Chemical Time Charter,代码名称BIMCHEMTIME;针对集装箱船舶的Standard Time Charter Party for Container Vessels,代码名称BOXTIME;针对油船的Time Charter Party,代码名称BPTIME;针对液化气船舶的“统一载运液化气船舶定期租船合同”(Uniform Time Charter Party for Vessels Carrying Liquified Gas),代码名称GASTIME;针对近岸船舶的“近岸共计船舶定期租船合同”(Time Charter Party for Offshore Service Vessels),代码名称SUPPLYTIME。

3.标准的光船租赁合同格式

BIMCO在1974年完成了标准光船租赁合同的制定(standard bareboat charter),代码名称“贝尔康”(BARECON)。1974年版本的BARECON包括A和B两种格式,前者主要涉及现有船舶的光船租赁,不论船舶上是否设定抵押;后者用于通过抵押融资的新建船舶的光船租赁。上述两种格式的第三部分,都是关于船舶租购的规定,一旦被选用,则成为船舶租购合同。该文件获得英国航运公会文件委员会的采纳。1989年的修订包括增加了一些供选择使用的条款、如何在变更国籍的情况下保护船舶抵押权人,并调整了合同格式的总体结构框架。2001年的修订增加了有关出租人终止合同并重现占有船舶的条款。

第四节　航次租船合同

《海商法》第九十三条规定:“航次租船合同的内容,主要包括出租人和承租人的名称、船名、船籍、载货重量、容积、货名、装货港和目的港、受载期限、装卸期限、运费、滞期费、速遣费以及其他有关事项。”航次租船合同内容通常都是通过具体条款表现出来的。

一、船舶说明条款

船舶说明是指出租人对船舶的情况,在合同中所做的陈述(representation)。它使船舶特定化,是承租人决定是否租用的重要依据,同时构成合同的重要条款。出租人必须保证陈述内容的正确性。如陈述与事实不符,即为误述。严重误述、影响合同履行、影响承租人利益的,承租人有权解除合同,并请求损害赔偿。《海商法》第九十六条对此规定:“出租人应当提供约定的船舶;经承租人同意,可以更换船舶。但是,提供的船舶或者更换的船舶不符合合同约定的,承租人有权拒绝或者解除合同。因出租人过失未提供约定的船舶致使承租人遭受损失的,出租人应当负赔偿责任。”

(一)误述的法律后果

对于误述产生的法律后果,各国规定不一致。根据英国普通法,从形式上分为促成合同达成的误述和构成合同条款的误述。对于前者而言,并不在合同的正式文本中体现出来,仅仅在合同以外的其他书面文件或口头文件上体现。早期英国法认为凡是不在合同中表现出来的,都不具有法律效力;现在则认为促成合同达成的误述,尽管不在合同的正式文本中体现出来,但也是出租人的一项附属承诺(Collateral Promise),因而产生法律效力。而后者则在合同中体现。

1. 促成合同达成的误述

(1)欺诈性误述(fraudulent misrepresentation)

所谓欺诈性误述是指某人为诱使他人依其陈述内容行事,明知与事实不符而故意做出错误的说明,或者对于自己根本不相信的事实仍做出如此说明,或者明知所做出的陈述会误导对方而毫不在意。

构成欺诈性误述须满足两个要件:存在误述且受害人因信赖该误述而订立合同。欺诈性误述必须是:第一,与事实不符的陈述,可以口头言语做出的,也可以是以书面文件或者其他行为做出,但单纯的沉默不构成误述;第二,误述必须针对既存事实(existing fact),如果是对法律、意见或信心的陈述或者对未来事项的说明,均不构成误述;第三,必须存在欺诈的目的和用意;第四,该陈述必须是在协商订立合同的过程中做出的。因欺诈性误述而被诱使订立合同的当事人,有权依据英国普通法撤销该合同或者向法院申请颁发撤销令(order of rescission)。撤销合同的后果就是根据“恢复原状”原则,使该合同自始无效,没有履行的不再履行,已经履行的当事人之间采取措施使双方恢复到从未履行的状态。无法恢复的则通过赔偿损失达到恢复原状的目的。同时不影响受害人以“诈骗之诉”向做出误述的一方提出侵权损害赔偿。

(2)疏忽性误述(negligent misrepresentation)

所谓疏忽性误述是指明知自己所做出的说明是错误的,但相信不会给对方造成损害或者相信损害能够避免。根据英国《1967 年误述法》(*Misrepresentation Act*,1967)的规定,对疏忽性误述,受害人有权请求损害赔偿,但能否解除合同由仲裁员或法院依据公平原则,在考虑误述的内容和性质、误述可能给受害人造成的损害以及如果解除合同将给陈述人带来的损害等诸多因素后做出决定。但不论能否解除合同,承租人均可请求损害赔偿。由于该法的存在,疏忽性误述的受害人通过侵权之诉请求索赔的概率大大减少,仅限于陈述人不是合同一方或者误述后并没有订立合同的情形。

(3)无过错性误述(innocent misrepresentation)

无过错性误述又称"无过失的误述""无辜的误述"。指做出误述的一方没有任何过错,从做出陈述开始至整个订约期间,并不知晓自己做出的陈述与事实相违背。根据英国《1967 年误述法》的规定,做出误述的一方对另一方造成的损害仍要承担赔偿责任,除非能证明订立合同时他有合理的理由相信所做出的陈述是真实的。若能证明其做出误述时起直至签订合同时止,一直相信自己做出的陈述是真实的,则陈述方不必承担赔偿责任。至于能否解除合同,则由法院或仲裁员根据公平原则确定。

2. 构成合同条款的误述

如果某人引诱他人与之订立合同而做出的误述被纳入合同之中,则属于构成合同条款的误述。对于构成合同条款的误述,依据违约处理,即承租人是否有权解除合同,视误述是条件条款、保证条款或中间义务条款而定。条件条款、保证条款或中间义务条款是英美法中的概念,目前没有权威的法律规定,多通过一些标准加以判断。

(1)条件条款(condition clause)

条件条款的判断标准是:第一,成文法中明文规定是条件条款的;第二,合同中明显指出是条件条款的;第三,普通判例法规定是条件条款的,由于判例可能会被推翻,存在一定的不稳定性。通常法院会根据当事人双方的意图、合同订立的背景环境、合同执行的情况、合同的内容以及违约的后果等方面加以确定。但是鉴于条件条款对于合同的重要性,英国法院通常对此做出较为严格的解释。船名、船型、船舶现处的位置、船级等通常被认定为条件条款。由于条件条款涉及合同中的实质性内容,因此在英美法系,对该类型条款的违反,通常被认为是破坏了合同的根基,受害方可以解除合同,并同时可以提出损害赔偿请求。

(2)保证条款

保证条款是合同中具有补充性或辅助性的一种条款,“保证”(warranty)一词在条款中是否出现,对于判断保证条款至关重要。英国法院或仲裁机构会根据合同条款的内容、当事双方订立合同的意图等因素予以决定。如港口的安全性、船速及燃油消耗(英国认为其是中间义务条款)、船舶的维修保养等一般都属于保证条款。如果合同一方违反保证条款,则另一方不可以解除合同,只能向违约方提出损害赔偿请求。

(3)中间义务条款(intermediate clause or innominate clause)

中间义务条款介于条件条款和保证条款之间,如果违反的话,视违反程度如何,确定是否能解除合同。如果违反的程度比较轻微,则不能解除合同。无论是否可以解除合同,受害方都可以提出损害赔偿请求,如提供适航船舶的条款。

根据英国法律,违约赔偿的大原则就是补偿受害方因为违约造成的损失,及通过“尽量用金钱来令受害方回到一个合约被履行的地位”。补偿意味着受害方不能因此获利,只能索赔因为违约造成的“纯损失”或“净损失”。一般包括因为违约直接带来的损失,不包括遥远损失和间接损失。

根据美国法律,有关船舶的误述除承租人在决定是否租用船舶时所依据的陈述外,如果有错误,只能请求损害赔偿,不能解除合同。如果是船舶的误述促使承租人订立合同,且这种误述破坏或严重妨碍了承租人租用船舶所要达到的目的,则承租人可以解除合同,并请求损害赔偿。

我国《海商法》要求航次租船合同必须以书面形式订立,因此没有明确规定误述的法律后果,只能依据《民法总则》《合同法》等其他法律规定进行调整。其与英美法系中的欺诈性误述和疏忽性误述相类似,但是并不完全一致。我国法律中缔约过失责任的规定包含的范围更宽泛些。至于构成合同条款的误述,可以依法确定该合同是否无效,是否撤销亦或追究误述方的违约责任。

(二)陈述的主要内容

1. 船名(name of vessels)

关于船舶的指定通常有几种方式:

①指定一艘特定的船舶，这种船舶一旦被指定，出租人无权以其他船舶替代，如果原来指定的船舶沉没或者由于某种原因不能履行合同，则承租人有权解除合同。

②××船或其替代船，由船舶出租人选择（M/V，×× or substitute at shipowner's option），即所谓的“替代船条款”。

由于在签订合同时船舶出租人还不能预料将来在调配船舶方面可能发生的变化，所以船舶出租人往往采用这种条款。替代船一经选定，必须立即通知承租人，且不得更改进行二次选择。

③在××船或××船或××中选择一艘，这种方式对船舶出租人来说，更具有灵活性，且可以进行多次选择。

2. 船籍（nationality of vessels）

在合同中指定船籍，或者声明船舶不得悬挂某国国旗。在战争时期，船籍或船旗关系到船舶是归属于交战国还是中立国的问题。如交战双方会面临时被扣押、征用、没收、充公等风险。在和平时期，涉及发生争议时的法律适用保险费率的差异以及船舶在不同国家缴纳港口使用费、引航费、税费等费率方面的差异，这是因为世界上多数国家都明确规定悬挂某些国家国旗的船舶采用优惠费率。如果承租人基于国际贸易需求、航行安全等因素不希望使用方便旗船或者限制使用某个国家国旗，则应当在洽谈航次租船合同时予以特别声明。在英美法系，有关船籍、船旗的陈述内容被视为中间义务条款。如果出租人对该内容做出误述，将根据其误述的程度及后果，承租人有权选择解除合同或者只能索赔。此外，在香港特别行政区注册登记的船舶应同时悬挂中华人民共和国国旗和香港特别行政区区旗，以区别于在英国登记的英国籍船舶。在澳门特别行政区注册登记的船舶也采用类似的做法。

3. 船级（classification of vessels）

船级表明双方在订立合同时船舶应实际达到的技术状况。通常是以加入的某个船级社颁发的船级证书中标明的船级为依据。出租人有关船级内容的陈述，仅限于双方订立合同时的船级情况，并不意味着出租人有应当保证在整个租船合同履行期内维持船级的义务，除非合同中另有约定。因此，即使在合同履行期内船级丧失，也不视为出租人违约。英国有判例表明船级是合同的条件条款，如果违反的话，承租人可解除合同。

4. 船舶吨位(tonnage)

船舶吨位包括登记吨和载重吨。登记吨又包括总登记吨(gross registered tonnage,GRT)和净登记吨(net registered tonnage,NRT)。登记吨通常是按照《1969年国际吨位丈量公约》的规定进行测量的。登记吨位涉及港口费用、运河费用等使用费的计收。但苏伊士运河、巴拿马运河采用自己的特殊方法测量吨位并据此收取费用。载重吨(deadweight tonnage)又称载货能力(deadweight capacity),表明船舶实际装载货物的能力。合同中载明的数字是指实际可装载的最大货物数量,不包括船舶燃料、淡水、备用品、船舶常数等。船舶常数是指由于船舶经过修理或改装、更换设备以及舱底积存污油水、海藻、贝壳等海洋生物附着于船底等诸多原因使船舶载重能力下降的数值,船舶常数与船龄有关,范围通常为3% ~5% 。

尽管在实践中航次租船合同会约定载重吨的大致范围,但是在具体装货作业之前,船长往往会综合本船的实际装货能力、航线情况、天气情况及港口吃水限制等诸多因素,在合同约定的载重吨许可范围内,向货主进行"宣载"(Declaration),即表明本船能够装运货物总量的最大允许数值。若货主未能提供如上数值的货物,则应当承担相应的亏舱费;反之,如果货主根据船长宣载的最大货物数量提供了货物,但是事实上不能全部装入舱内,则船舶出租人应承担给货主造成的损失,如短装损失、额外的仓储费、回运费等。

5. 船舶动态(vessels's position)

船舶动态是指订立合同时船舶所处的位置或状态,其直接影响到船舶能否按期抵达预定的装货港,如果船舶不能按期抵达会导致合同被解除。英国判例表明这是一种条件条款。实践中出租人为了避免不必要的麻烦和面临违约的风险,往往不具体订明船舶现时状态的准确经纬度数值,往往以"ship now trading""ship now under repair""expected ready to open at…port at…date"等较为宽泛的语言进行表述或说明。

6. 船舶预计到港并做好装货准备时间(expected ready to load)

船舶预计到港并做好装货准备的一段时间又称为受载期(laydays),即船舶在合同规定的日期内到达约定的装货港并做好准备的一段日期。如果船舶未能如期抵达装货港,即视为出租人违约。合同中一般订有解约条款,解约条款规定的日期为解约日(cancelling date),其通常为船舶预期抵达港口并做好装货准备日期的最后一天，即受载期的最后一天，实践中通常简化为LAYCAN。如果未明确规定解约日的具体日期，仅规定了受载期，则实践中通常将受载期的最后一天解释为解约日。

二、预备航次条款

实践中，在洽谈航次租船合同时，船舶刚好处于合同中规定的装货港并做好准备履行合同的情形甚为罕见。多数情况下，船舶都处于装货港以外的某一地方，并极有可能正在履行前一租船合同，这样一来，船舶必须完成前一航次以驶往合同约定的装货港。所谓预备航次是指当租船航次与运输航次不一致时，从装货港前的某一地方驶往装货港的航次。航次租船合同中约定的装货港至卸货港的航次，为运输航次。而预备航次与运输航次的总和构成租船航次，预备航次往往是航次租船合同履行的第一个阶段。合同中关于出租人权利义务的规定，同样适用于预备航次，除非合同另有相反约定。

预备航次的履行往往与订约时船舶所处的位置存在着密切的联系。根据英国法，如果关于船舶动态的说明存在任何实质性的错误，则承租人有权以违反条件条款为由解除合同，显然承租人倾向于对船舶抵达装货港的日期做出具体明确的规定，而出租人很少会承诺在具体的某一日期抵达装货港，因此，根据航次租船合同的具体规定不同，预备航次应履行的义务也不完全相同。如果合同规定了船舶抵达装货港的具体日期或者开始预备航次的具体日期，则根据英国法，出租人有绝对的义务履行合同。如果未能在合同规定的日期前抵达装货港，则视为出租人违反条件条款，承租人有权解除合同。如果合同没有明确出租人履行预备航次的具体日期，则根据英国普通法，出租人有默示义务以合理地速遣(resonable dispatch)或适当地谨慎(due diligence)完成预备航次。如果未能以合理的时间完成预备航次的，承租人有权索赔因船舶延误而导致的一切损失，但是不能因此解除合同，除非出租人的违约行为非常严重，足以妨碍合同要达到的目的或合同的履行。因为预备航次是航次租船合同不可或缺的一部分，所以，在预备航次履行中，如果由于航次租船合同免责条款规定的事由发生，致使船舶迟延到达装货港，给承租人造成损失，出租人可以提出免责的抗辩。但是无论什么原因产生的延误，即使是航次租船合同规定的免责事项造成的船舶迟延抵达装货港，给承租人造成损失，出租人都可以提出免责抗辩。但是无论什么原因产生的延误，即使是航次租船合同规定的免责事项造成的船舶迟延抵达装货港，只要迟延超过了解约日，则承租人仍可根据解约日条款选择解除合同。即承租人解除合同的权利，不因航次租船合同存在损害赔偿免责条款而受到任何影响，所谓免责只是免除出租人因为约定事项造成承租人损失的赔偿责任，并不能因此影响承租人解除合同的权利。因为解约日的规定属于约定解除合同的情形，只要解除合同的条件具备，承租人就可行使该权利，除非另有其他约定。

有关预备航次，合同中通常有下列两项重要规定：

第一，船舶预期到达装货港或者地点并做好装货准备的日期，该日期又称受载期限，或者受载期。如船舶未能在规定日期内到达约定的装货港或地点，并做好装货准备，即视为出租人违约，除出租人可免责的原因造成延误外，承租人有权向出租人索赔因此造成的损失，对此，《海商法》第九十七条规定：因出租人过失延误提供船舶，致使承租人遭受损失的，出租人应承担损害赔偿责任。

第二，解约日。解约日是船舶到达装货港或者其他约定地点，并做好装货准备的最后期限，如船舶在这一期限仍未到达并做好装货准备，承租人便有权解除合同，而不是指承租人解除合同的日期。解约日通常是受载期限的最后一天。除合同另有约定外，只要出租人未能使船舶在合同规定的解约日之前到达装货港口或其他约定的地点并做好装货准备，无论由于何种原因所致，承租人有权按合同中的解约条款解除合同。而且，即使出租人或者船长明知船舶不能在解约日之前到达约定地点并做好装货准备，只要承租人未提出解除合同，船舶仍应驶往约定地点。但是，合同通常规定，如承租人接到出租人或者船长关于船舶延误情况和预期抵达约定地点日期的通知，则应在一定时间内做出是否解除合同的答复。对此，《海商法》第九十七条规定为 48 小时，否则，视承租人放弃解除合同的权利，这种条款称为“质询条款”（Interpellation Clause）。如无这种约定，则承租人应在合理时间内做出是否解除合同的选择并通知出租人，否则视为承租人放弃解除合同的权利。如船舶延误系出租人不能免责的原因所致，承租人解除合同后，还可就因此遭受的损害向出租人索赔。

三、货物条款

(一)货物种类

除承租合同明确约定某一种货物或货物的具体名称外,为了承租人贸易上的便利,合同中通常约定几种货物,或者约定某一类货物供承租人选择。如果承租人选定的货物由于其可免责的原因不能装船,除合同另有明确约定外,只要在约的货物种类中有其他货物可供装船,承租人仍有提供货物并装船的义务,但允许其在合理的时间内做出安排。为了国际贸易上的便利,承租人常常不在合同中列明特定的货物,而是规定“……货物 A 或其替代物 B……”。如果承租人选定的货物 A 由于其可免责的原因不能装船,除合同另有明确规定外,只要在合同规定的货物种类范围内还有其他的货物,例如货物 B 可以提供并能够安排装船,则承租人仍有提供货物的义务,但允许其在合理时间内做出变更安排。但是在英国法中,有判例表明,如果合同规定“……货物 A 或其替代物 B……由承租人选择”的话,一旦合同约定的货物 A 无法提供,则承租人可以行使选择权,既可以选择其他的替代货物 B,也可以选择装运任何其他替代货物,即使在客观上可以提供替代货物 B 的情况下,如果承租人最终的选择是不提供任何货物装运,则并不视为承租人违反供货的义务,因为选择权是合同赋予他的一项特权。

我国《海商法》第一百条规定:“承租人应当提供约定的货物,经出租人同意,可以更换货物,但是,更换的货物对出租人不利的,出租人有权拒绝或者解除合同。因未提供约定的货物致使出租人遭受损失的,承租人应当负赔偿责任。”

(二)货物数量

由于合同中通常约定运费按照船舶载运的货物数量计算,为保障出租人的利益,合同中经常规定承租人应提供满舱满载(full and complete)货物,满舱是指承租人提供的货物数量应达到船舶的货物载重能力,即货物装船后应使船舶吃水达到允许的最大限度。一般来说,若货物是轻泡货,即货物的积载因素(stowage factor)较大,承租人提供的货物应达到满舱;相反,若货物是重货,即货物的积载因素较小,承租人提供的货物应达到满载。

实践中,通常有两种货物数量的具体约定方法:

(1)满舱满载某种货物多少吨,百分之几上下由船方选择。

此时,船舶具体装货的数量由船长在装货之前,以书面形式通知货方,系通常所说的宣载,宣载的数量不能超出上述规定范围。出租人应保证船舶能实际装载船长宣载的货物数量,承租人提供的货物应达到船长宣载的数量。如该数量的货物装船后船舶仍未达到满舱满载,船长可以要求承租人加载货物,但必须得到承租人的同意。

(2)满舱满载某种货物不超过多少吨,又不少于多少吨。

此时,出租人应保证船舶能实际装载的货物数量不少于约定的下限,承租人有义务提供的货物数量为约定的上限与船舶满舱满载货物数量二者之中的较小者。因此,在合同约定承租人应提供满舱满载货物时,尤其是装运非种类货物时,承租人事先备妥的货物数量有时难以满足合同约定的数量要求,会出现事先备妥的货物数量过多而造成部分货物无法装船的情况,又不能向出租人索赔短装损失(damage for short lift),或者事先备妥的货物数量过少,而需向出租人支付亏舱费,因而合同中经常约定货物的具体数量,或者约定货物的具体数量并且百分之几上下由承租人选择。

船舶按合同约定到达装货港或其他约定的地点并做好装货准备时,承租人应备妥约定的货物。如船舶到达并做好装货的准备后,承租人不能立即提供货物装船,承租人应承担违约责任,除非是由于其可免责的原因所致或者由于出租人违约,承租人依合同的约定或者法律规定而解除合同。如船舶到达并做好装货的准备时,承租人已备妥货物,但由于其可免责的原因,装货作业受到阻碍,则承租人不承担违约责任。装货作业包括班轮条款情况下,货物从码头仓库或者堆场运至船边,或者承租人负责装货情况下装至货舱的整个过程,如果码头货物储存设施,或者如煤、矿石、油类等货物在装船前习惯上不在码头存储,则货物从工厂、矿山等存储地点运至码头这一过程,亦被视为装货作业的一部分。

四、装卸条款

(一)装卸港口与泊位

1.港口的指定

合同中通常订明特定的装卸港,并由承租人指定具体的装货泊位或者地点。在选港货(optional cargo)情况下,合同中约定卸货港为两个或多个港口或者某一港口范围供承租人选择,但承租人应在出租人按合同签发提单之前做出选择并通知出租人、其代理人或船长。对此,《海商法》第一百零一条中规定:“合同订有承租人选择卸货港条款的,在承租人未按照合同约定及时通知卸货港时,船长可以从约定的选卸港中自行选定一港卸货。承租人未按照合同约定及时通知卸货港,致使出租人遭受损失的,应当负赔偿责任。”如承租人根据合同的规定选择两个港口卸货,则应将拟在第一卸货港卸下货物的情况告知船长。否则,出租人为了保持船舶在适航平衡(seaworthy trim)状态下驶往第二卸货港而发生的倒舱、卸载和重装货物的费用,由承租人偿付。不论承租人是否已将上述情况告知船长,为使船舶处于适航平衡而所花时间,均计为卸货时间。这种条款通常被称为“适航平衡条款”。

2. 港口的安全性

如果装/卸货港口或泊位已在合同中明确规定,除非合同另有约定,否则承租人不保证港口的安全性,港口或泊位是否安全,应当由出租人负责并核实;如果装/卸港口或泊位由承租人选择或待承租人指定,则此种情况下,承租人有保证港口或泊位安全的义务。但是英国法律对此规定不一致。如果合同约定允许承租人在合同指定的两个或两个以上的港口中选择,则港口的安全性由出租人、承租人双方共同保证。若合同约定允许承租人在某一个地域范围内选择一个港口进行装卸的,则不论承租人最终选择的是哪一个港口,承租人都负有保证该港口安全的义务。如果航次租船合同明确了特定装货港或卸货港,并且该港口有两个以上的安全泊位,在租船合同没有明确承租人保证泊位安全的条文约定时,英国判例认定承租人没有在该装货港指定“安全”泊位的默示义务。

3. 临近条款(near clause)

临近条款表述为“……或者临近的可以使船舶安全抵达并处于永远漂浮状态的地点……”(...or so near thereto as she may safely get and lie always float...)。该条款包括两方面的含义:第一,当原定港口变得不安全时,承租人应当根据临近条款的规定,指定或重新指定临近原定港口的某一个港口进行装卸货;第二,如果承租人违反合同约定,不指定或重新指定有关临近港口时,出租人有权且只能将货物卸于这种临近地点并视为航次租船合同已经履行。但是当港口的不安全仅仅是因为暂时的或者临时障碍导致的,船舶出租人不能依此条款随意选择一个临近条款进行货物装载或卸载,必须等待该障碍消失或引起障碍的事由消除,当然此种等待应当以合理时间为限。如果根据临近条款将货物在原定港口以外的有关临近地点进行装卸的,一旦运输航次因此而延长,则承租人应支付额外的运费;反之,运输航次因此而缩短的,承租人仍应支付原合同规定数量的运费,不得因为航次缩短使得运输成本降低而进行任何扣减。对于“临近”(near)一词的解释,应依据具体情况和行业知识、经验确定,距离的长短并非是绝对的。“安全”(safely)是指船舶能够安全地驶入、驶出并在港口停留期间处于安全状态,不针对货物。“处于永远漂浮状态”(lie always afloat)是指该临近港口必须有足够的水深,不必考虑潮涨潮落等因素,使船舶能够在任何情况下处于漂浮状态。因此,有的合同规定用“在任何潮汐下均能处于永远漂浮的状态”(lie always afloat at any tidal time)以表明船舶绝对不会受到潮汐变化的影响,可以安全地驶入、驶出港口。因此,在这种约定下,若港口因低潮造成船舶吃水受限而出现安全搁浅(safely grounding)的状态,则该港口不属于安全港口。一些海港因受潮水影响比较大,经常会出现低潮使很多船舶无法处于正常漂浮状态,对于这些特殊港口,需要在合同中明确规定“安全搁浅的情况下不视为港口不安全”(lie always afloat at any tidal time except safely grounding),从而解除承租人保证港口安全的义务。我国《海商法》第九十一条的规定较为严格,但未对临近港卸货额外费用的分担问题做出明确的法律规定。

(二)装卸费用

装卸费用的约定应与货物买卖合同的价格条件相衔接,此外,装卸费用条款的内容通常不单纯指装卸费用由谁承担,还包括由哪一方委托装卸公司并承担装卸作业中的风险和责任。对货物装卸费用的分担,合同中一般有下列几种规定方法:

1. 班轮条款(Liner Terms),又称总承兑条款(Gross Terms)、船边交接货物(Free Alongside Ship,FAS),指由出租人承担货物装卸费用。

2. 出租人不负担装卸费用(Free In and Out,F. I. O.)。

3. 出租人不负担装卸费用、积载及平舱费用(Free In and Out,Stowed and Trimmed, F. I. O. S. T.)。

4. 出租人负担装货费用,但不负担卸货费用(Liner In,Free Out)。

5. 出租人不负担装货费用,但负担卸货费用(Free In,Liner Out)。

(三)装卸时间

BIMCO、IMO、FONASBA 和英国航运总会(GCBS)联合制定的《1993 年航次租船合同装卸时间解释规则》(*Voyage Charter Party Laytime Interpretation Rules* 1993),装卸时间是指合同双方当事人协议的、出租人应保证船舶适于装卸、承租人不支付运费之外任何费用的一段时间。在合同约定的装卸时间内,出租人有使船舶等待货物装卸的义务;承租人具有完成货物装卸的义务,因而约定的装卸时间是承租人完成货物装卸的期限。装卸时间的规定方法有以下几种:

1. 约定装卸日数或船舶装卸定额

约定装卸日数,即规定装卸时间具体为几日。约定船舶装卸定额,即约定船舶"每日"(Per Day)、"每日每舱口"(Per Hatch Per Day)、"每日每作业舱口"(Per Working Hatch Per Day,WHD)装卸多少吨货物。在约定船舶装卸定额情况下,具体装卸日数根据装卸的货物数量、装卸定额和船舶情况计算而得。表示装卸时间的"日"有多种形式,其具体含义在《1993 年航次租船合同装卸时间解释规则》有明确叙述。

2. 按习惯尽快装卸(customary quick despatch,CQD)

该种方法表明装卸时间按照船舶能够装货或者卸货的速度以及港口或者泊位能够为装货或卸货提供的条件确定时间。

3. 以船舶能够收获或者交货的速度(as fast as the vessel can receive/deliver)装货或者卸货

这种方法即装卸时间按照船舶能够装货或卸货的速度确定的时间,而不考虑港口或者泊位能够为装货或卸货提供的条件。

4. 装卸准备就绪通知书

合同中通常约定装卸时间自船长或者出租人的代理人向承租人或者其代理人递交"装卸准备就绪通知书"(notice of readiness,N/R)后,经过一定时间开始计算,装卸时间通常与计算滞期和速遣的实践密切相关。船长或者出租人的代理人递交的"装卸准备就绪通知书"应满足两个条件:

(1)船舶必须到达合同规定的港口或者泊位。

即船舶必须是一艘到达船舶(arrived vessel)。如合同中只约定船舶应到达规定的港口,则船舶一经到达该港口,不论是否已靠泊,即视为到达船舶。这种合同称为港口租船合同(port charter)。如合同约定船舶必须到达合同约定的或者承租人根据合同约定指定的泊位,则船舶只有达到该泊位时,才视为到达船舶,这种合同称为泊位租船合同(berth charter)。在泊位租船合同中,出租人为了在港口拥挤而船舶不能立即靠泊时避免等泊引起的时间损失,常常要求在合同中列入“到达即可靠泊”(reachable on arrival)“不论靠泊与否”(wether in berth or not,WIBON)或者“等待泊位所损失的时间计为装货/卸货时间”(time lost waiting for berth to count as loading/discharging time)的规定。

(2)船舶在各方面已做好装卸货物的必要准备。

包括船上的吊杆或者吊车、起货机及其他装卸工具处于随时供装货或者卸货使用的状态;在装货港,则已做到货舱清洁、干燥、无味,已按要求检验合格并取得相应证书;装运散装谷物的船上已备妥必要的防移板等;并且,船舶已按所在港口有关法规的要求,办理海关、边防检查机关或者移民局、港航监督机关、卫生检疫部门的各项必要的手续。如合同中订有“船舶通过检疫与否”(whether vessel in free pratique or not)或者“已经报关与否”(whether customs cleared or not)的规定,则表明完成这些手续不是递交“装卸准备就绪通知书”的前提条件,但如此后船舶在办理这种手续中出现延误,则因此损失的本可用于货物装卸的时间不计为装卸时间或者滞期时间。

五、滞期费与速遣费条款

滞期费(demurrage)是指非由于出租人应负责的原因,承租人因未能在约定的装卸期限内完成货物装卸作业,对由此造成的船舶延误向出租人支付的款项。关于滞期费的法律性质有多种学说,如附加运费、特殊报酬、约定损害赔偿、违约金等。出租人请求滞期费不以其提供附加的或者特殊的劳务为条件,也不以出租人实际遭受的损害为前提,并且,即使出租人实际遭受的损失超过约定的滞期费金额,出租人也不能向承租人索赔其差额。滞期费的性质与约定损害赔偿很相似,英美法系认为是约定损害赔偿(liquidated damages),但出租人请求滞期费不以其实际遭受损害为前提,确切地说,滞期费是一种特殊的民事责任形式。这种赔偿具有三个特征:第一,不以承租人的过失为条件;第二,赔偿具有专项性;第三,赔偿的数额以约定的数额为限。

有时,合同中约定允许船舶滞期的期限,在此期限内承租人支付滞期费。如承租人在此期限内仍未完成货物装卸作业,则对于超过此期限的时间及超滞期,承租人应向出租人赔付延期损失(damage for detention)。合同中通常规定,延期损失按超滞期内出租人受到的实际损失与按合同中约定的滞期费率计算的数额二者之中较高者计算。如合同中无这种规定,延期损失按超滞期内出租人受到的实际损失计算。若合同中规定装卸时间,但未约定滞期费率,则承租人应按出租人在装卸延期内受到的实际损失向出租人赔付延期损失。滞期费按船舶滞期时间乘以合同规定的滞期费率计算,滞期时间等于实用装卸时间与合同规定的装卸时间之差。

具体计算方法有两种,第一种为"滞期时间连续计算"(demurrage runs continuously)或者"一旦滞期,永远滞期"(once on demurrage, always on demurrage),即约定的装卸时间届满、船舶进入滞期后,按约定不计为装卸时间的星期日、节假日或因天气不良而不能进行货物装卸的时间,仍计为滞期时间。第二种为"按同样的日"(per like day),即滞期时间与装卸时间一样计算。实践中普遍约定第一种方法。

速遣费(despatch,despatch money)是指因承租人在合同规定的装卸期限届满之前完成货物装卸作业,由出租人向承租人支付的款项。速遣费按照船舶速遣时间乘以合同规定的速遣费率计算。速遣费率通常是滞期费率的一半。速遣时间等于合同约定的可用装卸时间与实用装卸时间之差。

速遣时间的计算方法有两种,第一种为"按节省的(全部)工作时间计算速遣费"(despatch on(all) working time saved,WTS)或者"按节省的(全部)装卸时间计算速遣费"(despatch on(all)laytime saved,ATS),即速遣时间从货物装卸结束时起至约定的装卸时间届满之时止,扣除按约定不计为装卸时间的星期日、节假日或因天气不良而不能进行货物装卸时间。第二种为"按节省的全部时间计算速遣费"(despatch on all time saved),即速遣时间从货物装卸结束时起算至约定的装卸时间届满之时止,中间不做任何扣减。实践中多约定第一种。

合同中经常约定对装货时间和卸货时间进行统算,具体方法有两种,第一种为"装卸时间平均计算"(to average laytime)或者"装卸时间平均计算的权利"(right to average laytime)。第二种为"可调剂使用装卸时间"(reversible laytime)。

六、提单条款

货物在装货港由出租人接收或者装船后，承租人（CIF 或者 CFR 价格条件下）或者发货人（FOB 价格条件下）通常要求出租人、船长或者出租人的代理人签发提单用以结汇。这种提单被称为根据租船合同签发的提单（bill of lading under charterparty），简称租约提单（B/L under C/P）。

合同中通常规定，船长应签发所递呈（as presented）的任何提单，而不妨碍租船合同。船长有签发提单的义务，但承租人或者发货人不能要求船长实施非法行为，如倒签提单或预借提单，此外如提单规定的运费低于租船合同约定的运费额，合同中有时约定承租人应将其差额在提单签发之前以现金的形式交付船长。

根据租船合同签发的提单，在出租人与承租人之间不具有海上运货物运输合同证明的作用，出租人与承租人之间的权利义务以租船合同为准，除非合同另有相反的约定。如出租人根据提单就货物灭失、损坏，向非承租人的发货人或收货人承担的损害赔偿责任超过租船合同相应的约定，则承租人应偿付出租人因此受到的额外损失。在出租人与非承租人的发货人或者收货人之间，如提单以出租人、船长或者出租人的代理人的名义签发，则出租人具有承运人的法律地位，提单是确定双方当事人权利义务的依据，受所适用的《海牙规则》等国际公约或者国内法的约束，但是如承租人与第三者发货人或收货人另行订立了海上货物运输合同，并且承租人或其代理人签发以承租人为承运人的提单，则承租人是承运人，出租人是实际承运人并具有实际承运人的权利义务。

根据租船合同签发的提单，由于出租人通常具有承运人的法律地位，出租人为使其根据提单对货物运输承担义务和享有权利，尽可能与租船合同的约定一致，常常在提单中订入援引租船合同的条款，称为“并入条款”，例如“租船合同中的所有条款、条件和免责事项，均适用于本提单并视为并入本提单”（All the terms，conditions，clauses，and exceptions contained in the said charterparty shall apply to this bill of lading and are deemed to be incoporated therein），提单中订入“并入条款”的结果是使非租船合同当事人的发货人或者收货人，在一定程度上受租船合同的约束。各国普遍承认这种条款的效力，我国《海商法》第九十五条的但书原则上承认“并入条款”的效力：“对按照航次租船合同运输的货物签发的提单,提单持有人不是承租人的,承运人与该提单持有人之间的权利、义务关系适用提单的约定。但是,提单中载明适用航次租船合同条款的,适用该航次租船合同条款 。”

但是各国法院对这种条款的解释宽严不一,在英美法系国家,英国法院的解释比较严格,而美国法院的解释相对宽松。一般认为,如提单中订有上述“并入条款”,则租船合同中与货物运输直接有关的条款,包括运费及支付方式,货物留置权的规定被并入提单之中。但就租船合同中装卸时间与滞期费的约定而言,在 FOB 价格条件下,发货人仅对装货港产生的滞期费按租船合同规定负责,同样在 CIF 或者 CFR 价格条件下,收货人仅对卸货港产生的滞期费按照租船合同的约定负责,除非提单中另有明确约定。“并入条款”所援引的租船合同中的规定,不得违背强制性适用于提单的国际公约或者国内法,不能与提单中的明文规定相抵触,并且,并入条款的内容必须明确。在实践中,争议较多的是租船合同中的仲裁条款是否并入提单。一般认为只有“并入条款”有这种明文约定并且仲裁条款本身规定适用于根据租船合同签发的提单时,才能并入提单。

七、出租人的责任与免责条款

1994 年“金康”格式第二条规定:“对于货物的灭失、损坏或迟延交付,只有当灭失、损坏或者延迟是由于货物记载不当或者疏忽;由于出租人或者经理人本人未谨慎处理使船舶在各方面适航,保证妥善配备船员、装备船舶和配备供应品;由于出租人或者其经理人本人的行为或者不履行职责所致时,出租人才予以负责。”因此,即使货物灭失、损坏或者迟延交付是由于船长、船员未谨慎处理使船舶适航或者在管理货物中的过失(货物积载中的过失除外)所致,出租人也可以免责。实践中,通常将上述条款删除,另附加一首要条款(paramount clause),约定出租人对货物的责任与免责,适用《海牙规则》《海牙 - 维斯比规则》或相应的国内法,

根据《海商法》第九十四条的规定,该法第四十七条关于承运人谨慎处理使船舶适航的义务,强制适用于航次租船合同的出租人。因此,上述规定与《海商法》第四十七条相抵触的部分无效。

八、ISM 条款

合同中通常订有 ISM 条款,要求出租人符合 ISM 规则的要求并承担因不符合该规则而产生的后果,以波罗的海国际航运公会制定的“BIMCO Standard ISM Clause for Voyage and Time Charterparties”为例,该条款规定:在租期内,出租人应保证船舶和该规则定义的“公司”(company)符合该规则的要求;如经要求,出租人应向承租人提供《符合证明》(*Document of Compliance*, DOC)和《安全管理证书》(*Safety Management Certificate*, SMC)的副本;除合同另有约定外,因出租人或“公司”不符合该规则而产生的灭失、损害,费用或延误,应由出租人承担。

九、绕航条款

绕航条款又称为“自由条款”(liberty clause)或者“自由绕航条款”(liberty to deviate clause),通常约定:“船舶可自由地向任何目的地并以任何顺序挂靠任何港口……”从字面上理解,船舶可随意驶离合同约定的或者习惯的航线。但司法实践中,各国法院通常对此做出严格的限制性解释,认为船舶只能挂靠合同约定的或者习惯的航线上通常挂靠的港口,并且一般只能以地理顺序挂靠。此外,船舶根据这种条款所做的绕航,不能与合同的目的地相抵触。根据《海商法》第九十四条的规定,该法关于船舶不进行不合理绕航的规定强制适用于航次租船合同的出租人。因此,上述规定与《海商法》第四十七条相抵触的部分无效。

十、保赔协会添加燃料条款

20 世纪 70 年代初,全球燃油价格高涨,且船用燃油的地区差距较大。为减轻船舶所有人的经济压力,船东保赔协会制定了该条款。且该条款被列入航次租船合同之中,约定船舶在航次的任何阶段都可以为添加燃料而驶往任何港口,而不论此港口是否位于装货港和卸货港之间的直接或者习惯航线上。因此,船舶根据这一条款,在航行途中驶离合同规定的或者通常习惯的航线,挂靠港口添加燃料,不视为船舶绕航。但依据各国法院的普遍解释,船舶所挂靠的港口,必须是合同中订明的燃料添加港口或者习惯的燃料添加港,并且船舶以此目的驶离航线,不得与船舶的目的地相抵触。

十一、承租人责任终止条款

该条款往往因承租人的要求而订入合同,包含出租人对货物享有留置权和承租人被免除履行合同的责任两层含义,因而又称“留置权与免责条款”(lien and exception clause)。所谓责任终止条款,是指承租人在货物装船并支付预付运费、亏舱费和装货港发生的船舶滞期费后,即可被免除进一步履行租船合同的责任,但前提是出租人为获得运费、亏舱费、滞期费和共同海损,对货物享有留置权。承租人要求在合同中订入这一条款的原因在于,在CIF或CFR价格条件下承租人对船舶在卸货港的卸货作业无法控制,因而试图通过订入这一条款而对船舶卸货作业不予负责。但是,除提单订有“并入条款”外,非租船合同的当事人的收货人不受租船合同中这种条款的约束。因此,如根据卸货港所适用的法律,出租人无权就应由承租人承担的运费、亏舱费、滞期费和共同海损分摊费用等而对收货人的货物进行留置,或者出租人虽有留置权,但不能有效行使,则承租人履行租船合同的责任并不因此而终止。

十二、罢工条款

罢工条款是船舶出租人为了在港口发生罢工或者停工时免除对造成后果的责任,而要在租船合同中列明的条款。该条款对罢工期间装卸时间和滞期费的计算以及解除合同的选择权问题做出明确约定。1994年“金康”格式第十四条规定如下。

1. 当船舶从装货港的前一港准备起航时或者在驶往装货港的途中或者在抵港后,如因罢工或者停工而影响或者阻碍全部或者部分货物实际装船,船长或者出租人可以要求承租人声明同意按没有发生罢工或者停工的情况计算装卸时间。如承租人未在24小时之内以书面形式(必要时以电报)做出声明,出租人有解除租船合同的选择权。如部分货物已经装船,则出租人应运输该货物(运费仅按装船的数量支付),但有权为自己的利益在中途揽运其他货物。

2. 当船舶抵达卸货港或者其港外之时或者之后,如由于罢工或者停工而影响或者阻碍货物的实际卸载,并且在48小时之内未能解决时,承租人可选择使船舶等待至罢工或者停工结束,并在规定的装卸时间届满后,支付半数滞期费,并在此后支付全额滞期费，直至卸货结束或者指令船舶驶往一个没有因罢工或者停工而延误的风险的安全港口卸货。这种指令应在船长或者出租人将影响卸货的罢工或者停工的情况通知承租人后 48 小时内做出。在这种港口交付货物时，租船合同和提单中的所有条款都应适用，并且应同船舶在原目的港卸货一样，收取相同的运费，但当替代港口的距离超过 100 海里时，在替代港所交付的货物的运费按比例增加。

3. 除上述规定的义务外，承租人和出租人对由于任何罢工或者停工而阻碍或者影响货物实际装载或者卸载所引起的后果概不负责。

十三、战争条款

订立战争条款主要是为了明确规定发生战争时，如何处理合同当事人之间的关系。1994 年“金康”格式第十七条中，采用“VOYWAR 1993”为代号的“战争风险”(war risk)条款。“战争风险”定义为包括任何人、组织、恐怖分子或者政治团体、任何国家政府的任何实际的或者威胁性的战争、任何战争行为、内战、内乱、类似战争的行为；实际或者据报的布雷、海盗行为、恐怖活动、敌对或者恶意损坏、封锁(而不论是针对所有成本或者有选择地针对某些船旗或者所有人的船舶或者针对某些货物或者船员或者其他)的行为，并且，船长和(或)船舶所有人合理地判断这些行为对船舶、其货物、船员或者船上任何人可能构成危险。根据该条规定，如船舶装货开始前，根据船长和(或)船舶所有人的合理判断，运输合同的履行可能使船舶、船员或者船上其他人员遭受战争风险，则出租人有权以信件或者电报的方式告知承租人解除合同或者拒绝履行有风险的区段。如装货开始后或者卸货结束前的任何阶段可能遭受战争风险，出租人有权不继续装货、签发提单、开始或者继续航次。如出租人在用电报向承租人发出指定安全港口的请求后 48 小时内未收到承租人的确认，出租人有权将货物卸在任何安全港口，并视为合同已经履行。此外，出租人、船长有权服从任何船旗国政府、联合国安理会等国际组织，或处于内战、敌对行为或者军事行动的政府、交战双方或者组织、战争险保险人等发出的有关船舶装货、离港、到港、航线、挂靠港口、停航、航区、卸货、交货等方面的指令或者建议，而不视为违反合同。相反，出租人有权将货物卸于提单中指明的或者根据提单本可能被指示前往的港口医院，收取运费和费用。由于按前述规定，货物被卸于装货港或者其他港口而产生的包括保险费用在内的一切额外费用,应由承租人或者货主承担。出租人为得到这种款项,可对货物行使留置权。

十四、冰冻条款

该条款对船舶在装卸港因冰冻而阻碍货物装卸时,合同履行将受到何种影响做出了明确规定。以1994年“金康”格式为例,该格式第十八条规定如下。

(一)装货港

1. 当船舶准备从前一港口开航时或在航行过程中的任何时候,或在船舶抵达时,因冰冻而不能进入装货港,或者在船舶抵港后发生冰冻,船长可以因担心船舶被冰封而决定不装运货物离港,租船合同因此而解除。

2. 如在装货过程中,船长因担心船舶被冰封而认为离港更为有利时,他可以决定载运已装船的货物离港,并可为船舶所有人(出租人)的利益将船舶驶往任何其他港口,揽载货物运至包括约定的卸货港在内的任何其他港口。根据租船合同已装船的任何部分货物,在不因此增加承租人(收货人)额外费用的条件下,由出租人(船舶所有人)转运至目的港并承担费用,但承租人仍应支付运费。此运费按交付的货物数量计付(若为整笔运费,则按比例计付),所有其他条款仍按照租船合同的约定。

3. 如装货港不止一个,并且其中一个或数个因冰冻而关闭时,船长或出租人(船舶所有人)可选择在不冻港装载部分货物,并按上述第1条的规定,为其自身利益而在其他地点揽运货物,或者当承租人不同意在不冻港装载货物时解除合同。

4. 本冰冻条款不适用于春季。

(二)卸货港

1. 如船舶因冰冻(春季除外)而不能抵达卸货港,承租人(收货人)可选择使船舶等候至恢复通航并支付滞期费,或指令船舶驶往一安全并能立即驶入并安全卸货,且不存在因冰冻而有滞留风险的港口。这种指令应在船长或出租人(船舶所有人)向承租人发出船舶不能抵达目的港通知后48小时内做出。

2. 如在卸货期间,船长担心船舶被冰封而认为离港更为有利时,他可以决定载运船上货物离港,并驶往能驶入并能安全卸货的最近港口。

3. 此种港口交货时,提单上的所有条款均应适用,承租人应按船舶在原目的港卸货一样支付相同运费,但如到达替代港口的距离超过 100 海里,则在替代港口交付的货物的运费应按比例增加。

十五、仲裁条款

租船合同产生的争议往往涉及航运业务等专门知识,加之仲裁相比于法院诉讼通常具有迅速、灵活、经济等优点。因此绝大多数租船合同都订有仲裁条款,约定一旦发生争议,应提交仲裁解决,并且约定仲裁的地点或者仲裁的机构名称、仲裁员的指定办法、仲裁程序,以及仲裁裁决的效力。仲裁条款通常还明确仲裁员必须是熟悉航运的人士。

十六、法律适用条款

该条款规定租船合同的解释,以及发生争议时,解决这种争议所适用的法律。有时,此条款与仲裁条款合并为一个条款。

第五节　定期租船合同

《海商法》第一百三十条规定:期租合同的内容主要包括出租人和承租人的名称、船名、船籍、船级、吨位、容积、船速、燃油消耗、航区、用途、租船期间、交船和还船的时间和地点以及条件、租金及其支付,以及其他有关事项。

一、船速与燃油消耗量条款(vessel's speed and fuel consumption)

船速与燃油消耗量是定期租船合同不同于航次租船合同的一项重要说明。这是因为,在定期租船合同情况下,承租人按照使用船舶的时间支付租金,并负责租期内的船舶燃料费用,所以,船舶航行速度和燃料消耗量直接影响承租人在租期内使用船舶的经济效益。出租人有义务提供符合合同约定的船速与燃料消耗量的船舶。如果实际船速低于合同的约定,对因此造成的时间损失,承租人可以向出租人索赔,称为船速索赔(speed claim)。如船舶实际燃油消耗量大于合同的约定,承租人可就船舶多消耗的燃油而造成的损失向出租人索赔。

例如,1993 年“土产格式”规定:船舶“……在满载、良好天气条件下,每小时能航行大约……海里,消耗……(燃油)大约……吨”。一般认为,除合同另有约定外,船舶必须在交给承租人之时符合上述规定,即只要船舶在此时达到合同约定的船速与燃油消耗量,则即使在租期内,由于船舶的正常使用导致船速下降或者燃油消耗量增加,不视为出租人违约。上述船速与燃油消耗量的规定,适用于船舶满载状态。如果在租期内,船舶处于半载或者空载(压载)状态,通常根据合同约定的船舶满载时的船速和燃油消耗量,推算出船舶半载或者空载(压载)时出租人相应地应保证的船速与燃油消耗量的数值。当实际船速低于推算的数值或者实际燃油消耗量超过推算数值时,即视为出租人违约。有的合同为了明确起见,对满载、半载、空载等状态下的船速与燃油消耗量分别做出规定。“良好天气”(good weather condition)一般理解为风力不超过蒲氏(Beaufort)4 级(最大风速 16 节);浪不超过道格拉斯(Douglas)3 级(浪高 3 ~ 5 英尺)。对超大型船舶而言,上述标准应提高。“大约”(about)一词表明,实际船速略低于合同的约定或者实际燃油消耗量略高于合同的约定时,不视为出租人违约,从而可以有效地避免或减少船速索赔,或因船舶多消耗燃油而造成的承租人损失的索赔。

船速与航速属不同概念。前者系船舶相对于水的速度,而后者系船舶相对于海底或者岸上固定物体的速度。航速等于船速与流速的向量之和。船舶出租人应保证的是船速而不是航速。

合同中还通常约定承租人提供的燃油应适合船舶主机和辅机使用,并约定燃油的质量规格标准(specifications)。如果承租人提供的燃油不适合船舶主机和辅机使用或者燃油不符合约定的质量规格,对因此造成的主机或辅机的损坏,出租人有权向承租人索赔;对因此造成的船速索赔或因船舶多消耗燃油而造成的承租人损失的索赔。为了避免或减少这方面的争议,有时合同中订有专门条款,如 BIMCO 制定的“定期租船燃油质量控制条款”(bunker quality control clause for time chartering)。除燃油的质量规格外,进一步约定:船舶交给承租人时,出租人应将船上现存燃油的加油单(bunker delivery note)和样品置于承租人的控制之下;在租期内,船舶添加燃油时,承租人应将加油单交给船上代表,并在承租人和船上代表在场的情况下从船上管线接口处提取燃油样品并加封后交船上保管。发生燃油质量规格争议时,对样品的化验有助于解决这种争议。

此外,为减少或避免燃油价格波动而给出租人和承租人利益带来重大影响,有的合同中订有“燃油价格调整条款”(bunker price adjustment clause),约定如果燃油价格上涨,则超过合同约定的燃油价格的部分由出租人承担;如果燃油价格下跌,则低于合同约定的燃油价格的部分由承租人支付给出租人。

二、交船与解约条款(delivery of vessel and cancelling)

交船是指船舶出租人按合同约定的时间、地点和状态,将船舶交给承租人使用。交船的时间是合同约定的租期的起算时间,又称起租时间,也是租金开始计算的时间。

(一)交船时间

出租人应在合同约定的时间或期限内将船舶交给承租人。通常,合同约定交船的期限,称为交船期,并且约定交船期的最后一天为解约日,即如果出租人未能在这一天之前将船舶按照约定交给承租人,承租人有权解除合同。有的合同则约定解约日为交船期届满后的某一天。因而,如出租人在交船期届满之日与解约日之间交船,构成出租人违约,那么承租人不能解除合同。“纽约土产(格式)”增加了预计交船日期的通知的规定。依该规定,出租人在约定日期之前应向承租人发出预计交船日期的通知,以便于承租人联系泊位及办理其他事宜。如出租人发出通知有误并影响了承租人对船舶的及时使用,有可能导致承租人提出损害索赔。另外,“纽约土产”对此还增加了有关延期解约的规定:当出租人未能在合同约定的交船期的最后一日(解约日)将符合约定的船舶交与承租人时,可以向承租人发出关于船舶不能如期到达的通知,并要求承租人在一定时间内宣布是否解除合同。

《海商法》第一百三十一条规定:出租人未能按期将船舶交付给承租人时,承租人有权解除合同。出租人将船舶延误和船舶预期抵达交船港的日期通知承租人的,承租人应当在接到通知时起48小时内,将解除合同或者继续租用船舶的决定通知出租人。这种条款被称为“质询条款”。因出租人过失延误提供船舶致使承租人遭受损失的,出租人应当负赔偿责任。依该规定,船方不能在解约日前抵达实际上有两种情况:当出租人没有过失时,例如出租人由于不可抗力而延误,租船人可以解除合同,但不能要求损害赔偿;当出租人有过失时,承租人既可以解除合同,又可以提出损害赔偿。

(二)交船时的船舶状态

依租船合同,船方将船舶交付租船方时,船舶的状态应符合租船合同的规定,否则租方可以不接受该船。由此而引起的时间损失由船方承担。交船时船舶的状态一般需满足下列条件:第一,船舶在各方面应适于预定航次;第二,货舱已准备就绪。在对货舱的要求上,一般认为除非合同另有特别的要求,货舱应该适于装载一般的货物和合法货物;第三,船上所剩燃油的数量应符合合同的约定。此外,合同中通常还规定交船时船上所剩燃油的数量范围,并由承租人按当时当地的价格或约定的价格购买。

我国《海商法》一百三十二条规定:出租人交付船舶时,应谨慎处理,使船舶适航,适于约定的用途。否则承租人有权解除合同,并有权就由此引发的损失索赔。

(三)交船地点

交船地点一般指约定的某一港口或港口中的某一地点。约定地点为复数时,由承租人于交船前进行选择。合同规定的交船地点不明确或双方对交船地点的理解不同,均可能导致双方的争议。关于交船地点,通常有以下几种表述方法:

1. 在指定港口的港区交船

港区的概念在定期租船中并不像航次租船中对港区的解释那样严格,因为定期租船合同中规定“到达港区”是为了将船交给租船人供其使用,而航次租船“到达港区”是为了确定装卸时间的开始。

2. 在安全泊位交船

这样规定对租方比较有利,因为船舶需到达指定泊位才能交船。有些港口比较拥挤,而租方又坚持要在该港口交船,此时船方有时可能需要在港外等待数天才能靠泊。船方为了避免因不能靠泊而造成自己的时间损失,可以在泊位前加上“可靠泊的”的字样,以便将不能及时靠泊的时间损失转嫁给租船人。在交船的泊位前加上“可靠泊的”的字样后,租方就有责任安排一个“可靠泊的”泊位交船。

3. 到达领航站交船(on arrival pilot station,APS)

到达领航站交船对船方比较有利,因为,领航站通常都在外港,外港一般离港区还有一段距离。但是,有的港口没有领航站,租方在订明交船地点为领航站交船时就要特别注意。

4. 领航员登船交船(on taking inward pilot,TIP)

该种交船与上一种的区别在于,只要领航员由于种种原因不能登船,船舶就不算交到租船人手中。领航员不能登船可能是由于天气原因、人为的原因或由于港口拥挤等原因。实际上以往的领航员登船交船判例并不是机械地只看领航员是否登船这一简单的事实,而是将领航员不能登船这一事实与造成领航员不能登船的原因结合在一起认定的。

三、租期(period of time)条款

租期,又称为租船期间,是承租人租用船舶的期限。租期的计算单位,以日、月或者年来计算。月有日历月或者每30天为一个月两种。有的合同约定一个基本期限和一个选择期限,如“12+6个日历月”表示在12个日历月的租期届满之前,由出租人或承租人按照约定选择是否继续出租或承租船舶6个日历月。租期通常从交船之时计算。租期届满时,承租人应将船舶交还出租人。但是,由于海上运输的特点,租期届满之日与承租人使用船舶的最后航次结束之日很难吻合,所以合同中常约定一个租期届满后的宽限期(grace period),允许承租人在宽限期内还船。在英美等国,即使合同中未约定宽限期,法院或仲裁机构在合同解释上也给予承租人一个默示宽容期。承租人在宽限期内还船,虽然还船时已经超过约定的租期,亦不视为承租人违约。

有的合同约定,租期为船舶完成从一港至另一港的一个或者几个航次所需的时间。这种合同以船舶完成一个或几个约定航次的货物运输为目的,但为避免航次租船合同情况下计算装卸时间、滞期费和速遣费,承租人按照实际使用船舶的时间计算租金,而不是按照船舶所运输的货物数量计算运费。这种合同称为航次期租合同(time charter on trip basis,TCT),即以完成约定航次的货物运输为目的的定期租船合同。

四、货物(cargo)条款

合同中通常约定,在租期内,承租人使用船舶,只能从事合法运输,装运合

法货物，并列明某些特殊货物，如活牲畜、危险货物、弹药、爆炸品，核物质和放射性物品除外。合法是指符合装货港、卸货港、船舶中途挂港所在地法律、船旗国法律或者合同所适用的其他法律。如果承租人指示船舶装运的货物不符合合同约定，船长有权予以拒绝。有的合同约定，倘若出租人和船长不知道承租人装运的货物系除外货物（excluded cargo），则当除外货物的市场运价高于约定运价时，出租人有权获得额外补偿。除合同另有约定外，承租人不得擅自装运危险货物。承租人按照约定装运危险货物时，合同中通常约定，承租人应在装运前将拟装的危险货物的性质和运输的注意事项，以及危险货物的包装、标签、装载和积载情况，通知出租人或船长，如果承租人未将上述事项通知出租人或船长，船长有权拒绝装运危险货物；如果危险货物已经装船，船长有权将其卸船，并由承租人承担风险和费用。《海商法》第一百三十五条规定：承租人应当保证船舶用于运输约定的合法的货物。承租人将船舶用于运输活动物或者危险货物时，应当事先征得出租人的同意。承租人违反此规定致使出租人遭受损失的，应当负赔偿责任。

五、航行区域与安全港口条款（trading limits and safe ports）

《海商法》第一百三十四条规定："承租人应当保证船舶在约定航区内的安全港口或者地点之间从事约定的海上运输。承租人违反前款规定的，出租人有权解释合同，并有权要求赔偿因此遭受的损失。"

合同中一般列明承租人可以指示船舶前往的区域。有的特别订明承租人不得指示船舶前往的地区，通常包括处于战争状态的地区、冰冻区、与船旗国没有航海贸易关系或与船旗国处于敌对状态的国家和地区、传染病流行的地区、冬季北半球高纬度地区等。如承租人指示船舶前往上述地区，除非事先征得出租人同意，否则船长有权拒绝接受承租人的指示。也有的约定，如承租人指示船舶前往的上述地区超出船舶保险单规定的航行区域，则承租人应承担向保险公司投保船舶可能遭受的额外风险的保险费。

在租期内，承租人应保证其指示船舶前往的港口或者泊位是安全港口或者泊位。所谓安全港口或者泊位是指船舶能够安全地进入、停靠和驶离，而不会遭受船长和其他船员运用良好的船舶驾驶技术和船艺仍不能避免的损害风险的港口或泊位。安全港口或者泊位首先必须在地理上是安全的，包括港口航道宽度与水深、气象条件、助航设施、系泊设备等应满足上述要求；其次必须政治上是安全的，包括船舶不会遭遇战争、敌对行为、恐怖活动、捕获、充公等风险。承租人应在给船长下达指示，即指定港口或者泊位时，保证船舶预期能安全地驶入、停靠和驶离。如果此后港口或者泊位变得不安全，承租人应另行指定安全的港口或者泊位，只要存在供承租人重新指定的合理时间。在英国“Evia”轮案的判例中，上议院认为，只有当港口或者泊位的不安全系承租人不能预料的异常事件（abnormal occurrence）所致时，承租人才能对因此造成的船舶损害免责。在这一判例中，英国上议院没有给异常事件下一个定义，只是举了若干例子，如岸上发生大火并蔓延到船上；引航员在引领船舶过程中偶尔指挥失误；如一名疯子溜到船上并纵火将船舶烧毁等。这些例子表明，异常事件不能归咎于港口或者泊位本身的特征或者特点。因此，即使船舶在进港时与海图上未标明的沉船相撞，承租人虽然没有过错，亦不能免责。按照一些大陆法系国家的法律规定，当承租人指定的港口或者泊位不安全，并因此造成船舶损害时，除合同另有明文规定外，只有当承租人有过错时，才对损失负责。此外，如果出租人或者船长知道或应当知道承租人指定的港口或者泊位不安全，但仍接受承租人的指示，即出租人或者船长本身有过错，则承租人对因此造成的船舶损害或出租人遭受的其他损失免责。如损失系双方过错所致，则应由双方按各自过错程度的比例承担损害。

我国《海商法》没有规定承租人对其指定的港口和港口不安全造成的船舶损害或出租人遭受的其他损失的免责事项，但根据《合同法》第一百一十七条的规定，除合同另有约定外，如港口泊位的不安全系不可抗力所致，则承租人对出租人因此遭受的损失不承担赔偿责任。此外，如船舶遭受的损害或出租人遭受的其他损失，系承租人违反《海商法》第一百三十四条规定的保证港口或泊位安全的义务和出租人或船长本身的过错所致，则承租人对出租人或船长本身的过错所致的损失部分不承担赔偿责任。

六、出租人和承租人负责提供并支付费用的项目（owners to provide and charterers to provide）

出租人负责支付船长和其他船员的工资，提供船长和其他船员的伙食和给养，以及甲板和机舱的备用品及船用品并支付费用，支付船长和其他船员的港口服务费用,并支付船舶保险费、折旧费、检验费、修理费和船舶日常开支。承租人负责提供船舶燃油、淡水(船员生活用水另有约定的除外)、垫舱物料(dunnage)和货物防移板(船上已有的除外)并支付费用,安排货物装卸,支付货物装卸费及其他港口使用费、代理费、税金等费用。如承租人要求船员在工作时间外加班,则应负担船员加班费。合同中通常约定,如经船长要求承租人应垫付船舶日常开支,但可在事后支付的租金中扣除。承租人可以免费试用船上的装卸设备及照明设备。

七、租金支付与撤船(payment of hire and withdrawl of vessel)

按照合同约定的租金数额、货币名称、支付方式、时间和地点支付租金是承租人的主要义务。按照合同的约定,租金的数额按船舶每日的租金率计算或按船舶载货能力每吨每月计算。每一期租金时间的长短,有的以日历月为准,有的按 30 天为 1 个月计算,也有的按半个月计算。租金一般要求以现金方式支付。现金除日常生活中使用的现钞外,包括与现钞相类同的其他支付方式,如支票、汇票、本票等。但需满足两个条件:一是承租人一经支付便不能撤回,二是使出租人能无条件的立即使用租金。合同中通常约定每一期租金应预付,而且必须准时支付,即承租人必须使出租人或者其指定的银行在每一期租金应付之日之前或者当天收到该期租金。如果租金支付之日是银行休息日,则承租人应在前一银行工作日支付。租金应全额支付,承租人不应擅自扣减租金,但根据合同的约定,对于在应支付之日之前已出现的船舶停租、承租人为出租人所垫付的款项,承租人可以从租金中扣减。有的合同还约定,承租人向出租人提出的船速索赔和因船舶额外消耗燃油造成的承租人损失的索赔,承租人也可以从租金中扣减。

有的合同约定,如果在租期内最后一期租金应付之日,船舶处于前往还船港口的航行途中,则承租人可以按照与出租人协商同意的船舶完成该最后航次预期所需的时间,并考虑还船时船上所剩余的并应由出租人购买的燃油的金额以及应由出租人承担,但将由承租人垫付的费用的估计金额,支付最后一期租金。但是,有的合同约定,如果船舶完成该最后航次的时间超过预期所需的时间,以致所付租金不足,则承租人应按天支付其差额,承租人将船舶还给出租人后多退少补。

若承租人未按照合同约定准时、全额支付每一期租金，除非出租人未准时、全额收到租金是由于出租人或出租人的银行的原因所致，否则不论承租人有无过错，出租人均有权通过撤回船舶而解除合同，并且不影响承租人请求未付的租金。《海商法》第一百四十条规定："承运人未按照合同约定支付租金的，出租人有权解除合同，并有权要求赔偿因此遭受的损失"。出租人撤船使合同得以解除。撤船系出租人单方的法律行为，无须征得承租人同意，也无须通过法院或者履行其他手续，但出租人应在合同约定的或者合理的时间内行使这一权利，否则，便构成弃权。合同通常约定，出租人行使撤船权利，必须向承租人发出撤船通知，撤船自承租人收到该通知时产生效力。否则，亦构成撤船权利的放弃。

实践中，承租人未准时支付全额资金的原因，有时是承租人的银行在业务上的过失所致，而非承租人本人的过错所致，当航运市场租金上涨时，出租人常以承租人未准时、全额支付全额租金为由，通过撤船使合同归于解除。为此，不少合同订有抵御市场波动条款（anti - technicality clause），约定：如承租人未准时和全额支付每一期租金，出租人应书面通知承租人在若干个银行工作日内予以弥补。承租人应当在接到出租人的书面通知后，在这一宽限期内支付欠付的租金，否则出租人可行使撤船的权利。1993 年"土产格式"第十一条还规定：如果承租人在宽限期届满后，仍然不支付欠付的租金，出租人亦选择停止履行合同约定的义务，并且对因此造成的后果不承担责任，以迫使承租人支付欠付的租金，即因此造成的船舶营业时间的损失，承租人仍应支付租金而不得停租，并承担因此而产生的一切额外费用。这样可以在合同不解除的情况下，促使承租人支付欠付的租金。

出租人行使撤船权利后，由于出租人不能立即将船舶再出租，或者由于市场租金率低于合同约定的租金率，出租人能否向承租人请求在合同效力提前终止的时间内遭受的损失，各国做法并不统一。根据英国判例法，出租人一般无请求权，除非出租人证明承租人有意不履行合同或者丧失履行合同的能力；根据美国判例法，出租人行使撤船权利后，仍可请求赔偿此种损失，但以承租人在订立合同时能够合理预见为限。根据我国《海商法》第一百四十条规定，出租人亦有权请求赔偿此种损失。合同通常约定，承租人未向出租人支付租金或者合同约定的其他款项时，出租人对船上属于承租人的货物和财产以及转租船舶的收入有留置权。对此我国《海商法》第一百四十一条做了明文规定。这里所指的财产通常是指承租人提供的燃油。转租船舶的收入是指承租人将船舶以定期租船或者航次租船的形式转租,转租承租人应当付给承租人的租金和运费。经出租人要求,转租承租人将此种租金或者运费支付给承租人后,出租人才能对其进行留置,

八、停租(off - hire)条款

停租指在租期内,非由于承租人原因,致使承租人不能按合同约定使用船舶,对因此所损失的时间可以停付租金。《海商法》第一百三十三条规定,船舶不符合约定的适航状态或者其他状态而不能正常营运连续满 24 个小时的,对因此而损失的营运时间,承租人不付租金,但是上述状态是由承租人造成的除外。

停租的主要原因包括:

(1)人员或者物料不足(deficiency of men or stores)。

人员不足包括船长和其他船员配备数量不足或者船员因生病、检疫、酗酒过度等原因不能工作。物料不足是指出租人没有配备或添加充足的船舶正常运行所需的物料,包括按照合同约定应当由出租人提供的、货物积载所需的垫舱、隔舱物料或者绑扎用品等。

(2)船体、船机或者设备的故障或者损坏(breakdown or damage to hull machinery or equipment)。

包括因船舶发生搁浅、碰撞、触礁等海损事故,使船体、船机或者控制设备受损以及船舶因本身缺陷造成船体、船机或者设备故障,因而需要修理等情况。

(3)船舶或者货物遭受海损事故而引起延误(detention by average to ship or cargo)。

指因搁浅、碰撞、触礁等海损事故,船舶按合同约定进行营运受到延误的情况,而不论船舶或货物是否遭受损害。

(4)船舶入干坞(drydocking)或者清洗锅炉。

前者是指为维持船舶的有效性,船舶进入船坞清理和油漆船底。合同通常约定,当发生上述情况并阻碍船舶完全按照合同营运(prevention the full working of the vessel)时,不论出租人有无过错,承租人均可停租,除非上述情况的发生

系承租人应负责的原因所致。阻碍船舶完全按照合同营运包括两种情形:一是出租人完全不能按照合同的约定使用船舶,二是承租人只能部分按照合同的约定使用船舶。

关于承租人可以停租的时间,合同中通常约定为由于停租原因的发生而因此损失的营运时间。例如,一船前桅杆在航行途中损坏,抵达目的港后,前两个货舱只能靠租用浮吊卸货,全船卸货共用四天时间,而正常情况下用船吊卸货只需要三天时间,即延误一天,则承租人可停租一天,虽然四天时间里船舶都处于承租人不能完全按照合同约定的使用状态。有的合同中约定,租金从时间损失开始时起停付,直至船舶重新处于可恢复营运的有效状态,则在前述例子中,承租人从开始卸货时起至卸货完毕时止的四天时间均可停租。

九、还船

还船是指承租人按照合同约定的时间、地点和船舶状态,将船舶还给出租人。原则上,承租人应在约定的租期(考虑宽限期在内)届满时,将船舶还给出租人。但是,在很多情况下,船舶最后航次结束之日不是租期届满之时。因而,实践中有时是延期还船,有时是提前还船。延期还船有两种情形。

(一)合法的最后航次(legitimate last voyage)

按照英国判例法,如果承租人在租期内指示船舶履行最后航次时,合理地预期该航次能在租期(考虑法律明示或者默示的宽容期在内)届满前结束,则该航次称为合法的最后航次。按照美国判例法,只要承租人在指示船舶履行最后航次时,预期该航次结束时产生的超过租期的时间(overlap)将短于如不履行该航次将提前的时间(underlap),该航次即为合法的最后航次。如承租人指示船舶进行合法的最后航次,出租人有义务履行该航次。但是,如果船舶在航次结束后还给出租人时,租期已届满,视为承租人违约,承租人应当按照合同约定的租金率支付租金至实际还船之日;如果租期届满至实际还船期间的市场租金率高于合同约定的租金率的,则承租人应当按照市场租金率支付超期期间的资金。但是,根据美国判例法,对于超期的时间,如果出租人已经另行订立定期租船合同,则承租人的违约责任应以原合同约定的租金率和另行订立的定期租船合同约定的租金率的差额确定。换言之,按照前者和后者之中较高者计算超期期间的租金,而与超期期间的市场租金率无关。

我国《海商法》第一百四十三条规定:超期期间,承租人应当按照合同约定的租金率支付租金;市场租金率高于合同约定的租金率的承租人应当按照市场的租金率支付租金。在合法的最后航次中,如在合同履行的过程中发生了承租人可以免责的情况,致使最后航次不能在租期内完成的,承租人有权完成该航次,超期使用的期间,应当按照合同规定的租金率支付租金。如果是承租人不能免责的情况,其仍然可以使用船舶完成该航次,但是超期使用船舶期间应当按照合同约定的和市场租金率较高的来支付租金。

(二)非法的最后航次(illegitimate last voyage)

与合法的最后航次相反,如果承租人指示船舶履行非法的最后航次,出租人或者船长有权拒绝接受承租人指示,并要求承租人另行指示合法的最后航次。承租人如果拒绝,出租人有权解除合同,并以承租人违约为由,请求合同提前终止期间的租金损失。如出租人或者船长接受承租人的指示,承租人应按约定的租金率支付租金直至租期届满,并且对于超期的时间,如航运市场租金上涨,承租人应按市场租金率支付租金;如航运市场下跌,承租人仍应按约定的租金率支付租金。

承租人提前还船时,出租人应接受船舶,但有权向承租人请求因此遭受的租金损失。但是,出租人应采取合理措施减轻损失,比如尽快以合理的租金率将船舶再行出租或者以其他方式从事船舶营运。

关于还船地点,除约定一个港口外,合同中还通常约定为两个或者几个港口或者一个区域,由承租人在租赁期届满之前选择具体还船地点。承租人选定具体还船地点后,应在约定的时间内,或者如无此种约定则应在合理的时间内,将选定的具体还船地点通知出租人。

关于还船时的船舶状况,合同中通常约定,除自然损耗(ordinary wear and tear)外,船舶应处于与交船时相同的良好状态。我国《海商法》第一百四十二条即做了此种规定。在租期内,由于承租人按约定条件使用船舶造成的船舶正常贬值,承租人不负责任。对还船时船舶存在的损害中哪些属于正常耗损,通常通过比较交船检验报告和还船检验报告予以确定。如还船时船舶损害超出自然耗损的范围,承租人应当负责修复或者给予赔偿。如承租人不予修复就提出还船，出租人仍应接受还船，但可以请求赔偿所受的损失，包括船舶损害的修理费和修理期间船舶的净营运损失等。此外，同交船时的要求一样，合同中通常约定还船时船上所剩燃油的数量范围，并由出租人按约定的价格或还船当时当地的价格购买。

十、交船检验和还船检验(on – off hire survey)

合同中通常约定，在出租人交船之前和承租人还船之前，出租人和承租人各自或共同指定验船师，对船舶进行检验并出具检验报告，以分别确定船舶在交船时和还船时船舶的状态和船上所剩燃油的数量，其检验费用由出租人和承租人各自承担或共同承担，交船检验造成的时间损失一般由承租人承担，还船检验造成的时间损失一般由出租人承担。

十一、出租人的责任与免责(shipowners' responsibility ahd exceptions)

合同中通常约定，出租人应提供适航的船舶，包括船舶最初适航(initial seaworthiness)和保持船舶适航状态两个部分。船舶最初适航是指在交船时，出租人应谨慎处理使船舶适航，并在各方面适于约定的用途。例如1993年“土产格式”第二条规定，船舶在交船时应做好接收货物的准备，货仓清洁、紧密、坚固、牢固，并在各方面适于运输通常的货物，带有压载水以及具有供装卸设备同时运作的充足动力。维持船舶适航状态是指在租期内，维持船舶的船级、船体、船机和设备处于充分有效的状态。如船舶在租期内丧失适航性或其他有效状态，出租人应及时采取合理措施予以恢复。这种维持船舶适航性和其他有效状态的规定，通常称为“维持条款”(maintenance clause)。

在租期内，货物的装载、积载、卸载、平舱、绑扎、加固、垫舱和理货(tallying)等货物作业，均应由承租人委托装卸公司或理货员完成并承担费用。

1993年“土产格式”第八条规定，货物作业虽由承租人负责，但应“在船长监督之下”(under the supervision of the master)进行，即船长对承租人委托的装卸公司的作业有权进行合理的监督。有的合同在“监督”一词后附加“及负责”(and responsibility)的字样，意味着虽然装卸公司由承租人委托，但出租人应对装卸公司在货物的装载、积载和卸载等货物作业中的过失负责。实践中，1993年“土产格式”的上述规定，容易在出租人与承租人之间产生争议。由于定期租船合同情况下货物灭失或损坏的责任经常最终由出租人的保赔协会和承租人的保赔协会承担，为了分清在“土产格式”情况下出租人的保赔协会和承租人的保赔协会之间对不同原因造成的货物灭失或损害的责任，国际上主要船东保赔协会内部于1970年制定了《保赔协会内部土产格式协议》(*Inter - Club New York Produce Exchange Agreement*)，并经过1984年和1996年两次修订。1993年“土产格式”第二十七条规定，出租人和承租人之间的货物索赔根据《保赔协会内部土产格式协议》解决，即将保赔协会内部土产格式协议直接用于确定出租人和承租人之间对不同原因造成的货物灭失或损坏的责任。

1993年“土产格式”第二十一条还规定了出租人和承租人相互免责的事项，即“整个租期内的天灾，敌对行为，火灾，君主、当权者和人民的限制，海上、内河、机器、锅炉和航行的所有危险和意外，航行错误”。其中，航行错误(error of navigation)是指船长、船员等在驾驶船舶和管理船舶中的客观错误，但不包括船长、船员等在驾驶船舶和管理船舶中的过错。即出租人对船长、船员等在驾驶船舶和管理船舶中的过错所造成的货物损失，不能依据1993年“土产格式”第二十一条的规定免责，但可以依据合同所订明的“首要条款”免责。对此，1993年“土产格式”第三十一条规定适用1936年《美国海上货物运输法》《海牙规则》或《海牙－维斯比规则》，具体根据各自适用的范围而定或者适用强制使用的其他类似的国内立法。

关于出租人的免责，2001年“巴尔的摩”格式第二十条做了广泛的规定，即对于交船时的延误或者租期内的延误，以及船上货物的灭失或者损坏，只有当这种延误、灭失或者损坏系船舶出租人或者其经理人在使船舶适航并适合于航次上未谨慎处理，或者船舶出租人或者其经理人本人的行为、不行为或者不履行职责所造成时，船舶出租人才予以负责；在其他任何情况下，船舶出租人对不论什么原因以及如何引起的损害或者延误，即使是其受雇人的疏忽或者不履行职责所致，亦不负责。在实践中，上述规定通常按照承租人的要求而被删除，而另订一个“首要条款”，规定船舶出租人的一切责任、权利和免责，依据《海牙规则》《海牙－维斯比规则》或者相应的国内立法予以确定。

订入“首要条款”的结果是，出租人应按条款指明的国际公约或者国内法的规定，承担义务和责任，包括出租人在租期内船舶每一航次开始之前和开始当时，均应谨慎处理使船舶适航，并享受免责、赔偿责任限制及其他抗辩权利。但是，这种条款不改变合同义务在双方当事人之间的分配，即本应由承租人负责提供或者安排的事宜，如货物的装载、积载和卸载等货物作业，仍由承租人负责，而这种条款只是决定出租人履行合同约定义务和承担货物损害赔偿责任的标准。

十二、使用与赔偿条款（employment and indemnity clause）

在租期内，船舶由承租人按照合同的约定使用。船舶的货舱、甲板和其他能够用于载运货物的处所，应供承租人按照合同的约定运输货物，但不得超过船舶能够合理和安全地积载和承运的范围，并应留出供船长和其他船员工作和生活的充分空间以及用于存放索具、属具、家具、食品、物料和燃料的充分空间。在租期内，船长应合理速遣地完成各个航次，即船长应在合理时间内尽快完成每一航次，并与船员一起向承租人提供一切习惯性的协助。《海商法》第一百三十六条规定："重组人有权就船舶的营运向船长发出指示，但是不得违反定期租船合同的约定。"船长虽然由船舶出租人配备，但在船舶使用、代理或者其他有关营运安排上，应服从承租人指示。

"使用"（employment）是指船舶的营运，包括船舶驶往什么港口、装运货物种类及数量、在什么港口卸货等船舶营运事宜。不包括船舶安全、船舶内部的管理事宜。"代理"（agency）意指承租人在船舶停靠的每一港口，指定代理人处理船舶的事务并支付代理费用。但是，承租人向船长发出的指示必须符合合同约定和法律规定，包括不得指示船长装运约定范围之外的货物，或者驶往约定航行区域之外的地区。此外，承租人不得发出违法的指示，如承租人无权指示船长违反卸货港强制适用的法律和合同约定适用的法律，在卸货港不凭提单交付货物。对于承租人无权做出的指示，船长有权拒绝接受。

"赔偿"是指由于出租人和船长在船舶使用、代理上服从承租人的指示，造成船舶的损害或者出租人对第三者收货人或者其他人承担赔偿责任，并因此使出租人受到的经济损失超出其按照合同约定应承担的范围时，出租人可就其额外受到的经济损失向承租人请求索赔或者追偿。例如，由于船长按承租人的指示签发提单，出租人就货物的灭失或损坏按提单或适用于提单的法律而向第三者收货人承担的赔偿责任大于其按合同约定应承担的责任时，出租人可根据本条款，就超出合同约定的部分向承租人追偿。

十三、提单或其他运输单证

合同中通常约定，船长有义务为货物签发所递呈的任何提单或海运单。但是承租人或者第三者发货人不能要求船长签发与大副收据或理货报告不符的提单或海运单，也不得要求船长签发倒签提单、预借提单等违法或违反诚信原则的提单或其他运输单证。有的合同约定，承租人有权代船长签发提单或海运单，但应事先得到出租人的书面授权，并且签发的提单或海运单应与大副收据或理货报告相符。

为防止出租人根据承租人或其代理人签发的运输单证对第三者承担的责任超过《海牙规则》或《海牙－维斯比规则》规定的承运人所应承担的责任，有时合同中订有关于《汉堡规则》的条款，波罗的海国际航运公会制定的“汉堡规则租船合同条款”规定，在非《汉堡规则》强制适用的情况下，承租人或其代理人不得签发并入《汉堡规则》或赋予《汉堡规则》效力的法律的提单、海运单或者其他证明运输合同的单证，使出租人承担超过《海牙规则》或《海牙－维斯比规则》规定的承运人所应承担的责任，而不论此种单证是代出租人签发，还是代承租人或转租承租人签发；如承租人违反这一约定，而使出租人额外承担对第三者的赔偿责任或使出租人受到损害，承租人应向出租人做出赔偿。

十四、救助款项(salvage payment)条款

在租期内，如果船舶进行海难救助并获得救助款项，由于海难救助使用出租人的船舶和承租人的时间，因而承租人在救助款项中有权获得相应的份额。对此，合同中通常约定，在扣除出租人和承租人为救助而支付的各种费用和船员应得的份额后，救助款项由出租人和承租人平均分享。《海商法》第一百三十九条规定：在合同期间，船舶进行海难救助的，承租人有权获得扣除救助费用、损失赔偿、船员应得部分以及其他费用后的救助款项的一半。

十五、转租(sublet)条款

合同中一般订明，承租人可将船舶转租给第三者转租承租人(sub－charter)，但原承租人履行原合同的义务并不因船舶转租而受到影响，其始终负有履行合同的责任。《海商法》第一百三十七条还规定：“承租人可以将租用的

船舶转租,但是应当将转租的情况及时通知出租人。租用的船舶转租后,原租船合同约定的权利和义务不受影响。”承租人转租船舶时,应将转租的情况及时通知出租人,无须得到出租人的同意。

承租人转租船舶,与转租承租人订立的转租合同,在船舶航行区域、装运货物的范围等方面,不能超出原租船合同约定的范围。否则,船长有权拒绝接受转租承租人的指示。如果转租合同规定的出租人的责任超出原租船合同约定的范围,原出租人所承担的责任仍以原租船合同的约定为准。

十六、船舶安保(ship security)

随着国际社会对海上反恐活动的高度重视,租船合同中出现了船舶保安条款,要求船舶符合《国际船舶和港口设施保安规则》(*International Code for the Security of Ships and of Port Facilities*,简称 ISPS 规则或 ISPS Code)的规定。ISPS 规则的实施,目的在于最大限度地防止国际航运船舶和港口设施成为恐怖分子实施恐怖活动的通道,并防止国际航运船舶和港口设施遭受恐怖袭击。ISPS 规则包括 A、B 两个部分,其中 A 部分是强制性的要求,B 部分是对 A 部分要求提供的指导。该规则主要内容包括对缔约国政府的要求、对公司和船舶的要求和对港口设施的要求。

以 BIMCO“2005 年定期租船合同 ISPS/MTSA 条款”为例,该条款规定:出租人应符合 ISPS 规则和 SOLAS 公约第 XI 章修正案中关于船舶和“公司”(company)的要求,并且,如船舶从事进出美国的贸易或经过美国水域,出租人还应符合美国《2002 年海上运输保安法》(*Maritime Transportaion Security Act 2002*, MTSA)中有关船舶和“所有人”的要求;如经要求,出租人应向承租人提供《国际船舶保安证书》(*International Ship Security Certificate*)或《临时国际船舶保安证书》(*Interim International Ship Security Certificate*)的副本以及公司保安官员(company security officer, CSO)的详细联系方式;除合同另有约定外,由于出租人或“公司”或“所有人”不符合 ISPS 规则、MTSA 或本条款的规定而造成的灭失、损坏、延误,应由出租人承担;如经要求,承租人应向出租人和船长提供为使出租人符合 ISPS 规则、MTSA 所要求的各种信息;除合同另有规定外,承租人不符合本条款规定而造成的灭失、损坏、延误,应由承租人承担;因保安规章或者港口设施或其他有关当局按照 ISPS 规则、MTSA 采取措施而产生的各种延误费用,由承租人承担,除非这种费用完全是由于出租人、船长或其他船员的疏忽所致;出租人为符合《船舶保安计划》而采取措施的费用,由承租人承担。

第六节　光船租赁合同

与定期租船的情形相同,在光船租赁期间,船舶由承租人按照约定使用,两者的主要区别仅在于:在定期租船情况下,船舶由出租人通过其配备的船长和其他船员占有,而在光船租赁情况下,船舶由承租人通过其配备的船长和其他船员占有。光船租赁与定期租船的区别主要在于船舶占有问题,故而在合同条款上有许多相同或相近之处。我国《海商法》第一百四十五条规定:“光船租赁合同的内容,主要包括出租人和承租人的名称、船名、船籍、船级、吨位、容积、航区、用途、租船期间、交船和还船的时间和地点以及条件、船舶检验、船舶的保养维修、租金及其支付、船舶保险、合同解除的时间和条件,以及其他有关事项。”

由于出租人不负责配备船员,也不承担相应的项目和费用,因此光船租赁合同的内容比定期租船合同要简单。有关交船、还船、航行区域与安全港口、货物、租金、留置权、仲裁等条款的内容与定期租船合同基本相同,而运输单证、承租人使用和赔偿条款由于船长由承租人雇佣,一般不会出现提单持有人向出租人索赔的情况,因此条款实际作用有限。光船租赁合同的特殊性主要体现在船舶的使用和维护、保险、出租人检查权利、船舶抵押、转租等方面。

一、船舶说明

合同中通常约定船名、船旗与船舶登记国、船舶呼号(call sign)、船型(干货船、油船、冷藏船或者客船)、登记吨、载重量、建造日期与地点、船级、船舶前一次船级社特别检验(special survey)日期以及船舶证书有效期限等。这些事项使船舶特定化。出租人应保证上述内容的正确性。

二、交船

出租人应按照约定的时间或期限、港口或地点和船舶状态,将船舶交给承租人。出租人在交船时应谨慎处理使船舶适航,包括船体、船机和设备在各方面适于约定的用途。交船时,船上的各种证书与文件应齐全、有效。

根据《海商法》第一百四十六条的规定，如出租人违反前述义务，承租人有权解除合同，并有权要求赔偿因此遭受的损。合同中通常约定，出租人应事先将预期交船的时间通知承租人，并约定解约日。合同中通常还约定，船舶由出租人按合同约定交给承租人并由承租人接受，即视为出租人履行了合同约定的义务。嗣后，承租人不得就出租人对船舶所做的说明和保证提出任何索赔。但是，出租人对交船时船舶存在的潜在缺陷应负责弥补，但以承租人在一定时间内发现为限。

交船时，出租人和承租人应对船舶的各种设备、备用品、器具和船上所有用于消耗的物料列出清单。承租人应按交船时当地的市场价格购买交船时船上所剩的燃油、润滑油、淡水、食品、油漆、缆绳和其他用于消耗的物料。

在交船之前和交船当时，出租人和承租人各自或者共同指定验船师，对船舶进行检验，确定船舶在交船时的状态，其费用和造成的时间损失一般由出租人承担。有的合同还约定，在交船之前，承租人应向出租人提供由银行或第三人出具的保函，作为承租人履约的担保。这种保证通常被称作履约保证或履约担保。

三、船舶使用与保养

在租期内，船舶由承租人通过其配备的船员占有，并为其自己的目的对船舶进行控制和使用。与承租人的这一权利相对应，承租人对船舶具有维护的义务，《海商法》第一百四十七条规定："在光船租赁期间，承租人负责船舶的保养、维修。"具体而言，承租人在租期内应保持船舶（包括船机、锅炉、属具和备件）处于良好状态，承租人还应保持船舶具有交船时的船级和各种所要求的船舶证书的有效性。如船舶在租期中发生损坏，承租人应在合理的时间内进行必要的修理。否则出租人可以从承租人手中撤回船舶而解除合同，且不妨碍其向承租人索赔损失的权利。

光船租赁的租期往往较长。在租期内，可能由于新的船级要求或者强制性法规的新规定，需要对船舶的结构、设备进行改造或者换新，以便船舶能继续营运。对此，合同中通常约定，如改造或者换新的费用超过一定数额，由双方当事人指定的仲裁员确定各自应承担的份额。

如系油船光船租赁，合同中通常要求承租人在接船时投保国际油污损害民事责任公约规定的责任保险或者取得财务保证,并在租期内保持这种状态。合同中通常进一步明确约定,承租人应按有关国家的政府或者当局的要求,设立并维持承担污染损害赔偿责任的财务保证,以便油船能合法地进出和停靠港口,航行于他国领海以及其他有关国家管辖的水域。否则,对出租人因承租人违约而遭受的损失包括所受的时间损失,承租人应负责赔偿。

在租期内,承租人负责配备船员、供应伙食和给养,负责船舶的航行与管理,提供燃油、润滑油、淡水,并承担港口费用等与船舶营运有关的各种费用。

在租期内,承租人不得擅自变更船名和船舶国旗,但承租人可将船体油漆成自己选择的颜色,展示其自己的烟囱标记,并悬挂其公司旗帜,但因此产生的费用和造成的时间损失由承租人承担,并应当在还船之时将船体油漆颜色和烟囱标记复原。

承租人可以使用交船时船上的一切设备与用品,但除自然耗损外,不得使设备与用品损坏。当船上设备或者用品发生损坏或者不能再供使用时,承租人应负责修理或者更换,并且不得因此降低船舶的价值。承租人只能在合同规定的航行区域内使用船舶,运输约定的合法货物。合同中通常还约定,承租人不得装运核物质、放射性物质和其他除外货物。

四、船舶检查

在租期内出租人有权随时检查船舶状况,指定验船师对船舶进行检验,以确定承租人是否对船舶进行了适当的保养和维修。出租人还有权检查各种船舶日志,并要求承租人向他提供船舶发生海损事故的情况以及向其通报船舶的使用情况。

五、租金

承租人应按合同约定的费率、方式和时间,无折扣地预付每一期租金。如承租人不准时,全额支付每一期租金,出租人有权撤回船舶并因此解除合同,且不影响其根据合同向承租人索赔损失的权利。合同中通常约定一个宽限期,即当承租人未按合同的约定准时、全额支付租金时,经出租人催告,承租人应在该宽限期内支付,否则出租人有权解除合同。《海商法》第一百五十二条规定:承租人应当按照合同约定支付租金。承租人未按合同约定的时间支付租金,连续超过7日的，出租人有权解除合同，并有权要求赔偿因此遭受的损失。

六、船舶抵押

为充分保障承租人在租赁期内按照合同的约定使用船舶的权利，合同中通常约定，出租人应保证船舶未经抵押，并且在未得到承租人同意之前，出租人在租期内不得将船舶进行抵押。《海商法》第一百五十一条规定：未经承租人书面同意，出租人不得在光船租赁期间在船舶上设定抵押权。否则，承租人有权解除合同，并有权索赔因此遭受的损失，如果交船前船舶已经抵押，出租人应在合同中予以说明，并将抵押合同的内容告知承租人。在这种情况下，承租人应遵守抵押合同中有关船舶营运、保险和维修保养方面的规定，并服从抵押权人的指示。但是，在未得到承租人和抵押权人同意之前，出租人不得在船舶上另行设定抵押。

七、船舶保险

合同中通常约定，在租期内，承租人应投保船舶可能遭受的海上风险和战争风险并负担保险费。《海商法》第一百四十八条规定："在光船租赁期间，承租人应当按照合同约定的船舶价值，以出租人同意的保险方式为船舶进行保险，并负担保险费用。"如承租人未按约定投保上述风险，出租人应通知承租人在一定时间内进行投保。但如承租人不予投保，出租人有权撤回船舶并解除合同，并不影响其向承租人索赔的权利。合同中通常约定，承租人投保船舶可能遭受的海上风险和战争风险后，如果船舶遭受承保范围内的风险而造成实际全损或者推定全损，保险赔款应付给出租人，然后在出租人与承租人之间按各自利益受到损害的程度进行分配。

八、还船

承租人应在租期届满时，在合同约定的安全港口将船舶还给出租人。还船时，船舶应处于与交船时相同的状态、结构和船级，但不影响船级的自然耗损除外。为确定还船时船舶的状态和结构，出租人和承租人各自或者共同指定验船师对船舶进行检验，其费用和时间的损失一般由承租人承担。与交船时的情形相同，还船时，出租人和承租人需就船舶的各种设备、备用品、器具和船上所有

用于消耗的物料列出清单，出租人应按还船时当地的市场价格，购买船上所剩的燃油、润滑油、淡水、食品及用于消耗的物料

九、合同的转让与船舶转租

合同中通常约定，除非事先征得出租人书面同意，否则承租人不得转让合同或者将船舶以光船租赁形式转租。《海商法》第一百五十条规定与此相同。出租人有权解除合同，并有权索赔因此遭受的损失。这是因为，在光船租赁期间，船舶由承租人占有和使用，并负责维修和保养，如果允许承租人将船舶以光船租赁形式转租，转租承租人对船舶维修和保养的水平和责任性可能不如原承租人，从而可能损害原出租人的利益。但是，合同中的上述约定和《海商法》第一百五十条的规定，不影响承租人以航次租船和定期租船的形式转租船舶。

十、出租人和承租人权益的保护

在租期内，承租人不得因为对船舶的占有、使用和经营而使出租人利益受到影响。由于承租人使用船舶的结果，产生由船舶优先权或其他担保物权保证清偿的债务，例如，由于承租人拖欠船长或其他船员的工资或欠付港口规费，船长、船员或港口当局基于船舶优先权而向出租人提出索赔时，承租人应及时解决第三者债权人提出的索赔。当船舶由于上述原因被扣押时，承租人应及时提供担保或采取其他合理措施使船舶获释，并承担由此产生的费用。如果出租人因此受到损失，承租人应负赔偿责任。

在租期内，由于出租人与第三人之间就船舶所有权发生争议或由于出租人对第三者所负债务，致使船舶被扣押的，出租人应及时提供担保或采取其他合理措施使船舶获释，保证承租人的利益不受影响。如果承租人因此受到损失，出租人应负赔偿责任。

除上述内容外，光船租赁合同中通常还订有留置权、救助报酬、共同海损、提单、船舶征用、战争、佣金、法律适用和仲裁等条款。

第七节 船舶租购合同

一、船舶租购合同的概念及性质

船舶租购合同(bareboat charter with hire purchase),又称光船租购合同,是在光船租赁的基础上发展起来的一种船舶租用形式。指船舶出租人向承租人提供不配备船员的船舶,在约定的期间内,由承租人占有、使用和营运,并在约定期间届满时将船舶所有权转移给承租人,而由承租人支付租购费的合同。

船舶租购合同产生的原因往往是:试图购买船舶的人无法一次性提供巨额资金,通过与船舶所有人订立这种合同,承租人在获得船舶所有权之前便具有占有和使用船舶的权利,将巨额的船舶购买价款转化为租期内以租金形式的租购费分期支出,并在租期届满时获得船舶的所有权,从而解决购船资金困难;对船舶所有人而言,通过这种办法出卖船舶,在租期届满之前仍享有对船舶的所有权,并且如果承租人在租期内不按约定支付每一期租金,有权将船舶收回并解除合同,从而保证其得到出卖船舶的价款。这种合同所要达到的目的是船舶买卖,光船租赁只是实现船舶买卖的途径,因而可以认为是船舶融资的一种形式。因此,船舶租购合同具有光船租赁合同和船舶买卖合同的双重属性。船舶出租人同时又是船舶出卖人,船舶承租人同时又是船舶买受人。承租人在租期内按约定需支付的每一期租金包含了船舶买卖价款在每一期租金中的分摊,因而大大高于同样船舶光船租赁的租金。

二、船舶租购合同的特别规定

船舶租购合同一般是通过在光船租赁合同基础上订立租购条款形成的,如前述“贝尔康”格式的第四部分即为关于光船租购的条款。光船租购条款中的特殊规定主要包括四点。

(一)船舶所有权与风险的转移

在租期届满之时,如果承租人按照约定支付了每一期租金,即视为承租人付清了全部船舶购买价款,船舶连同属于船舶的一切财产的所有权,立即转移至承租人。《海商法》第一百五十四条规定:“订有租购条款的光船租赁合同,承租人按照合同约定向出租人付清租购费时,船舶所有权即归于承租人。”在船舶于租期届满之时交给承租人之前,船舶连同属于船舶的一切财产的风险由出租人承担。但是,一经进行船舶买卖交接,这种风险便转移至承租人。有的合同约定,在船舶买卖交接后,出租人对船舶可能存在的缺陷不再负责。

(二)船舶无债务担保

出租人应保证在船舶买卖交接时,除由于承租人原因产生的债务和已告知承租人的船舶抵押权外,船舶没有依附由船舶优先权或者其他担保物权保证清偿的债务和其他债务。如果在船舶买卖交接后,因在此之前产生的债务,第三者债权人对船舶行使担保物权,出租人应赔偿承租人因此遭受的损失,但以出租人对这种债务负有清偿责任为限。

(三)船舶文书

在承租人支付最后一期租金后,在进行船舶买卖交接时,出租人应向承租人提供其持有的船级证书和各种其他船舶文件与图表,船舶已注销船舶所有权和船舶国籍登记的证明和其他承租人为重新办理船舶登记所需要的、应由作为出卖人的出租人出具的文件。如果船舶系外国籍船舶,则出租人应提供一份经过公证和认证的船舶卖据(bill of sale)。

(四)税费承担

承租人应承担船舶买卖产生的税款、船舶所有权、国籍重新登记的费用,而出租人承担与注销原登记有关的费用。

第七章　海上拖航合同

第一节　海上拖航合同概述

一、海上拖航合同的概念和种类

（一）海上拖航合同的概念

海上拖航合同（towage contract）也称海上拖带合同，根据我国《海商法》第一百五十五条的规定，是指承拖方用拖轮将被拖物经海路从一地拖至另一地，而由被拖方支付拖航费的合同。海上拖航是由海商法所调整的一种独立的海上作业行为。海上拖航发生的原因主要有以下几种：因港口的规定；船舶修理或航行中的船舶发生机器故障而无法行驶；非机动船为了加速航行或无动力的驳船、石油钻井平台或其他海上漂浮物体需要移动；因船舶遇难而使船舶无法安全行驶；因船舶碰撞而使相碰撞的船舶失去航行能力等。

作为双务合同，海上拖航合同的当事人为承拖方和被拖方。承拖方（也称拖方）是指用其自己所有、经营或承租的船舶，为他人提供海上拖航服务而收取拖航费的人。通常情况下，承拖方是专业从事海上拖航的企业或专业的打捞救助公司，实践中也经常有非专业拖轮承担拖带业务的情况。用于拖带被拖物（tow）的船舶一般称为拖船，通常是拖轮（tug），即专门为拖带自身无动力或丧失动力的其他船舶、物体或者为大船靠离码头及其他操纵提供协助而设计的船舶。实践中有时出现运输船舶或者其他除拖轮之外的有动力的船舶拖带被拖物的情况。承托方有的是专业性海上拖航企业，也有的是打捞救助企业。一些航运国家成立了专营海上拖航的公司，以海上打捞救助或海洋工程为主营业务的公司，普遍兼营海上拖航业务。在我国，中国海洋工程公司、交通部烟台打捞局、交通部上海打捞局、交通部广州打捞局兼营海上拖航业务，专业拖轮不同于一般的运输船，应具有特定的拖带能力和设备，一般拖轮的拖带能力均在6 000马力①以上。

被拖方是指接受承拖方拖带的被拖物的所有人或其他利害关系人。被拖物通常包括驳船或者其他无动力的船舶、钻井平台、浮码头、浮船坞、浮吊等海上漂浮装置以及失去动力的船舶等。海运业和海上石油开发的发展，促进了海上拖航业的发展，很多航运国家都成立了专业的海上拖航企业，如我国的中国拖轮公司和中国海洋工程服务有限公司、日本的协同株式会社、荷兰的斯密特国际远洋拖航救助公司等。

在拖航实践中，海上拖航的方法有吊拖、旁拖和顶推（pushing）三种。吊拖是指拖船位于被拖物前面，用拖缆与被拖物连接的拖航方式；旁拖是指拖船位于被拖物的一侧并紧靠被拖物，以拖缆与被拖物连接的拖航方式；顶推是指拖船位于被拖物之后并顶住被拖物，用拖缆或特殊的装置与被拖物连接的拖航方式。有时，一艘拖轮同时旁拖和顶推二艘或多艘驳船。拖船和被拖物，通常被合称为一个拖航船队（marine spread）。在国外，"拖航"一词，通常不包括顶推。

《海商法》第七章"海上拖航合同"的规定不适用于拖船在港区内对船舶靠离码头及其他操纵所提供的服务。这是因为，拖船在港区内，为大船靠离码头及其他操纵提供协助，通常由被协助的大船指挥，持续时间较短，手续简便，并且这种服务十分频繁。这种服务的费用通常根据拖轮的功率和使用的时间，按照国家交通和价格主管部门规定的收费标准计算，其他相关事宜按照其他有关规定处理。

（二）海上拖航合同的种类

根据不同的标准，海上拖航合同可以分为不同的种类。

1. 沿海拖航合同和国际海上拖航合同

根据起拖地和目的地的不同，海上拖航合同可分为沿海拖航合同和国际海上拖航合同。

沿海拖航合同，是指起拖地和目的地均位于一国境内的海上拖航合同。与

① 马力，功率单位，1 马力≈0.735 千瓦（kW）。

沿海货物运输一样，作为一项传统的航运保护政策，不少国家的法律规定沿海拖航只能由悬挂本国国旗的拖船经营。根据我国《海商法》第四条第 2 款规定，我国港口之间的海上拖航由悬挂我国国旗的船舶经营，但法律、行政法规对悬挂我国国旗的船舶经营我国港口之间的海上拖航有限制性规定的除外。非经国务院交通主管部门批准，外国籍船舶不得经营位于我国港口之间的海上拖航。沿海拖航不具有涉外因素，完全由我国司法机关管辖，并适用我国法律。

国际海上拖航合同也称为远洋拖航合同，是指起拖地与目的地不在同一国家境内的海上拖航合同。该合同具有涉外因素，或者是被拖物可能位于外国或被拖往外国，或者是拖航关系的产生、变更和消灭可能发生于外国，而且该合同会涉及不同国家的司法管辖权的冲突和法律适用的冲突问题，因此，合同中最好规定有效的争议解决条款和法律适用条款。我国内地和港澳台地区之间的海上拖航合同在性质上是沿海拖航合同，但目前按国际海上拖航合同处理。

2. 日租型海上拖航合同和承包型海上拖航合同

根据拖航费的计收方式划分，海上拖航合同可分为日租型海上拖航合同和承包型海上拖航合同。

日租型海上拖航合同是指在海上拖航期间，拖航费按双方约定的拖航日租金率和使用拖船的时间计收的海上拖航合同。按照约定的支付时间，拖航费有预付和到付两种形式。

承包型海上拖航合同是指拖航费为双方约定的一笔固定金额的海上拖航合同。除拖航费按照约定由被拖方一次性付清外，合同经常约定拖航费分期支付，如分别约定合同签订之时、从起拖地起拖之时、到达目的地之时应支付的金额。有的承包型海上拖航合同中，通常同时规定拖船日租金率，作为当被拖方在起拖地延误起拖和在目的地延误解拖及因拖航过程中的延误，而向承拖方支付拖航的滞期费或损失赔偿金的计算标准。

3. 单一拖航合同、共同拖航合同和连接拖航合同

根据拖轮的数量不同，海上拖航合同可分为单一拖航合同、共同拖航合同和连接拖航合同。

单一拖航合同是指由一艘拖轮拖带一个或几个被拖物的拖航合同。

共同拖航合同是指两艘或多艘拖轮并行地拖带一个或几个被拖物的拖航合同，也称平行拖航合同。在这种方式下，数艘拖轮的动力分别直接加于被

拖物。

连接拖航合同是指两艘或多艘拖轮前后连续衔接，拖带一个或几个或一连串被拖物的拖航合同，又称相继拖航合同，在这种方式下，一艘拖轮提供动力经由另一艘拖轮并会同该拖轮之动力，一并加于被拖物，从而共同拖带被拖物航行。

二、海上拖航合同的性质

当前关于海上拖航合同法律性质的争论主要集中在它的独立性上，即海上拖航合同是一种独立的合同还是从属于某一种合同类型，如海上货物运输合同或海难救助合同。现代海商法理论一般认为，在海商法领域，海上拖航合同是一种独立的合同。它不同于海上货物运输合同，也不同于海难救助合同。但是，在理论上和实践中，海上拖航合同确实又与这两种海商合同有着密切的联系。

（一）海上拖航合同与海上货物运输合同的关系

1.海上拖航合同和海上货物运输合同的区别

（1）合同目的不同。

海上拖航合同的目的是承拖方通过自己提供动力，拖带被拖物，完成被拖物的空间位移；而海上货物运输合同是由承运人将托运人的货物装载于船上并完成货物的空间位移。

（2）合同标的物和行为方式不同。

海上拖航合同的标的物是被拖物且不装载于拖轮之上，而是与拖轮用索具或其他特定装置连接；而海上货物运输合同的标的物是货物，而货物是装载于船舶上的。

（3）合同义务内容不同。

海上拖航合同的承拖方一般只负责提供拖带力，对被拖物及其上所载的货物的接受、装载、搬移、运送、保管、照料等环节不负责任；而海上货物运输合同的承运人不但要为货物运输提供动力，还要承担管货义务，即负责货物的装载、搬移、积载、运输、保管、照料、卸货等。

2. 海上拖航合同与海上货物运输合同的联系

(1)二者都是由合同一方当事人通过海路使合同标的物发生空间位移,另一方当事人支付对价。在这一意义上看,海上拖航合同的性质与海上货物运输合同是相同的,具有海上运输合同的特点和表现,是海上运输合同的特殊形式。

(2)如果拖船所有人、经营人或者承租人拖带其自己所有、经营或承租的驳船,并根据与货物所有人或其他关系人订立的合同,在驳船上载运货物所有人或其他关系人提供的货物,则拖轮所有人、经营人或承租人与驳船上所载货物的所有人或其他关系人之间是一种运输合同关系,而不是拖航关系。为此,《海商法》第一百六十四条规定:拖轮所有人拖带其所有的或经营的驳船载运货物,经海路由一港运至另一港的,视为海上货物运输。这种合同被称为拖驳运输合同。当拖船与被拖的驳船属于不同的人所有、经营或承租时,拖船所有人、经营人或承租人与驳船所有人、经营人或承租人之间属于拖航合同关系,而驳船所有人、经营人或承租人与驳船所载货物的所有人或其他关系人之间属于运输合同关系。

(二)海上拖航合同与海难救助合同的关系

与海难救助合同相比,主要是与海上雇佣救助合同相比,因为这种合同也属于海上服务性质的合同,其与海上拖航合同具有很多相似之处,当然也不能将二者简单地等同。

1. 二者的相同之处

(1)二者都是海上服务性质的合同,都是一方为另一方提供海上专业服务,另一方支付报酬的合同。

(2)海上雇佣救助的表现形式常常包括海上拖航行为,通常救助方救助被救物体使之脱险之后,往往还要将被救物拖带到安全地点,所以说通常海上拖航行为都是海难救助行为的一种表现形式。

(3)二者通常都是按拖船或救助船的日租金率和使用时间来计算报酬的。

2. 二者的不同之处

(1)目的不同。

海上拖航合同的目的是拖航,使失去动力的被拖物完成空间位移;而海上雇佣救助合同的目的是为了救助处于危险之中的被救物,使之脱离危险并用拖带的行为使之完成空间位移。

(2)行为对象不同。

海上拖航的对象是未处于危险之中的船舶或者其他物体;而海上雇佣救助的对象是处于危险之中的船舶或其他物体。但如果不论被拖物是否处于危险之中,一概理解为海上拖航,则海上雇佣救助合同是海上拖航合同的一种形式。

海上拖航合同与以海上拖航为救助行为表现形式的"无效果,无报酬"海上救助合同亦有着相同和相异之处。两者的相同之处在于均以海上拖航为表现形式。两者的本质区别在于:海上救助合同情况下,救助报酬的取得以被拖物安全拖抵目的地,即以处于危险之中的被拖物获救为前提条件;海上拖航合同情况下,拖航费按照双方的约定计算,与被拖航是否安全拖抵目的地无必然关联。如海上拖航合同约定拖航费的取得以被拖航安全的拖抵目的地,此时的海上拖航合同实质上是海上救助合同的一种形式。

三、海上拖航合同的订立、变更与解除

(一)海上拖航合同的订立

海上拖航合同是双务有偿、诺成、要式合同。各国对合同形式的规定不同,基本上都可采用书面和口头两种形式。我国《海商法》第一百五十六条规定:海上拖航合同应当书面订立。书面形式除了合同文本外,还可以包括电报、电传、传真、往来信函等形式。海上拖航合同通常是在双方当事人选定的合同格式上,通过对格式条款和内容加以补充和修改而达成的。在海上拖航实践中,很多国家的拖航企业都采用标准拖航合同格式,简化了拖航合同当事人之间的订立合同的程序,节约了订立合同的时间。而且很多大型公司的标准合同格式经过多年的实践检验,在内容和形式上已经非常成熟,也受到海运从业者的信赖。代表性拖航合同格式有很多,如中国海洋工程服务有限公司拖航合同(承包)格式(代号为 CHINATOW)、中国拖航公司拖航合同(日租)格式、其中最为著名的是国际救助联盟(International Salvage Union, ISU)、欧洲拖船船东协会(European Tugowners Association, ETA)和波罗的海国际航运公会于 2008 年联合推荐的国际远洋拖航协议(International Ocean Towage Agreement)日租(daily hire)型格式(代号为 TOWHIRE)和承包(lump sum)型格式(代号为 TOWCON)、

日本航运交易所制定的拖航合同格式（代号为 NIPPONTOW）。英国、荷兰和斯堪的纳维亚等国家各自制定的标准拖航条件（Standard Towage Conditions），经承拖方和被拖方约定引用而成为拖航合同的条款。

根据我国《海商法》第一百五十六条规定及海上拖航实践，海上拖航合同的主要内容包括：承拖方和被拖方的名称和住所、拖船和被拖物的名称和主要尺度、拖船马力、起拖地和目的地、起拖日期、解约日、拖航费及其支付方式以及其他有关事项。实践中，有关拖船的约定除名称、主要尺度和马力外，通常还包括国籍和登记港、总吨、船级社、缆柱拉力（bollard pull）、耗油量、绞车与主拖装置（winches and main towing gear）；有关被拖物的约定除名称和主要尺度（总长、总宽和前后吃水）外，通常还包括总的状态，如被拖物是船舶，则还包括国籍和登记港。其他有关事项通常包括：解约日（cancelling date）、预计到达目的地的日期、拖船和被拖物的适航性和适拖性（towworthiness）、拖船的替换、被拖船的随船船员（riding crew）、许可文件与证书、安全港口、港口费用、双方的责任与免除、承拖方对被拖物的留置权、绕航、救助、共同海损、索赔时效、仲裁与法律适用和经纪人佣金等条款。

（二）海上拖航合同的变更

除承拖方和被拖方协商一致或者因法律规定的合同变更的其他一般情形外，我国《海商法》第一百五十九条规定了海上拖航合同变更的一种特殊情况，即"因不可抗力或者其他不能归责于双方的原因，致使被拖物不能拖至目的地的，除合同另有约定外，承拖方可以在目的地的临近地点或者拖船船长选定的安全港口或者锚泊地，将被拖物移交给被拖方或者其代理人，视为已经履行合同。"

（三）海上拖航合同的解除

除承拖方和被拖方协商一致解除合同或法律规定的合同解除的一般情形外，海上拖航合同的解除主要有两种情形。

1. 因当事人一方违反合同而解除

如果承拖方未能在合同规定的解约日之前，在约定的地点提供约定的拖轮，并使之处于适航、适拖状态，被拖方有权解除合同。如果被拖方未能在合同规定的解约日之前，在约定的地点使被拖物处于适拖状态，承拖方有权解除合同。承拖方或者被拖方由其他违约行为,致使不能实现合同的目的时,根据法律的规定,如我国《合同法》第九十四条第4项的规定,另一方可以解除合同。违反合同的一方当事人对另一方当事人因此遭受的损失,除依法律或合同约定可以免责外,应负赔偿责任。

2. 非因双方当事人应负责的原因而解除

在拖航合同履行过程中,经常会出现一些当事人无法预见、无法控制也无法克服的原因导致合同无法继续履行下去,如战争、罢工、地震等事件,这时法律规定,双方当事人都有权要求解除合同,因为这种情况下合同没有继续履行的必要,原则上双方也互不承担责任。

《海商法》第一百五十八条规定了起拖前发生合同无法继续履行的情况下导致合同解除的情形,即起拖前,因不可抗力或其他不能归责于双方的原因致使合同不能继续履行的,双方均可以解除合同,并互相不负赔偿责任。除合同另有约定外,拖航费已经支付的,则承拖方应当退还该拖航费给被拖方。

《海商法》第一百五十九条规定了起拖后合同解除的情形,即起拖后,因不可抗力或者其他不能归责于双方的原因致使合同不能履行或者不能继续履行时,双方均可以解除合同,并互相不负赔偿责任。但是,本条中没有规定拖航费的问题。一百五十八条规定起拖前解除合同可以返还已支付的拖航费。那么起拖后合同解除,如果合同中有关于拖航费返还的约定,按照合同约定来处理剩余的拖航费的归属;如果合同中没有关于如何处理拖航费的约定,一般不予退还已收取的全部拖航费。

第二节　海上拖航合同当事人的主要权利和义务

一、承拖方的主要义务和权利

(一)承拖方的主要义务

1. 提供约定的拖轮并使之适航、适拖

承托方应在合同约定的时间和地点,提供约定的拖船,除非合同约定承担方具有替换拖船的权利。《海商法》第一百五十七条第1款规定:承拖方在起拖前和起拖当时,应当谨慎处理,使拖船处于适航、适拖状态,妥善配备船员,配置拖船索具、配备供应品以及该航次必备的其他设备和装置。其中,拖船的适航、适拖状态包括拖船具有足够的拖力(缆柱拉力),能够抵御约定航次中通常出现的或者能合理预见的风险;配备船员是指在拖船上配备数量充分的合格船员,以及按照约定应由承拖方配备的被拖船上的随船船员。

2. 负责拖航作业的指挥

在拖航实践中,一般情况下,除了拖船在港区内协助船舶靠离码头或其他作业外,海上拖航作业一般是由承拖方负责指挥的,包括负责拖船与被拖物之间的接拖和解拖以及保证拖带航行作业的安全。

3. 在约定的起拖日起拖

起拖日期是双方当事人协商后在海上拖航合同中明确约定的,承拖方应当严格按照合同约定的起拖日起拖。实践中一般的做法是,根据海上拖航合同的规定,承拖方的拖船船长应当在合同约定的起拖日期之前的 24 小时以前向被拖方或其代理人递交“准备就绪通知书”,告知被拖方按照约定地点交付准备就绪的被拖物,以便按时起拖,如果由于承拖方的原因未能在合同约定的起拖日期前做好拖航准备,或迟延起拖,或因拖船不适航、不适拖而无法起拖的,承拖方应承担违约责任。

4. 合理尽速,正当航行,不得进行不正当绕航

在履行拖航合同过程中,除了为救助或者企图救助海上人命或财产,以及为了拖航安全而避台风等合理情况外,承拖方应合理尽快地在合同约定的时间内,按照合同约定的或通常习惯的或地理上的航线完成拖航作业,不得有不合理的绕航和延误。

5. 救助被拖物

根据《海商法》第一百八十六条的规定,在拖航过程中,如果拖船与被拖物相脱离,拖船应守护被拖物,尽力重新接拖,救援被拖物,并且不得请求救助报酬,除非拖船的服务超出合同约定的范围。合同通常约定,海上拖航中,当承拖方或拖船船长认为有必要寻求第三者进行救助时,被拖方应保证承拖方、其代理人或受雇人和拖船船长具有代理被拖方以合理的条件接受救助服务的权利。

6. 交付被拖物

根据《海商法》第一百六十条的规定,一般情况下,承拖方完成拖航作业,应

在合同约定的地点,按时将被拖物交付给被拖方。为此,承拖方应在将被拖物拖至目的地前,向被拖方或其代理人告知预计到达的时间,或在被拖物到达目的地后,向被拖方或其代理人发出交付通知,按照合同约定的条件交付被拖物。在特殊情况下,因不可抗力或其他不能归责于双方的原因致使被拖物不能拖至目的地的,除合同另有约定外,承拖方可以在目的地的临近地点或者拖轮船长选定的安全港口或锚泊地,将被拖物移交给被拖方或者其代理人,视为已经履行合同。

7. 承担拖轮营运费用

作为拖航作业的主要承担者,承拖方通常要承担与拖航作业有关的各项费用,包括拖船船员的工资、伙食费用、拖船的燃料费、保险费、引航费、代理费、税收、港口费、运河通行费等与拖船营运有关的费用。

(二)承拖方的主要权利

1. 拖航费及其他约定费用的请求权

海上拖航合同是双务有偿合同,作为特征性履行行为的主要承担者,承拖方履行了合同约定的拖航义务之后,有权利向被拖方请求支付拖航费用以及其他一些约定的费用作为拖航作业的报酬。其他约定的费用主要指未包括在拖航费内、按照约定应当由被拖方向承拖方支付的费用,如承拖方配备的被拖船上随船船员的费用、拖船的燃油和润滑油的费用以及拖船的滞期费、承拖方为被拖方垫付的款项等。

2. 对被拖物的留置权

根据《海商法》第一百六十一条,当被拖方不按约定支付拖航费、滞期费、承拖方为被拖方垫付的款项以及其他被拖方应向承拖方支付的费用时,承拖方可对处于其占有之下的被拖物进行留置。

3. 免责权

当承拖方在履行海上拖航合同义务的过程中,对被拖方造成的损失符合约定或法定的免责事由时,承拖方依据合同或法律的规定,享有免除赔偿责任的权利。例如《海商法》第一百六十二条规定,如承拖方证明,被拖方的损失是由下列原因造成时,承拖方可以免责:

(1)拖船船长、船员、引航员或者承拖方的其他受雇人、代理人在驾驶拖船或者管理拖船中的过失；

(2)拖船在海上救助或者企图救助人命或财产时的过失。

二、被拖方的主要义务和权利

(一)被拖方的主要义务

1. 提供被拖物并使之适拖

与承拖方承担提供拖轮并使之适航适拖的义务相对应，被拖方要履行提供适拖物的义务。被拖方应在约定的时间和地点提供被拖物，这项义务是被拖方的首要义务。根据《海商法》第一百五十七条规定，被拖方在起拖前和起拖当时，应当做好被拖物的拖航准备，谨慎处理，使被拖物处于适拖状态，符合法定检验机构、被拖物保险人聘请的验船师或者拖船船长要求的适拖条件，包括保证有关的拖航设备处于正常状态，并向承拖方提交由验船师签发的被拖物适拖证书。被拖方还应向承拖方如实说明被拖物的情况。如根据有关法规或规章，或者因承拖方、法定检验机构或者验船师的要求，在被拖物上应配备船员或者在其他被拖物上应配备传缆手时，被拖方应保证配备适当的人员并配备充分的供应品。被拖方应向承拖方如实说明被拖物的情况。

2. 配合拖航，服从拖船船长的指挥

当合同约定拖航由承拖方指挥时，在拖航过程中，承拖方配备的被拖物上的随船船员或其他人员应接受拖船船长的指挥，并给予拖船必要的配合，并应随时将被拖物的情况告知拖船船长。

3. 保证港口的安全

因为拖航是一种海上服务，承拖方是应被拖方要求来为其提供拖带业务的，因此，拖带过程中涉及的起拖港、中途港和目的港都是由被拖方来确定的，因此被拖方应保证这些港口的安全。实践中港口安全是指港口在地理意义上的安全和在政治意义上的安全，例如保证这些港口不论在任何潮汐情况下，拖船和被拖物都能安全进出和浮泊，保证这些港口没有战争、罢工、扣押等影响正常航行的情况。如果由于被拖方确定的港口不安全而导致承拖方损失的，被拖方应当承担违约责任。

4. 接受被拖物

被拖方在目的地接到承拖方发出的准备交付被拖物的通知后，应当及时接受被拖物。当承拖方因不可抗力或其他不能归责于其的原因致使被拖物不能拖至指定目的地而在临近目的地的地点或选定的安全港口或锚泊地点支付被拖物的，被拖方也应按约定履行及时接受被拖物的义务。如果被拖方违反此约定，应按合同约定的费率向承拖方支付拖船的滞期费或者其他额外费用，除非被拖方未及时接受被拖物是由于天气原因或其他可以免责的原因所致。

5. 支付拖航费及其他费用

被拖方应按合同约定的费率或者金额以及支付的时间、地点和方式，向承拖方支付拖航费和其他约定的费用。这一义务也是被拖方履行双务合同的一个主要义务。由于被拖方应负责的原因造成起拖地起拖延误、目的地解拖延误或者航行中的时间损失，被拖方应按约定支付滞期费或者其他额外费用。合同通常约定，被拖物的一切港口费用、引航费、代理费、税款、运河通行费、保险费、第三方责任保险费，以及与被拖物有关的其他费用，包括必要的辅助拖船服务费等，均应由被拖方支付。

（二）被拖方的主要权利——拖航请求权

在拖航合同履行过程中，被拖方的主要权利就是接受承拖方的拖带。被拖方签订海上拖航合同的目的就是要通过承拖方提供的拖航服务，实现被拖物的空间位移。这一空间位移行为是由承拖方来完成的，作为双务合同来讲，相对于承拖方的主要义务，这正是被拖方的主要权利。因此，被拖方有权要求承拖方按照约定的拖航条件提供拖航服务、完成拖航作业，在约定的目的地交付被拖物。如果承拖方未能按照约定提供拖航服务，或因承拖方的原因而未完成拖航作业的，被拖方有权拒付拖航费，并要求承拖方承担违约责任。

三、海上拖航过程中的损害赔偿责任

在海上拖航过程中，经常会由于各种原因导致合同履行出现瑕疵，进而导致人身伤亡和损失。这些使合同无法正常履行的原因有不可抗力、自然灾害、意外事故等，有当事人的过错，也有非拖航当事人的过错等原因。而且这些损害后果既有可能在承拖方与被拖方二者之间发生，也有可能涉及二者以外的第三人。因此,海上拖航过程中涉及的损害赔偿责任包括两大类:一是发生在承拖方与被拖方之间的损害赔偿责任;二是发生在承拖方、被拖方与第三人之间的损害赔偿责任,其中,前者是违约责任,后者是侵权责任。

(一)承拖方与被拖方之间的损害赔偿责任

在海上拖航中,对于承拖方和被拖方所遭受的损害以及对第三者遭受的损害,应当依照合同的约定和所适用的法律,确定承拖方与被拖方相互间的赔偿责任。综观各国的拖航立法和实践,承拖方与被拖方之间承担损害赔偿责任的原则大致可归纳为三种:指挥原则、被拖方承担风险原则和过失原则。我国拖航立法和实践中采纳第三个原则即过失原则。

指挥原则指在海上拖航过程中,负责拖航指挥的一方应对另一方遭受的损害和对第三方遭受的损害承担赔偿责任,因而,由于拖航通常由承拖方负责指挥,承拖方应对被拖方遭受的损害和第三方遭受的损害承担赔偿责任,除非承拖方证明其本人、拖船船长、船员或者其他受雇人员对于损害的发生没有过错。

被拖方承担风险原则指有的合同甚至约定,对被拖物的损失或者对第三方所遭受的一切损失的赔偿责任,即使是由于拖船所有人或者拖船船长、船员、引航员的过失或者由于拖船设备的潜在缺陷所致,均由被告方承担。

采用过错责任的归责原则,规定如承拖方证明,由于被拖方的过错,造成承租方的损害或者使承拖方对第三者的损害承担赔偿责任,承拖方可向被拖方索赔或者追偿;如双方均有过错,则按各自的过错程度比例承担损害或者对第三者的损害承担赔偿责任。但是,这种法律规定往往不具有强制性,允许合同双方另行约定。因而有的合同约定,承拖方具有类似国际海上货物运输合同承运人的免责权利,包括对拖船船长、船员、引航员或者其他受雇人员在驾驶拖船或者管理拖船中的过失以及非由于其本人的过错引起的火灾,造成被拖方的损失或者被拖方对第三方承担的赔偿责任,承拖方均可免责。

根据我国《海商法》第一百六十二条的规定,在海上拖航过程中,承拖方或者被拖方遭受的损失,由一方的过失造成的,有过失的一方应负赔偿责任;损害由双方过失造成时,双方按各自过失程度的比例负赔偿责任。但是,如承拖方证明,被拖方的损失是由下列原因造成时,承拖方可以免责:第一,拖船船长、船员、引航员或者承拖方的其他受雇人、代理人在驾驶拖船或者管理拖船中的过失;第二,拖船在海上救助或者企图救助人命或财产时的过失。但是,上述规定不是强制性的,仅在海上拖航合同没有约定或者没有不同约定时适用。我国《海商法》在确定承拖方与被拖方之间的损害赔偿责任问题时,虽然采用过失原则,即对于损害有过失才承担责任,没有过失不承担责任。但是第一百六十二条又规定了承拖方的免责事项,所以其实实质上我国法律实行的是不完全的过失责任。

(二)承拖方、被拖方与第三者之间的损害赔偿责任

与承拖方和被拖方在拖航过程中导致的损害赔偿责任不同,如果在拖航过程中造成第三者的损害,这种损害赔偿责任就不能在拖航合同范围内承担违约责任,而是要在侵权法上寻找赔偿依据。也就是说,发生拖航过程中第三人的损害时,海上拖航合同的双方当事人要共同向受损害的第三人承担侵权责任。

关于海上拖航合同当事人对第三人的损害赔偿责任问题,各国立法、标准合同文本和司法实践均采用"将承拖方与被拖方视为一个整体"的原则,在拖航过程中造成第三人的人身伤亡或财产损失时,承拖方和被拖方要承担连带责任。这样做的目的是为了保护合同当事人之外的第三人的利益。因为,在海上拖航过程中,不论采用何种拖航方式,即无论采用旁拖、顶拖还是吊拖,承拖方与被拖方都是由索具或其他拖航设备连接在一起的,互相牵连,如果与第三人的船舶发生碰撞导致第三人的损害,第三人是很难分辨是由承拖方船舶还是被拖方船舶的过失导致的碰撞损害。因此,各国司法实践中,通常情况下是将其二者视为单一船舶或者航行体,强调拖航中拖船和被拖物的不可分性,这样就保证了第三人的损失能得到赔偿。在确定与第三人的损害赔偿责任时,把承拖方和被拖方作为一方当事人,把第三人作为另一方当事人。当然,承拖方和被拖方之间的连带赔偿责任是对第三人而言的,这种外部连带责任并不排除在承拖方与被拖方内部,按照过失程度比例划分各自的责任。

我国《海商法》第一百六十三条规定:"在海上拖航过程中,由于承拖方或者被拖方的过失,造成第三人人身伤亡或者财产损失的,承拖方和被拖方对第三人负连带赔偿责任。除合同另有约定外,一方连带支付的赔偿超过其应当承担的比例的,对另一方有追偿权。"

第八章　国际货物多式联运

第一节　国际货物多式联运概述

一、国际货物多式联运合同的含义和特征

（一）国际货物多式联运合同的概念

根据《海商法》第一百零二条第1款的规定，国际货物多式联运合同是指多式联运经营人以两种以上的不同运输方式，其中一种是海上运输方式，负责将货物从接收地运至目的地交付收货人，并收取全程运费的合同。《联合国国际货物多式联运公约》第一条规定，国际多式联运是指按照多式联运合同，以至少两种不同的运输方式，由多式联运经营人将货物从一国境内接管货物的地点运至另一国境内指定交付货物的地点。

货物多式联运的承运人称为多式联运经营人（multimodal transport operator，MTO），是指本人或者委托他人以本人名义与托运人订立多式联运合同的人。除船公司外，多式联运经营人常常是本身并不拥有船舶，但经营货物多式联运业务的无船经营公共承运人（non－vessel operating common carrier，NVOCC，简称无船承运人）或物流公司。

从20世纪50年代集装箱货物运输方式问世以来，海上集装箱货物运输成为海上货物运输的主力军，集装箱货物运输具有效率高、周转速度快、劳动强度低、货损货差少、装卸效率高等优势。绝大多数件杂货及部分散货都采用集装箱方式进行货物运输，而且集装箱运输可以不移动箱内货物，迅速从一种运输工具直接换装到另一种运输工具，从而便于开展货物多式联运，实现多式联运经营人从托运人的工厂或者仓库接收货物，负责运至收货人的工厂或者仓库交货的所谓“门到门”运输。

（二）国际货物多式联运合同的特点

1. 以一个多式联运经营人作为承运人

《海商法》第一百零二条第 2 款规定：多式联运经营人是指本人或者委托他人以本人名义与托运人订立多式联运合同的人。

2. 存在一个通过若干个区段的承运人运输行为组成的多式联运合同

多式联运合同明确规定多式联运经营人和托运人之间的权利、义务和责任，并由此出现了一份运输单据，适用一次托运过程，一次收费，并由多式联运经营人对全程运输负责。但是，该运输合同关系却是通过若干个区段承运人分别适用两种以上的不同运输方式（其中一种是海运），连贯运输来实现的。

3. 多式联运合同是涉及不同国家的国际货物运输合同

多式联运合同是跨越国界的国际货物运输合同，即货物的接收地和交付地处于不同的国家。

4. 使用一份全程多式联运单据

多式联运合同单据是由多式联运经营人在收到货物时签发给收货人的，用以证明多式联运合同以及货物已经由多式联运经营人接管并负责按照合同条款交付货物的单据。它虽然具有与提单相同的功能，但内容却存在很大差别。当第一程运输为海运时，多式联运单据通常表现为多式联运提单。

5. 运输责任比其他海上货物运输合同复杂

多式联运合同的运输责任的复杂性主要体现在责任划分和责任制度的适用上。从责任划分角度说，既有多式联运经营人应向收货人就全程运输负责的责任，又有多式联运经营人与各区段的承运人之间的责任划分。从责任制度角度讲，由于多式联运合同项下的货物交接已从传统的钩到钩、港到港扩展到仓到仓、门到门，故涉及海上运输、铁路运输、公路运输、航空运输及内河运输等各自采取不同的运输责任制度的运输方式，所以，适用于传统的提单运输的不完全过失责任制是难以统一的。

二、国际货物多式联运单据

国际货物多式联运单据（international multimodal transport document），指由多式联运经营人或其代理人签发给托运人的，表明其收到货物并与之成立国际货物多式联运合同关系，保证凭以在目的地向单证持有人交付货物的单据。如果第一程运输是海运，则单据表现为多式联运提单。多式联运单据是国际货物多式联运合同的证明，也是多式联运经营人在货物接收地接收货物和在目的地交付货物的凭证。

国际货物多式联运单据有可流通和不可流通两种。其上记载的主要内容有：

（1）货物的品名、件数、质量或者数量、外表状态和主标志；

（2）多式联运经营人的名称及其营业所所在地；

（3）托运人与收货人；

（4）多式联运经营人接收货物的日期与地点，以及多式联运经营人交付货物的期限与地点；

（5）单证的签发日期、地点和签发人的签字；

（6）运费及其支付；

（7）预期运输经由路线、运输方式及换装地点等。

国际货物多式联运单据对托运人而言，是多式联运经营人接收该单据所载货物的初步证据，并且当其转移至善意的第三者时，成为多式联运经营人接收该单据所载货物的绝对证据。

三、国际货物多式联运经营人及其责任承担

在国际货物多式联运的情况下，货物经两种或两种以上的运输方式，从接收地运至目的地，而每一种运输所在的区段所适用的法律对承运人责任的规定往往不同。在很多情况下，货物的全程运输并非由承运人自己完成，相反，多式联运经营人经常将全程或者部分路程的运输委托他人，即实际承运人或者区段承运人（local carrier）完成。因此，如货物在运输过程中发生损害，便产生是由多式联运经营人负责，还是由区段承运人负责；是依据同一标准承担损害赔偿责任，还是依据不同的标准，即损害发生的区段所适用的法律承担责任的问题。多式联运经营人的责任承担形式主要有责任分担制和单一责任制两种。其中，单一责任制的核心是指多式联运经营人需对全程运输负责，具体又分为网状责任制和统一责任制两种形式。

(一)责任分担制

多式联运经营人和各区段承运人仅对自己完成的运输负责,各区段适用的责任规则原则、赔偿责任限制等按适用于该区段的法律予以确定。

(二)网状责任制

网状责任制就是由多式联运经营人对全程运输负责,其在各区段中所应承担的责任、责任归责原则、赔偿责任限制等按适用于该区段的国际公约或国内法予以确定的一种形如网状的责任制度。在这一制度下,不论多式联运是由多少种运输方式组合而成,当货物遭受损失时,货方只需向多式联运经营人请求赔偿,多式联运经营人按照各区段所应适用的法律做出赔偿之后,再转向区段承运人进行追偿。各区段承运人虽然不是多式联运合同的当事人,但如由于区段承运人或者其受雇代理人的过错造成货物损害,托运人或者收货人可依据侵权之债向区段承运人索赔,区段承运人的责任依据按适用于该区段的国际公约或国内法予以确定。因而,各区段承运人需对并且仅对自己完成的运输区段负责。因此,在实行网状责任制的情况下,不论货物损失发生在哪一运输区段,托运人或收货人既可以向多式联运经营人索赔,也可以向损害发生区段的区段承运人索赔。但是不论向谁索赔,确定赔偿责任所适用的法律均为适用于该区段的国际公约或国内法。

网状责任制最大限度地避免了多式联运法律与单一运输方式法律的冲突,但仍存在很多无法解决的问题。在网状责任制下,货方因不能预见货物损害可能发生的区段,无法完全预见货物损害索赔最终将适用何种国际公约或国内法,从而给货方带来很大的风险承担的不确定性。如不能确定损害发生的区段,即对于货物的隐藏损失(concealed damages,又称“不可归因损失”),该责任形式无法适用。同时,该责任形式对运输途中逐渐发生的货物损失及货物迟延交付也无法适用。此外,如某一运输区段既无适用的国际公约,也无适用的国内法,该责任形式的适用,将产生法律上的真空。

为确定货物的隐藏损失或出现法律真空时多式联运经营人所应承担的责任,产生了通过法律的规定或合同的约定而对网状责任制加以修正的责任形式,即经修正的网状责任制(amended network liability system)。针对可能出现的货物隐藏损失或法律真空，增加修正网状责任制的条款，称为“最后责任条款”(overall clause)。例如，约定对货物的隐藏损失或出现的法律真空，多式联运经营人按照海上货物运输承运人的赔偿责任和责任限制的规定承担损害赔偿责任。因此，经修正的网状责任制在一定程度上能弥补网状责任制的缺陷，但不能完全弥补其缺陷，仍无法解决货方缺乏风险分摊的预见性、货物逐渐发生的损失和货物迟延交付等问题。

(三)统一责任制

在网状责任制下，当货运事故发生后，收货人只需向多式联运经营人索赔，有利于货主。但由于各区段适用的法律不同，自己无法判断出能否获得赔偿以及能够获得多少赔偿。为了弥补这个不足，产生了统一责任制。多式联运经营人对全程运输负责，各区段承运人需对并仅对自己完成的运输区段负责。不论损害发生在哪一区段，多式联运经营人或者各区段承运人承担相同的赔偿责任。这样一来，不管将来在哪个区段发生问题，根据合同统一适用的法律，货主都能知道自己能否获得赔偿以及能获得多少赔偿。因此，统一责任制为货方提供了最大的风险分摊的预见性，很好地解决了网状责任制下货物的隐藏损失、逐渐发生的损失和货物迟延交付以及可能出现的法律真空问题，但是统一责任制也存在无法回避的问题。

首先，适用于各运输区段的国际公约和国内法所确定的多式联运区段承运人的责任不同，而且可能低于多式联运经营人根据统一责任制所承担的责任。这意味着多式联运经营人向货方承担损害赔偿责任后，能否向造成货物损害的区段承运人追偿具有很大的不确定性，从而无法预见其最终可能承担的责任风险，因而实际上是将货方对运输风险的不可预见性转移给了多式联运经营人；其次，统一责任制会造成多式联运的国际公约或国内法与单一运输方式的国际公约或国内法之间的冲突。

为解决上述问题，通过对统一责任制加以修正，产生了“经修正的统一责任制”(amended uniform liability system)。这种修正通常针对多式联运的海运区段，且有利于多式联运经营人。在该责任形式下，多式联运经营人对全程运输负责，并且原则上不分运输区段而承担相同的责任，但就多式联运经营人对货物的隐藏损失的责任做出特殊规定或约定。经修正的统一责任制最大限度地保留了统一责任制的优点，同时通过对其加以修正，缓和统一了责任制下各区段运输方式责任制度之间存在的差异和矛盾，较好地适应了运输法律发展的现状，使多式联运中的运输风险在多式联运经营人与托运人之间得到较为合理的分配。

在以上三种多式联运经营人责任形式中，经修正的网状责任制和统一责任制能较好地保护托运人或者收货人的利益。因为在这两种形式下，无论货物损害发生在哪一运输区段，托运人或者收货人均可向多式联运经营人索赔。责任分担制实际上是单一方式运输损害赔偿责任制度的简单叠加，多式联运经营人不对全程运输负责，不能满足托运人或收货人对国际货物多式联运的要求，故实践中极少采用。

《海商法》第一百零五条规定："货物的灭失或者损坏发生于多式联运的某一运输区段的，多式联运经营人的赔偿责任和责任限制，适用调整该区段运输方式的有关法律规定。"可见，我国采用的是经修正的网状责任制。但是，《海商法》没有规定多式联运经营人须对货物迟延交付负责。《合同法》第三百二十一条，亦对货物多式联运经营人实行网状责任制。

第二节　国际货物多式联运的国际公约

一、1980 年联合国国际货物多式联运公约

该公约于 1980 年 5 月在日内瓦召开的国际多式联运会议上通过。该公约规定的生效条件是 30 个国家参加，迄今尚未生效。国际上拟用新的国际公约将其取代。

该公约共 40 条，其实质部分由总则、单据、联运人的赔偿责任、发货人的赔偿责任、索赔与诉讼、补充规定、海关事项及最后条款八部分组成。其主要内容如下。

（一）公约的适用范围

公约第二条和第三条规定，该公约适用于两个国家之间的，但合同中规定的多式联运经营人接管货物或交付货物的地点位于缔约国境内的多式联运合

同。即公约适用于货物起运地和目的地位于缔约国境内的国际货物多式联运合同。

（二）多式联运的管理

公约不影响有关调整和控制运输业务的国际公约或国内法的适用，不能与这些国际公约或国内法相抵触。同时，它不影响缔约国在国家一级对多式联运业务和多式联运经营人的调整控制的权力。此外还规定，多式联运经营人除遵守本公约的规定外，还应遵守其业务所在国的法律。

（三）多式联运经营人的赔偿责任

这是公约的核心内容，具体内容包括：

1. 责任形式

公约关于多式联运经营人的责任形式是修订后的统一责任制。

2. 责任期间

公约规定的多式联运经营人的责任期间是从接收货物时起至交付货物时为止的一段期间。

3. 责任原则

同《汉堡规则》一样，公约为多式联运经营人确立的责任原则是推定过错责任原则，即只要货物的灭失、损坏或迟延交付发生在多式联运经营人的责任期间内，首先推定是由多式联运经营人或受雇人或代理人的过错所致，除非多式联运经营人能证明本人、其受雇人或代理人或为履行合同而聘用的其他人为避免事故的发生以及在事故发生后为避免损害结果的出现，已经采取了一切所能采取的合理措施。

4. 责任限制

根据在多式联运中是否包含了海运或河运的运输方式，多式联运经营人可按公约的规定享有不同的责任限制的权利。公约规定，如果合同包括海上或者内河运输，对货物赔偿责任限制按灭失或损害的货物的每件或其他货运单位920 特别提款权或者按货物毛重计算，每公斤 2. 75 特别提款权，二者之中以较高者为准。这一限额比《汉堡规则》提高了 10%。如果不包括海上或内河运输，赔偿限额为每毛重公斤不超过 8. 33 特别提款权。对于迟延交付责任的赔偿限额,则不做上述区分,一律为迟延交付货物应付运费的2.5倍,但不超过合同规定的应付运费的总额。

(四)索赔与诉讼

1. 关于货物灭失、损坏或迟延交付的通知

公约规定:如果货物存在明显的灭失或损坏,收货人应在货物交付给他的下一个工作日之前,向多式联运经营人提交一份说明灭失或损坏的一般性质的书面通知;如果货物灭失或损坏不明显,应在货物交付给收货人后的连续6日内向多式联运经营人提交此种通知。对于迟延交付造成损失的通知,则应在交货之后连续60日内提交。而多式联运经营人对于其所遭受的灭失或损坏,则应在事故发生后连续90日内,向发货人提交说明此种灭失或损坏的一般性质的书面通知。

2. 诉讼时效

公约规定的诉讼时效期间为2年,自多式联运经营人交付货物或应该交付货物之日次日起计算。也适用于仲裁。

(五)管辖权

原告可以选择在有管辖权的法院起诉,并规定下列地点所在国法院有管辖权:被告主要营业所所在地,如无主要场所,则在其经常居住地;合同订立地,且该合同是通过被告在该地的营业所、分支机构或代理机构订立的;货物接收地或交付地;合同约定的并已在多式联运单据中载明的其他地点。

(六)仲裁

多式联运合同的当事人可以达成协议,将争议交付仲裁,申请仲裁的一方有权选择仲裁地点,但只能在上述有管辖权的法院所在国选择。

二、1973年联运单证统一规则

《联运单证统一规则》(*Uniform Rules for a Combined Transport Document*)是国际商会于1973年制定,1975年修订的。该规则是民间规则,不具有强制性,但其经常被国际多式联运合同当事人协议采用,因此地位十分重要。主要内容包括:

(一)多式联运经营人的责任形式

该规则为多式联运经营人确立的责任形式为经修正的网状责任制。对于发生在多式联运经营人责任期间内的货物灭失或损坏,如果能够确定这种灭失或损坏发生的运输区段,多式联运经营人的赔偿责任依据适用于该区段的国际公约或国内法予以确定;在不能确定货物灭失或损坏发生的区段时,即对于隐藏的货物损失,其赔偿责任按完全的过错责任原则确定。在此责任形式下,多式联运经营人的赔偿责任限额为毛重每公斤 30 金法郎,但经过多式联运经营人的同意而申报了超过此限额的价值并已在运输单证上载明者不在此限。

(二)多式联运经营人的责任期间

该规则规定多式联运经营人的责任期间为从接收货物到交付货物的整个运输期间。

(三)多式联运经营人对货物迟延交付的责任

该规则承认了多式联运经营人迟延交付的责任,同时又将承担责任的条件限制在明确迟延交付发生区段的情况下。赔偿限额为该运输区段的运费,但适用于该区段的国际公约或者国内法另有规定时除外。

(四)货物灭失或损坏的通知与诉讼时效的规定

如果货物的损失明显,收货人应该在收货之前或当时,将货物损失的一般情况以书面形式通知多式联运经营人;若货物灭失或损坏不明显,则应在 7 日内提交此种通知;否则,即构成多式联运经营人已按照单证记载的情况完成货物交付的初步证据。关于诉讼时效问题,该规则规定的诉讼时效期间是 9 个月,自货物交付或应交付之日或收货人有权视货物灭失之日起计算。

三、1991 年多式联运单证规则(UNCTAD/ICC rules for multimodal transport document)

该规则由联合国贸易和发展会议和国际商会于 1991 年联合制定,作为民间规则供当事人约定适用。主要内容包括:

(一)多式联运经营人的责任形式

规则对多式联运经营人实行经修正的统一责任制,即在对多式联运经营人的赔偿责任基础和赔偿责任限制的一般性规定之外,又规定了若干修正。其与《汉堡规则》的规定相同,但对多式联运中的海上或者内河运输,多式联运经营人对船长、船员、引航员或者受雇人驾驶船舶和管理船舶过失造成的货物灭失、损坏或者迟延交付不负责任;对非承运人的实际过失或者私谋造成的火灾所引起的货物灭失、损坏或者迟延交付,多式联运经营人亦不负责任。

(二)多式联运经营人的责任基础

与《汉堡规则》相同,对于多式联运经营人的责任基础采用推定过失责任制。

(三)多式联运经营人的赔偿责任限制

规则规定,多式联运经营人对货物灭失或损坏的赔偿责任限额原则上为每件或每单位666.67特别提款权或者每毛重公斤货物2特别提款权,以二者中较高的为准。另外,如果联运不涉及海上或内河运输,则责任限额为每毛重公斤货物8.33特别提款权为限。但是,如果损害发生区段强制适用的国际公约或国内法规定了更高的责任限额,则适用该限额。

(四)多式联运经营人的责任期间

从接收货物时起至交付货物时止的整个运输期间。

(五)多式联运经营人对货物迟延交付的责任

按照该规则,只有当合同载明了交货期限,并且托运人对货物如期交付的预期利益已经声明并经多式联运经营人接受时,多式联运经营人才负责赔偿因迟延交付货物造成的损失。

(六)货物灭失或损坏的通知与诉讼时效

当货物的灭失或损坏不明显时,收货人应当在交货之后连续6日内提交书面通知。就货物灭失或损坏提起诉讼的时效期间为9个月,自货物交付之日起计算。但双方另有协议者不在此限。

参 考 文 献

[1] 司玉琢. 海商法[M]. 3 版. 北京:法律出版社,2012.

[2] 郭萍. 租船实务与法律[M]. 3 版. 大连:大连海事大学出版社,2014.

[3] 郭萍,袁绍春,蒋跃川. 国际海上货物运输实务与法律[M]. 大连:大连海事大学出版社,2010.

[4] 袁雪. 海商法[M]. 哈尔滨:哈尔滨工程大学出版社,2012.

[5] 何丽新. 海商法[M]. 北京:法律出版社,2016.

[6] 杨良宜,杨大明. 提单与其他付运单证[M]. 大连:大连海事大学出版社,2016.

[7] 司玉琢,胡正良.《中华人民共和国海商法》修改建议稿条文、参考立法例、说明[M]. 大连:大连海事大学出版社,2003.

[8] 司玉琢,韩立新.《鹿特丹规则》研究[M]. 大连:大连海事大学出版社,2009.

[9] 杨运涛,翟娟.《鹿特丹规则》对航运物流业务的影响研究[M]. 北京:中国商务出版社,2011.

[10] 张丽英.《鹿特丹规则》对进出口的影响[M]. 北京:中国政法大学出版社,2013.

[11] 司玉琢. 海商法专论[M]. 北京:中国人民大学出版社,2007.

[12] 约翰 · F. 威尔逊. 海上货物运输法[M]. 7 版. 袁发强,译. 北京:法律出版社,2014.

[13] 贾林青. 海商法[M]. 4 版. 北京:中国人民大学出版社,2013.

[14] 郭瑜. 海商法的精神:中国的实践和理论[M]. 北京:北京大学出版社,2005.

[15] 司玉琢. 海商法学案例教程[M]. 2 版. 北京:知识产权出版社,2008.

[16] 李伟. 海上货物运输典型案例与裁判规则指引[M]. 北京:科学出版

社,2016.

[17] 王沐昕,仲磊. 中国海商法操作实务与典型案例解析[M]. 北京:法律出版社,2008.

[18] 梁明,陈柔笛. 中国海上贸易通道现状及经略研究[J]. 国际经济与贸易,2014(11)80 - 84.

[19] 威廉·台特雷. 国际海商法[M]. 张永坚,译. 北京:法律出版社,2005.

[20] 袁雪. 海商法[M]. 哈尔滨:哈尔滨工程大学出版社,2011.

[21] 司玉琢.《鹿特丹规则》的评价与展望[J]. 中国海商法年刊,2009(1):3 - 7.

[22] 何志鹏.《鹿特丹规则》的中国立场[J]. 中国海商法年刊,2011,22(2):25 - 37.

[23] 张永坚. 对《鹿特丹规则》的态度选择[J]. 国际经济法学刊,2011(4):15 - 34.

[24] 陈安. 国际经济法学概论[M]. 北京:北京大学出版社,2005.